XINGSHI SUSONG CHENGXU SHIWU WENTI TANJIU

刑事诉讼程序实务问题探究

徐建新 ◎ 著

知识产权出版社

全国百佳图书出版单位

—北 京—

图书在版编目（CIP）数据

刑事诉讼程序实务问题探究 / 徐建新著 . —北京：
知识产权出版社，2025.3. —ISBN 978 - 7 - 5130 - 9627 - 0

Ⅰ. D925. 218. 24

中国国家版本馆 CIP 数据核字第 20240F6Y38 号

责任编辑：刘　雪　　　　　　　责任校对：谷　洋
封面设计：杰意飞扬·张悦　　　　责任印制：刘译文

刑事诉讼程序实务问题探究

徐建新　著

出版发行：知识产权出版社有限责任公司	网　　址：http://www.ipph.cn
社　　址：北京市海淀区气象路 50 号院	邮　　编：100081
责编电话：010 - 82000860 转 8112	责编邮箱：jsql2009@163.com
发行电话：010 - 82000860 转 8101/8102	发行传真：010 - 82000893/82005070/82000270
印　　刷：天津嘉恒印务有限公司	经　　销：新华书店、各大网上书店及相关专业书店
开　　本：720mm×1000mm　1/16	印　　张：19.25
版　　次：2025 年 3 月第 1 版	印　　次：2025 年 3 月第 1 次印刷
字　　数：310 千字	定　　价：88.00 元

ISBN 978 - 7 - 5130 - 9627 - 0

序

在国家坚定推行依法治国的大环境下，我国社会发生的每一次重要变迁，都有赖于法律制度的确认和推动，而其中刑事法律领域尤为明显。就近二十年的刑事司法发展而言，死刑复核权收归最高人民法院、强化辩护权保障、确立非法证据排除规则、增设特别程序、衔接监察体制改革、创设认罪认罚从宽制度等，无一不体现了我国刑事诉讼法治对社会呼唤司法公正、人权保障、防范冤错案件的回应。尤其具有战略意义的，是党中央确立了推动以审判为中心的刑事诉讼制度改革的正确方向。在此指引下，我国刑事诉讼法治迎来了新的发展机遇期。

这本《刑事诉讼程序实务问题探究》正是在这样的背景下而产生的。作者徐建新同志是我指导的博士研究生。在他进入中国政法大学攻读博士学位之时，已经取得了浙江大学法学硕士和美国肯恩大学的管理学硕士学位，已出版专著和主编著作、发表学术文章数十篇，并且已经担任过多个中基层人民法院、人民检察院的主职，入学时任浙江省温州市中级人民法院院长。这样具有相当学术思考的研究者和站在实践一线的探索者，往往会被寄予厚望。其入校后不久，因我主持"庭审实质化与证人出庭作证实证研究"课题研究需要实证研究基地，就建议他将推动以证人出庭为重要抓手的庭审实质化工作作为其推动温州法院改革创新的措施，同时温州市中级人民法院也成为我的实证研究基地之一。徐建新同志深以为然，并很快组织进行了相关探索，推出了包括证人出庭、警察出庭、证人保护、经费保障、隐蔽作证、强制出庭等在内的诸多创新措施。更令人欣喜的是，党的十八届四中全会胜利召开，并高屋建瓴地提出了推进以审判为中心的诉讼制度改革的宏伟规划！应当说，当年温州市中级人民法院的改革与党中央的决策高度契合，在此方面，徐建新同志及其领导的温州市中级人民法院走在了全国以审判为中心诉讼制度改革的前列，也很快获得了中央政法委、最高人民法院的高度认可，当时的中央政法委副秘书长姜伟（后调任最高人民法院副院长）、最高人民法院副院长南英等领导在北京召开座谈会，亲自听取了"温州经验"的汇报；温州实践也为之后"三项规程"等重要司法文件的出台提供了宝贵的素材。在此期间，徐建新同志一边处理繁忙的公务，一边笔耕不辍，写出了数篇颇具心得的改革文章，完成博士论文并顺利通过答辩，实属勤勉可嘉。今天看到他拟将近年来的学术成果结集出版，并央我作序，我欣然答应，更乐意将这样一本学术与实务相结合的最新成果推荐给大家。

本书有以下鲜明特点。

一是彰显了问题导向。社会发展日新月异，我国刑事诉讼法律几经修订、理论研究汗牛充栋，仍难言完全做到了与时俱进，更多的还是面临新情况、新问题提出的挑战。特别是在推进以审判为中心的刑事诉讼制度改革过程中，在学理尚未提供清晰的改革思路前，司法实务只能进行顽强的自我探索。本书对非法证据排除、律师辩护全覆盖、庭审中心主义下无罪判决、有专门知识的人出庭等问题的阐述，即是作者在这一时期有感于改革中遭遇的重点难点问题而发，提出了富有启发性的见解，推动了改革"瓶颈"问题的解决。

二是体现了实务特色。本书有理论、有实践，从理论与实践结合的角度分析研究了部分刑事诉讼程序的突出问题，实务立场与视角的特色较为明显。本书分论中《新时代刑事错案防范机制实施与完善》一文，基于大量实证分析而作出，有数据、有案例，极大增加了观点的说服力。全书始终秉持一线司法实务者特有的对司法实践的敏感与关切，致力于发掘和解决司法实务中的堵点、痛点、难点，体现了鲜明的实务特色。《以审判为中心的诉讼制度改革的温州实践》一文，是较早的关于该项改革地方经验的文章，其并非是从概念开始的学术推演，而是直接对我国具有代表性的审判中心改革实践

"温州经验"进行的实践总结和理论提炼。

三是遵循了司法规律。尊重与遵循司法规律是司法改革取得成功的关键。司法改革的目标是实现司法公正,刑事司法公正的实现首推构建以审判为中心的刑事诉讼架构。当下以审判为中心的刑事诉讼制度改革之所以蓬勃,在于其能从本质上体现司法规律,有效发挥司法功能,促进实体公正与程序公正相统一、诉讼公正与诉讼效率相平衡、惩治犯罪与保障人权相结合。就改革的初心而言,防范冤错特别是防范错杀是不可忽略的重要动因。本书也采用了大量篇幅来论述死刑案件质量的程序保障。严格控制、慎重适用死刑,坚决守住防止错杀冤杀底线,确保案件质量、实现"零差错",唯有始终坚守正当程序、证据裁判、疑罪从无等刑事司法基本规律,充分发挥刑事诉讼程序机制的保障作用,舍此别无他途。就此内容,本书紧扣正当程序、保障人权两大主题,有历史梳理、有比较分析,本着充分尊重和遵守司法规律的精神,对死刑案件程序的各个环节进行了细致入微的分析,提出了既符合司法规律又切合当前实际的完善措施。

总之,《刑事诉讼程序实务问题探究》一书展现了作者作为一名在司法改革大时代中勇立潮头、走在前列的实务工作者的研究和思考,颇值一读。新时代以来,我国刑事诉讼程序理论研究和实务探究均取得了长足进步。习近平总书记在中央全面依法治国工作会议上提出,要"努力让人民群众在每一个司法案件中感受到公平正义"。党的二十大报告作出"公正司法是维护社会公平正义的最后一道防线"的重要论断,并提出关于深化改革、规范司法权力运行、加快建设公正高效权威的社会主义司法制度等方面的要求。新时代刑事诉讼学理研究和实践探索应深入学习贯彻党的二十大精神,深学践悟习近平新时代中国特色社会主义思想、习近平法治思想,树立正确司法理念,遵循司法规律,推动发挥刑事诉讼法治在治理体系和治理能力现代化建设中的巨大作用。新时代刑事诉讼研究者和实践者,应为建设更高质量、更高水平的刑事诉讼法治体系而努力担当作为,承担应有的责任、贡献全部的智慧。我期待,刑事诉讼理论研究者与实务工作者能继续保持频繁细密的融合交流，发挥各自的专属优势，共同为建设更高水平的刑事诉讼法治体系建言献策，推动我国刑事诉讼研究和实践的繁荣发展。

是为序。

陈光中

2023 年夏月于北京市海淀区蓝靛厂春荫园寓所

目录
CONTENTS

下篇：分论

附　录

上篇：主论

——完善死刑案件
质量保障机制

第一章　导　　论

一、研究的目的和意义

英国哲学家培根曾经用一段话来说明司法不公的危害性："一次不公正的裁判，其恶果甚至超过十次犯罪。因为犯罪虽是无视法律——好比污染了水流，而不公正的审判则毁坏法律——好比污染了水源。"死刑案件作为最重大的刑事案件，是最集中体现司法公正、实现社会正义的案件类型，应当构建起完善的质量保障机制，通过正当程序来实现。正当程序起源于英国法中的自然正义，后美国宪法采用了正当程序的概念，"正当程序"成为美国根本法治原则之一。作为全球性国际组织，联合国通过重要国际公约、宣言和文件的形式，将正当程序原则国际化，在这些文件中宣示和表达了正当程序的精神和价值，并用一定条款具体确定了正当程序的内容和相应程序。然而，对于何为正当程序、正当程序的衡量标准等问题各国至今未有统一性的解释。我国对正当程序的研究起步较晚，近十几年才开始对正当程序展开比较全面深入的研究。我国学者主要是从价值论的视角来分析和认识刑事诉讼程序的正当性的，由此也产生了多种学说，有程序工具说、程序法定说、程序功能说等。但究竟何为"正当程序"，目前我国学术界并未有统一的认识或明确的解释，对于"正当程序"的概念没有明确，现有的研究主要集中于"正当程序"的特征与相关内容的论述。受"重实体，轻程序"传统司法理念的影响，我国对于死刑控制相关问题的研究往往聚焦于实体法层面，讨论的重点主要集中在死刑是否应当保留、中外死刑制度的对比研究、我国死刑制度的改革研究等方面，"保留死刑但严格限制死刑的适用"成为主要观点，虽然这时期对死刑的研究相对比较宏观，但对推进我国死刑制度的改革和完善有重要的理论和现实意义。

近年来，我国学者也开始将研究的重心转移至程序方面，如何建立案件质量程序保障机制、确保案件的质量、保证案件正确适用刑事法律、竭力避免冤错案件的产生迫在眉睫。如何在严格控制死刑适用、贯彻落实"少杀、慎杀"原则的同时，建立死刑正当程序，保证死刑适用的准确、规范，更加具有现实意义和价值。随着以审判为中心的诉讼制度改革和庭审实质化的深入推进，程序正当性在我国得到了更高程度的重视。最高人民法院在《关于全面推进以审判为中心的刑事诉讼制度改革的实施意见》（法发〔2017〕5号）中就明确指出："在改革过程中，要遵循刑事诉讼规律，处理好惩罚犯罪与保障人权、实体公正与程序公正、司法公正与司法效率、互相配合与互相制约等关系，确保改革稳步推进。"现阶段，在实体法仍然存在较多死刑罪名并在短期内难以根本改变的情况下，通过建立以死刑正当程序为主要内容的死刑案件质量保障机制，控制死刑的适用，保证案件适用的准确性和科学性，以防范刑事冤假错案的发生，实属当务之急。

随着社会观念的转变，公众对于死刑的看法和认识也产生了相应的转变，死刑司法程序备受关注，学界对死刑的适用产生了更多理性思考：一是质疑死刑本身的正当性，认为死刑应当废除或者严格限制；二是认可死刑作为刑罚方式的一种，但认为应限缩其适用范围；三是要求死刑案件的处理过程需要将正当性作为基本要求，死刑应当规范化、准确化。对于剥夺生命的刑罚，程序的正当性成为切实需要，刑事司法应当准确、公正实现死刑，以程序公正促进死刑适用的谦抑，推动逐步减少乃至废除死刑。

二、研究的思路和方法

研究死刑案件质量保障机制的必要性主要是基于死刑这一刑种本身的特殊性提出的。死刑是对生命权的剥夺，生命的唯一性、不可替代性和不可逆转性决定了对死刑的适用必须特别慎重对待，必须切实防止死刑冤错案件的产生，必须建立健全案件质量保障机制，减少以致杜绝实体和程序出错的可能性，实现程序的正当化和合理化，保障人权。本书采取文献资料研究法、实证研究法和比较研究法，坚持以问题作为研究前提，通过对问题的提出、对问题的理论分析和论证以及对问题的处理和解决方案的论证模式，围绕"死刑案件质量保障机制"这条主线，主要从"何为死刑案件质量保障机制""国内外关于死刑案件质量保障机制的规定""我国死刑案件质量保障机制的现状、存在的问题及原因""如何构建我国死刑案件质量保障机制"等方面展开详细论述。同时，从死刑案件质量保障机制的系统性、科学性、整体性和全面性出发，对司法实务中应如何贯彻落实死刑案件质量程序保障机制进行充分探讨。

通过文献资料研究法，收集国内外有关死刑案件质量保障机制的研究成果，吸收研究成果中的合理部分，归纳各个国家和地区保障死刑案件质量的具体做法和措施，总结和参考其成功经验，为本书的论述奠定理论基础。

通过比较研究法，对死刑案件质量程序保障机制"过去""现在""未来"的产生、变化、发展的过程，以及国内外有关死刑案件质量程序保障机制的发展状况进行深入了解。以比较对照为观察视角，通过纵向比较，对死刑案件质量保障机制的起源、现状及未来发展的宏观方面和微观方面有深入而客观的认识；通过横向比较，打开研究视角，参考域外关于死刑的研究和论证，从而使得死刑案件质量程序保障机制能够满足理论与实践的需要，避免研究成果因无法在实践中得到适用而被束之高阁。

通过实证分析法，总结典型死刑案例尤其是死刑冤错案件所反映出来的突出问题，全面分析死刑案件质量程序保障机制在实际运作中存在的正当和非正当性因素，从正、反两面论证死刑案件质量程序保障机制的要求、必要性和现实发展的空间。同时，针对我国死刑案件质量程序保障机制在实际运作中存在的具体问题展开分析论证，以法院死刑审判的实际案例为基础，以抽丝剥茧的方式层层推进，从而得出如何从实体和程序两方面来构建我国的死刑案件质量程序保障机制，确保死刑判决的准确，避免死刑冤错案件的发生。

坚持问题导向的方法。针对死刑刑事司法实践中存在的问题，有的放矢地开展理论研究。理论是灰色的，而生命之树常青。理论的生命力在于实践，理论源于实践，又反过来指导实践，以期能够切实解决死刑刑事司法实践中存在的问题，以形成一个中国特色的系统、完整的社会主义的死刑案件质量保障机制。

第二章　死刑案件质量保障机制的概述

一、死刑案件质量保障机制的概念

正当程序理念是死刑案件质量保障机制的关键点，理解死刑案件质量保障机制的概念离不开对正当程序的理解。正当程序起源于 1215 年英国的《自由大宪章》①，1354 年英国国会通过的《威斯敏斯特法案》第一次明确提出了"正当法律程序"的概念。② 死刑正当程序是正当程序的组成部分之一，同时也是重要的部分。随着对刑事诉讼正当程序的强调和对死刑正当性讨论的兴起，许多国家以及国际条约对死刑案件的诉讼程序进行了专门的规定，因此，死刑正当程序的规定逐渐从一般的正当程序的构建中分离，形成了相对独立的程序机制。

（一）有关死刑案件质量保障机制概念的观点及评析

我国学界对死刑案件质量保障机制的研究主要是从死刑正当程序这一角度展开，但对于何为死刑案件质量保障机制，仍存在多种不同的观点。

1. 工具说

从死刑案件质量保障机制的目的或工具价值出发，以特别程序来界定死刑案件质量保障机制，认为死刑案件质量保障机制是指为保证死刑正确适用而设置的各种必要程序的总和。邱兴隆曾指出，死刑的正当程序，就是为了防止错杀与滥杀，国家通过立法，以最大限度的原则，防止以死刑的名义进

---

① 《自由大宪章》第 39 条规定："凡自由民，如未经其同级贵族的依法裁判，或经国法判决，皆不得被逮捕和监禁、没收财产、剥夺法律保护权、流放，或加以其他损害。"
② 原文为："未经法律的正当程序进行答辩，对任何财产或身份的拥有者一律不得剥夺其生存之权利。"

行不必要的杀人，从而设置与实施的各种程序安排。① 这种观点将程序正义提到了较高的地位，通过程序正义来保证实体正义，从而保证死刑案件的质量。但何为"必要程序"，这是一种较主观的评价，每个评价主体都可能得出不同的结论，因此，该观点带有较浓厚的主观主义倾向。

2. 法定说或人权说

从死刑案件质量保障机制的法定性、保障人权的功能出发来界定死刑案件质量保障机制，认为死刑案件质量保障机制是指国家法律规定的，为规范国家权力的正确运行，保障当事人的基本实体权利和程序权利，进而确保死刑公正、慎重适用的一整套方法、措施和步骤。"死刑正当程序，是指由国家法律所规定的，旨在防止国家机关滥用权力，有效保障诉讼当事人，特别是犯罪嫌疑人、被告人的基本人权，促使死刑诉讼程序公平、公开、公正、文明、及时地展开，以达到公正、慎重适用死刑之目的的一整套方法、措施和步骤。"② 该观点明确了案件质量保障机制应当具备法定性的特征，同时提出了在死刑案件中，质量保障机制的制约范围应当涵盖侦查阶段—审查起诉阶段—审判阶段—死刑复核阶段—执行阶段全过程，具有较大的合理性。但该观点将死刑案件质量保障机制的功能锁定在保障诉讼当事人基本人权上，忽视了死刑案件质量保障机制的另一个重要功能，即保障事实的正确认定和法律的准确适用。

3. 功能说

从死刑案件质量保障机制的作用或功能出发来界定死刑案件质量保障机制，认为死刑案件质量保障机制是为了能够理性对待死刑和保障被告人的人权而设置的各种程序。"现代意义上的死刑的正当程序，指为了保证死刑的理性对待和维护面临死刑者的人格尊严而采取的各种程序方法"③。该观点主要是从有关死刑正当程序的国际法律文件的规定中得出的，但保证死刑的理

---

① 邱兴隆：《死刑的程序之维》，载邱兴隆等主编：《死刑正当程序之探讨——死刑的正当程序学术研讨会文集》，中国人民公安大学出版社 2004 年版，第 1 页。

② 张绍谦：《死刑的正当程序》，载邱兴隆等主编：《死刑正当程序之探讨——死刑的正当程序学术研讨会文集》，中国人民公安大学出版社 2004 年版，第 17 页。

③ 杨正万：《死刑的正当程序与死刑的限制》，载邱兴隆等主编：《死刑正当程序之探讨——死刑的正当程序学术研讨会文集》，中国人民公安大学出版社 2004 年版，第 84 页。

性对待和被告人的人权只是死刑案件质量保障机制其中一方面的作用，该观点未体现出死刑案件质量保障机制保证死刑案件质量的直接作用，且对概念的定义较为抽象，缺乏明确性。

（二）死刑案件质量保障机制的概念重塑

在分析学者关于死刑案件质量保障机制概念的各种观点的基础上，结合我国当前刑事司法实践的实际情况，笔者认为，死刑案件质量保障机制是指由国家宪法、法律规定的，在"少杀、慎杀"刑事政策的指导下，为保证国家机关公权力的规范运行，保障当事人在死刑案件中的各项诉讼权利，以推动死刑案件的诉讼程序公正、公开、文明、独立、高效地展开，最终达到科学、审慎、正确地适用死刑的完整的、体系化的制度、规定、方法、措施和步骤。在内容上，死刑案件质量保障机制包括实体和程序两方面。实体方面，应当坚持"宽严相济，保留死刑但严格限制死刑"的刑事政策，严格贯彻落实"少杀、慎杀"原则。程序方面，要求死刑案件在侦查、审查起诉、审判、复核及执行整个诉讼程序中都应当具备正当化的特征，都能公正、公平、公开、独立、文明、及时地进行。公正，要求司法人员在诉讼过程中客观、准确地确认犯罪事实的存在，正确地适用法律，做到定性正确、量刑准确；公平，要求司法人员平等对待诉讼各方当事人，做到不歧视、不偏私；公开，要求司法活动要向诉讼当事人和社会各界公开，不搞"暗箱操作"；独立，要求司法机关尤其是审判机关独立自主地进行诉讼活动，不受任何其他外界因素的干扰；文明，要求司法人员在诉讼过程中正当行使权力，不侵犯诉讼当事人的合法权益，绝不允许刑讯逼供、变相刑讯逼供、诱供等情况的发生；及时，要求不断地提高诉讼效率，在确保案件质量的前提之下尽可能地缩短诉讼时间。

党的十八大、党的十八届四中全会提出了全面推进依法治国、推进司法改革，尤其是推进以审判为中心的诉讼制度改革，可以说是为我国死刑案件质量保障机制的建立送来了"东风"。对此，浙江省温州市两级法院在中国政法大学终身教授陈光中先生的指导下，在最高人民法院、浙江省高级人民法院的联合指导下，开展院校合作，围绕庭审为中心、证人出庭、庭审实质化这一改革的核心内容，落实证据裁判、直接言词两大原则的基本要求，以推动人民警察、鉴定人、普通证人及专家证人出庭作证为抓手，并结合加强庭前准备程序、探索开展非法证据排除、强化法庭辩论等多项改革，积极推进，不断探索，经过两年时间的先试先行，改革取得了显著成效，得到了最高人民法院的充分肯定，在全国政法工作"两学一做"视频会议上，温州的改革经验被称为"温州模式"加以推广，并作为典型经验被写入最高人民法院的工作报告。2017 年 2 月，最高人民法院颁布了《关于全面推进以审判为中心的刑事诉讼制度改革的实施意见》（法发〔2017〕5 号），对深入推进改革提出了新的要求、指明了方向。同年，温州市中级人民法院被列为"三项规程"试点地区。温州的以审判为中心改革试点经验也为死刑案件诉讼程序正当化提供了实证研究和实践探索的素材。以审判为中心的刑事诉讼制度改革要求死刑案件诉讼制度通过加强庭审程序来控制、限制死刑的适用，强调证据裁判原则，确保死刑审判的公正、公平，也即从注重死刑案件的实体质量，到死刑的程序公平、正当性并重；在以审判为中心、庭审实质化的改革中，死刑正当程序作为刑事诉讼的关键环节，理应成为改革的关键与核心。

死刑关乎对生命权的抉择，而生命权相较其他权利而言，具有唯一性和不可替代性，因此死刑一旦执行将不可逆转，慎重对待死刑，防止死刑冤错案件的产生，要求建立健全死刑案件的质量控制和规范程序，构建死刑案件正当程序机制，预防和减少死刑案件中冤错案件的产生，推动死刑程序正当化的实现。同时要深入贯彻以审判为中心的刑事诉讼制度改革和庭审实质化的要求，充分发挥审判程序正当化在死刑案件质量程序保障机制中的核心作用，通过法庭审判的程序公正实现案件裁判的实体公正。

二、死刑案件质量保障机制的功能与作用

21 世纪以来，我国死刑案件刑事诉讼的正当程序尚未完全建立。如，庭审流于形式问题在当时的刑事诉讼中就具有一定程度的普遍性，法官对于证据的审查以及对案件事实的认定主要不是通过法庭调查，而是通过庭前或者庭后对案卷的审查来完成，庭审程序中对于非法证据也不能有效排除，庭审在刑事诉讼中并未发挥出应有的实质性作用。实践证明，庭审实质化是其他

所有诉讼程序正常运转的基础，一旦失去这样的基础，将导致整个诉讼程序的失灵，冤错案件发生的可能性将极大提高。相反，如果能够让整个刑事诉讼程序——从侦查到最后的执行都实现正当化，尤其是提高对死刑案件庭审过程质量的把关和重视，切实做到事实、证据调查在法庭，定罪、量刑辩论在法庭，裁判结果形成在法庭，公正裁判，死刑案件的裁判质量就能有所保证。如"福建念某投放危险物质案"未予核准死刑，案件发回重审后进行二审庭审，该案可以说是庭审实质化具有标志性的一次庭审。这次二审的两次公开开庭审理，经过 6 天 5 夜 60 小时庭审，共有 12 名诉讼参与人、31 人（次）出庭作证或说明，平均每个出庭人员接受交叉询问近 1 小时，双方针对案件的事实与证据进行激烈的辩论，针锋相对，辩方对证据问题穷追不舍，刨根问底，专业人员对检验结论深入剖析和解释，使法庭真正成为案件审理的中心，由于庭审高质量、高水平的开展，案件的疑问之处得到查明，法院最终作出了符合法律的判决。基于死刑后果的不可逆性，死刑案件质量的程序保障机制的意义和作用十分重要。建立我国死刑案件程序保障机制，其意义和作用主要体现在以下几个方面。

第一，死刑案件质量保障机制可以通过正当程序确保死刑案件的正确性和准确性，防止冤枉无辜，错判死刑，确保公正在每一个死刑案件中都能得以实现。

贝卡里亚指出："足以判决罪犯死刑的证据是不能排除相反的可能性，被这种自认为驳不倒的证据，一些被臆断的罪犯被判处死刑的并不罕见。"[1]司法实践中，在判决死刑的一些案件中，也并不总是如人们想象的那样毫无疑问。在我国的刑事司法实践中，通过二审、死刑复核程序而改判死缓刑、无期徒刑、有期徒刑、无罪的案例并不少见。另外，一旦死刑判决出现误差，无法通过相应的司法救济途径进行纠正和弥补，所带来的损失也将是不可逆的（对被告人的亲属来说，可以进行经济上的补偿，但对于公民失去生命的后果却是无法恢复的），即使通过审判监督程序也并没有起死回生的能力。

---

[1] 转引自《论我国死刑复核程序的适用及其完善》，载 110 法律咨询网，http：//www. 110. com/falv/xingshibianhu/bananchengxu/sxfh/2010/0722/156428. html，2023 年 10 月访问。

错误的死刑判决一旦作出，死刑执行完毕，这样的司法活动无论是对于受害者或其亲友，还是对于司法机关的权威，抑或对于国家法治稳定发展造成的伤害都是不可挽回的。由于人们对诉讼认识有一个过程，只有经过从侦查、起诉到审判，从一审、二审到死刑复核程序等不断渐进深入，才能使人的认识逐渐接近案件的客观真实，最大限度地减少和防止冤错案件。所以，死刑案件质量程序保障机制作为死刑诉讼的一道屏障、确保死刑案件的百分之百正确适用既具有现实意义也是不可或缺的。

第二，死刑案件质量保障机制对于严格控制并限制适用死刑，贯彻"少杀、慎杀"，实现宽严相济的刑事政策，体现中国刑罚轻刑化的发展方向具有十分重要的意义。

自18世纪贝卡里亚提出废除死刑制度以来，死刑存废问题在社会各界一直存有争议并延续至今，但废除、限制死刑的呼声越来越高，业已经成为当今国际潮流。联合国《公民权利和政治权利国际公约》第6条规定，凡是没有废除死刑的国家，如果不是犯情节最大之罪、依照犯罪时有效且与该公约规定以及防止、惩治残害人群公约不抵触的法律，不得判处死刑。我国《刑法》（2023修正）第48条规定，死刑只适用于罪行极为严重的犯罪分子。在刑事司法实践中，我国贯彻"少杀、慎杀"的刑事政策，如我国《刑法》（2023修正）第48条还规定了死刑缓期2年执行的制度，力图把死刑的适用严格控制在法定范围内。对死刑案件质量进行程序性控制和保障正是体现了这一国家刑事司法政策，通过死刑正当程序机制的设置对那些可杀可不杀的犯罪分子适用宽严相济的政策优惠，给他们一个重新做人的机会，体现了我国死刑制度法治、文明、进步的改革方向。从这个意义上讲，死刑案件质量保障机制也是我国法治建设的重要成果。

由于受到一些封建社会传统习惯的影响，再加之乱世用重典、杀鸡儆猴等错误的思维方式，部分人对死刑存有一种报应情绪的要求，甚至有非理性地要求扩大死刑适用的观点存在。这种死刑意识显然违背了现代法治文明社会基本要求，也与我国死刑政策和制度是背道而驰的。死刑案件质量程序保障机制正是为克服这种报应情绪、同态复仇思想设置的最后一道屏障。

总之，死刑案件质量程序保障机制的目的就是充分发挥保障死刑案件质量的作用，慎重、控制适用死刑，进一步减少死刑案件数量，最大限度地确保死刑公平适用。

三、死刑案件质量保障机制的衡量标准

死刑案件质量保障机制的衡量标准是检验死刑案件质量保障机制的内容是否完善，能否实现防止国家机关滥用权力、保障诉讼当事人的基本权利的直接目标，进而实现慎重、正确、公正适用死刑的终极目标的标准。死刑案件质量保障机制的核心是死刑正当程序，因此分析死刑正当程序的衡量标准是探讨死刑案件质量保障机制的衡量标准的基础。

（一）国外关于死刑案件质量保障机制衡量标准的若干观点

1. 英国普通法上自然正义的观点

正当程序起源于英国普通法上的自然正义，自然正义也就成了死刑案件质量保障机制的衡量标准。自然正义的理论基础是西方的传统自然法思想。"最早的自然正义包括两项基本内容：①任何人不能自己审理自己或者与自己有利害关系的案件；②任何一方的诉词都要被听取。"① 这两项原则在英国的司法制度中确立很早，并成为法官审理案件的基本要求和准则。美国法学家戈尔丁对英国的自然正义进行了详细的分析，认为"自然正义包括以下九项具体内容：①与自身利益有关的人不应该是法官；②结果中不应包含纠纷解决者个人的利益；③纠纷解决者不应有支持或反对某一方的偏见；④对各方当事人的意见均应给予公平的关注；⑤纠纷解决者应听取双方的证据和论据；⑥纠纷解决者应只在一方在场的情况下听取另一方意见；⑦各方当事人都应得到公平机会来对另一方提出的论据和证据作出反应；⑧解决的诸项条件应以理性推演为依据；⑨推理应论及所提出的所有论据和证据。"②

2. 美国判例法上程序正义的观点

在美国，最早对正当程序进行系统研究的是罗尔斯，他将"程序正义"作为死刑案件质量保障机制的衡量标准。"罗尔斯将社会解释为一种为了相

---

① ［英］戴维·M. 沃克：《牛津法律大词典》，光明日报出版社 1998 年版，第 628 页。
② ［美］戈尔丁：《法律哲学》，齐海滨译，生活·读书·新知三联书店 1987 年版，第 240—241 页。

互利益的合作冒险，其基本结构是一个公开的规范体系，他确定一种引导人们合力产生较大的利益，并在此过程中分派给每一个合理要求以应得的一份的活动方案。而合理地进行权利义务的分配就必须合理地设计社会系统，以便达到结果的正义。"① 罗尔斯将程序正义分为纯粹的程序正义、完善的程序正义和不完善的程序正义三种模式。对纯粹的程序正义的解释是指无论结果是否正当，只要严格按照程序去执行，其结果就能是合理与公正的。换言之，判断结果是否符合公平正义的要求，即程序过程是否得到了基本满足。完善的程序正义包含两方面：一方面是结果是否正确有独立的判断标准；另一方面是程序至臻完善能确保得到正确的结果。罗尔斯接着又以刑事审判为参考，并以此提出并进而研讨了不完善的程序正义，只要出现被告犯有被控告的罪行的期望结果，他就应当获得有罪的判决。但是，审判的结果并不总是正确的，不正义并非来自人的过错，只是某些情况或因素的意外出现才导致法律规范无法实现其先前设定的目标。②

另一位美国学者迈克尔·D. 贝勒斯也提出了他的程序正义观点。迈克尔·D. 贝勒斯是程序正义的集大成者，他认为程序正义包含四大原则：无偏私原则、获得听审机会原则、提供裁判理由原则、形式正义原则。无偏私原则要求裁判者要克制谨慎，对案件判断需保持公平、独立，不得受影响裁判公正的因素影响形成偏私，不得与当事人单方面接触。获得听审机会原则要求裁判者告知当事人起诉的根据和理由，当事人有获得律师帮助的权利，有提供证据的权利。提供裁判理由原则要求裁判者在裁判文书中载明裁判的根据和理由，裁判的过程要公开。形式正义原则要求裁判要遵从规则，要遵循先例，即对相同的事实应作出相同的裁判。③

3. 日本学者的程序正义观点

日本对正当程序进行研究的学者主要以谷口安平为代表。谷口安平对罗

---

① 胡常龙：《死刑案件程序问题研究》，中国人民公安大学出版社2003年版，第106页。
② ［美］约翰. 罗尔斯：《正义论》，何怀宏、何包钢、廖申白译，中国社会科学出版社1988年版，第56页。
③ ［美］迈克尔·D. 贝勒斯：《程序正义——向个人的分配》，高等教育出版社2005年版，第22—139页。

尔斯等人的程序正义观点进行了深入的批判，认为理论上的这些分类在现实生活中难以实现。谷口安平认为，程序正义在诉讼制度上表现为三个方面：一是确保利害关系人都能参加程序，无论直接参加或是间接参加。与程序结果有利害关系或者可能因该结果而蒙受不利影响的人，都有权参加该程序并得到提出有利于自己的主张和证据以及反驳对方提出之主张和证据的机会。二是参加场所的程序保障。当事者的参加是否能够具有实质性内容，在很大程度上取决于作为参加前提的程序进行场所即审判制度本身，而审判制度则应是公正、中立和独立的。三是程序参加的结果展示。审判的结果如果是通过判决表现出来的，就必须以判决理由的形式对当事者的主张和举证作出回答。①

（二）国外关于死刑案件质量保障机制的衡量标准的实践及规定

1. 美国司法实践中的做法

程序正义的理论在美国不断得到演进，内容也不断得到完善与发展，并最终被写进了宪法，成为宪法的重要条款，即法律正当程序条款。但对何为死刑案件质量保障机制的标准衡量，美国的理论和实务界并未形成统一观点。

（1）以制宪者的意图为衡量标准。这种做法并未对正当程序的衡量标准进行抽象的概括，而是将制宪者的原意，也即美国宪法有关正当程序的规定作为衡量程序是否正当的标准。"这种标准使正当法律程序的标准明确、正统，但其弊端是滞后和僵硬，难以适应社会发展的变化和现代社会的需求，因此，最终被抛弃。"②

（2）以利益的权衡结果为衡量标准。这一标准是美国联邦最高法院于1976年在 Mathews v. Eldridge 一案中发展而来的，也是目前美国联邦最高法院有关程序正当判断的主导模式。根据这一标准，个人利益、风险利益③和政府利益是法院衡量程序是否正当的三个因素。若个人利益和风险利益之和

---

① ［日］谷口安平：《程序的正义与诉讼》，王亚新、刘荣军译，中国政法大学出版社2002年版，第11—17页。

② 徐亚文：《程序正义论》，山东人民出版社2004年版，第70—71页。

③ 风险利益是指运行现行程序导致利益被错误剥夺的风险，以及替代程序或补充程序可能产生的价值。

大于政府利益时，不能认定程序是正当的；若个人利益和风险利益之和小于政府利益时，则判断程序是正当的。这种做法使得裁判者的推断更具可操作性，但具有较强的主观性，当个人的生命保护威胁到政府的重要利益时，难以获得正当程序的保障。

（3）以最低限度程序公正为衡量标准。这种做法要求政府行为不得无视公民的个人尊严，对公民平等、自治、个人隐私等核心价值要予以尊重。这种做法的理论依据是，在刑事审判活动中难以详细列尽程序公正的所有要求，也无法确定绝对公正的程序的标准，但人们可以通过直观感受来判断程序是否公正。不过这都是理想状态下的情形，现实的法律制度并不完备，会出现这样或那样的漏洞，正义或许不能得到彻底的实现，但至少法规范的存在应该尽量减少不公正的现象发生，并以看得见的方式让人们感受到公平正义就在身边，并提供一定的制度支撑以及与正义观念相适配的标准、目标或价值追求。这些都是构建法律程序不可或缺的部分，尽管无法完全保证绝对的公平正义，但它的破坏一定会带来秩序的崩塌和公众的不安全感。

2. 日本的做法——以保障诉讼程序参与作为衡量标准

日本在司法实践中以能否保障诉讼程序的有效参与作为死刑案件质量保障机制的衡量标准，具体包括三个方面的内容：（1）确保利害关系人能够参与诉讼，并享有充分的辩论权。（2）审判制度应是公正、独立、中立的，确保利害关系人参与诉讼具有实质意义。（3）审判结果应以判决形式展示，并作充分说理。

3. 联合国的规定——以人权保障为衡量标准

从《公民权利和政治权利国际公约》和联合国经济与社会理事会《关于保护死刑犯权利的保障措施》对死刑正当程序的规定来看，联合国将"人权保障"作为衡量死刑案件质量保障机制的标准，即保证死刑的理性对待和维护面临死刑者的人格尊严。联合国人权委员会的特别报告员在对任意处决定义时，表明了现代死刑正当程序的核心内容，"虽经某一程序所作判决而剥夺生命，但在这一程序中，正当的法律程序，尤其是《公民权利和政治权利国际公约》第6条、第14条、第15条中列明的最低保证和经济与社会理事会通过的相关文件，即在1984年5月通过的决议，也即关于保护死刑犯权利的各项保障措施，均未受到尊重"。这就属于任意处决。①

（三）我国死刑案件质量保障机制衡量标准的具体确定

我国《刑事诉讼法》②并未对死刑案件质量保障机制的证据衡量标准作出专门的规定。《最高人民法院、最高人民检察院、公安部、国家安全部、司法部关于办理死刑案件审查判断证据若干问题的规定》第 5 条规定："办理死刑案件，对被告人犯罪事实的认定，必须达到证据确实、充分。证据确实、充分是指：（1）定罪量刑的事实都有证据证明；（2）每一个定案的证据均已经法定程序查证属实；（3）证据与证据之间、证据与案件事实之间不存在矛盾或者矛盾得以合理排除；（4）共同犯罪案件中，被告人的地位、作用均已查清；（5）根据证据认定案件事实的过程符合逻辑和经验规则，由证据得出的结论为唯一结论……"笔者认为，对于死刑案件来说，《刑事诉讼法》规定的"事实清楚，证据确实、充分"标准不够具体，应将"确定无疑"作为死刑案件质量保障机制的证据衡量标准。

"确定无疑"是指证据确实、充分，排除任何其他可能性，死刑的裁判结论具有唯一性。笔者认为，"确定无疑"的标准应当包含主观、客观两方面，主观方面要求裁判者在内心达到"确信"的程度。客观方面要求证据之间能够相互印证，形成完整的证据锁链，根据证据所得出的结论是唯一的，且具有排他性，并无矛盾之处。有学者提出用"唯一性"进行概括，但同时指出，由于每一个刑事案件有许许多多的烦琐细节，即使是犯罪人自身的回忆也会随着时间的流逝而消退暗淡，所以其自身的回忆也呈现一定的非客观性。因此，唯一性并不意味着案件的每一个细节都是唯一的，不必去追求案件的细枝末节，只要重要的、核心的细节能够达到唯一性的要求即可。③具体而言，"确定无疑"包括以下几方面的要求。

（1）犯罪构成要件事实和量刑情节事实均已查清。对于犯罪构成要件事

---

① 杨正万：《死刑的正当程序与死刑的限制》，载邱兴隆等主编：《死刑正当程序之探讨——死刑的正当程序学术研讨会文集》，中国人民公安大学出版社 2004 年版，第 82 页。

② 本书中未作特殊说明的《刑事诉讼法》指的是最新的 2018 年修正的《中华人民共和国刑事诉讼法》，以下不再一一说明。

③ 陈光中：《死刑案件证据必须达到"唯一性"标准》，载《中国改革》2010 年第 7 期。

实，是指对于被告人的主体身份和刑事责任能力，犯罪行为的实施过程及造成的后果，被告人的主观恶性，共同犯罪中被告人的作用和地位等事实均已查清。对于量刑情节事实，是指被告人的法定从重、从轻情节和酌情从重、从轻情节均已查清。

（2）所有案件事实均有充分的证据予以证实。"充分的证据"并不是对证据数量的要求，也不意味着各种形式的证据都存在，而是指每一案件事实、量刑情节均能得到相应的证据的印证，且每个证据均具备客观性、合法性、关联性，并经法定程序查证属实。

（3）相互印证与排除合理怀疑。具体来说，我们应当具体审查定案的各种证据，达到能够相互印证的要求。另外，最为关键的是，综合全案证据，要求能够做到证据之间及各种证据和事实之间能够排除合理怀疑。证据与事实之间不存在矛盾，是最理想的司法证明结果，但在司法实务中经常出现证据之间、证据与事实之间存在矛盾或不一致的情形，对此只有给出合理的说明，能够排除合理怀疑，才能认定已达到法定证明标准。

（4）得到的结论是确定的、唯一的，排除了一切合理怀疑。总体要求是案件的结论要能够经得起历史的检验。这就要求证据与客观事实之间要排除一切可能存在的矛盾，排除其他任何可能性，得到的结论必须是确定和唯一的，努力达到客观事实与法律事实的一致性要求，确保案件事实正确，才能在法律适用上正确。

"确定无疑"这一标准虽然赋予裁判者自由裁量权，但在相应配套规则的限制下，并不会导致裁量权的恣意行使，同时，也能够调动双方的积极性，从而全面收集证据，确保案件质量。

第三章　中国死刑案件质量保障机制的历史回顾

从历史的发展来看，死刑在我国刑法体系中具有独特的地位，经历了从野蛮到文明这样曲折的演变过程，相应地，死刑诉讼程序也经历了一个由简单到复杂、由零散到系统、由野蛮到文明、由随意到规范的发展历程。

一、死刑案件质量保障机制的起源及发展

根据现有史料记载，我国早在夏朝进入奴隶社会时就已经有了死刑制度的雏形。奴隶社会刑制严酷，夏朝死刑有大辟、燔、诛、戮等，商朝有炮烙、挖心、醢（剁成肉酱）、菹（切成碎片）、脯（晒成肉干）、诛、活埋等。周朝是奴隶制的成熟阶段，统治者标榜"明德慎罚"，在商朝的基础上发展了比较完善的"五刑"。春秋、战国时期，是我国从奴隶社会向封建社会过渡时期，社会变革激烈，为维护统治，酷刑又向前推进了一步。区别于奴隶制时期死刑带有的浓厚报复色彩，封建时期受"慎刑"思想的影响，统治者对死刑的判决和执行十分重视，为防止错杀无辜，在死刑的适用上制定了一系列严格的制度，使得我国古代的死刑制度逐步完善，防止了一些死刑冤错案件的发生；同时，执行死刑的方式也逐渐改变，由野蛮和残酷，走向文明和人道。

（一）审判程序：确立复审制度与死刑复核

复审制度与死刑复核在我国古代刑法死刑制度中占较大的比重，整体上看，呈现从一般审判的死刑复审程序阶段演变到专门的死刑复核程序和复审程序阶段的历史发展趋势。

1. 一般审判中死刑复审程序阶段（秦朝时期至南北朝时期）

秦朝以前，法制尚不完备，死刑尚未收归中央。秦朝建立了封建制的中央集权的国家，皇帝拥有至高的权力，生杀予夺是最高统治权的象征之一，因此，自秦朝开始，对于各级审判机关审理的死刑案件，皇帝可以自己最终决定，但具有临时性的特点。汉朝有较缜密的逐级审转复核制度，案件被每一级审理之后，如果该案件不属于其权限范围内，那么就必须按照层层上报的原则，依次报由上一级进行审理。唯有具有决定权的那一个层级批准后，裁决才能发生法律效力；并将部分死刑疑狱的决定权收归中央。但该时期对死刑案件尚未建立专门的复审程序，采取的是一般审判中的复审程序。

2. 专门的死刑复核程序和复审程序阶段（隋朝时期至清朝时期）

隋朝虽然存在的时间较短，但经过三国两晋南北朝时期的发展，隋朝的司法制度有了很大的进步，规定了专门的死刑复核程序——三复奏制度，即死刑在执行前须向皇帝奏请三次。《隋书·文帝本纪》记载："开皇十六年八月丙戌诏：决死罪者，三奏而行刑。"由大理寺集中复核死刑案件，然后再奏报皇帝核准。唐朝是我国封建法制的集大成者，其司法、诉讼与审判制度较为完善。唐律规定，审理死刑案件的权力专属于州级官员，但他们也仅仅具有审理权，没有最终的案件决定权。经过州级官员审理的案件还必须报刑部复查审核，进而，刑部还需要按照规制会同大理寺、御史台等机关共同商议。针对判处死刑最终执行，隋朝创设了死刑复奏制度，而《唐律疏议》对此进行了继承，并在其中规定，对于死刑案件，三复奏之于地方，而五复奏之于京师。明朝规定死刑案件经大理寺复核后，必须报请皇帝批准。清朝设立了专门的死刑复核机关，完善了死刑复奏制度，实行法定的由审判机关自动复审的程序。死刑案件的第一次审理在州县，其对案件初步审理之后提出相关意见，尔后层层向上级上报复核，向皇帝请奏案情的任务在于督抚，并由其将"揭帖"（题本的副本）送于刑部，后交由三法司核拟具奏，最终报请皇帝裁决。

（二）审判方式：确立死刑会审制度

会审制度是"慎刑"思想在死刑审判上的直接体现，起源于汉代，历经了唐、明、清三个时期的发展，为减少死刑适用、防止死刑冤错案件发挥了积极的作用。

1. 汉朝：杂治

汉朝时期，重要案件须由掌握狱诉大权的廷尉会同丞相、御史中丞、司隶校尉等合并审理，这种会审制度称为杂治。《说文通训定声》"杂"字云："凡狱讼多言'杂治'之，犹今言会审也。"但在彼时，这种会审制度是一种临时性的审判行为，并未固定。

2. 唐朝：不定期会审

会审制度在唐朝有所发展，逐步规范化，根据案情的重大和疑难程度分为三种不同的会审形式，但仍具有临时性和不定期的特点。

（1）杂治。对于重大案件，尤其是上层阶级谋反的案件，皇帝指令众官组成临时性的组织进行共同审判的会审制度。

（2）三司推事。"三司"是指大理寺、刑部、御史台。三司推事的会审制度又分为两种情况：一种是对于京师的疑难复杂案件，由大理寺卿组织各部门长官共同对此案件进行审理。这些部门长官即俗称的三司，由大理寺、刑部及御史台的最高长官组成。这些长官共同审理是当时法律制度的一大特色。另一种是对于地方的不便押解送京的重要案件，由三司的下属官员（大理寺评事、刑部员外郎、监察御史）组成审判组织前往审理。唐朝建立的三司推事制度有效地加强了封建司法统治，开创了后世由三法司联合审判处理重大案件的先河。

（3）九卿议刑。唐朝对死刑判决为大型合议制，开创了九卿议刑的会审制度。具体而言，对于死刑案件，经过审讯等相关审议程序之后，由朝臣根据审讯的内容，讨论具体案件的情况，并提出审判意见。

3. 明朝：不定期会审和定期会审

到了明朝，随着专制主义中央集权制度的高度发展，以及不断加强封建皇权的需要，在唐宋法律的基础上，明朝的会审制度得到进一步发展，体系更加完备，形成了两种不同的模式。

（1）不定期会审。

①不定期会审中包括三司会审。明朝在唐朝三司推事的基础上形成了三

司会审，是指凡遇有重大疑难案件，由中央常设司法机关的长官（刑部尚书、大理寺卿、左都御史）会同审理，最后由皇帝裁决的会审制度。对于何为重大疑难案件，三法司和皇帝均有判断的权力。

②九卿会审。也称"圆审"，意为地方上报的重案要案，罪犯在二审之后仍对判决无法接受的，需三法司长官（刑部尚书、大理寺卿、都御史）会同通政使与吏、户、礼、兵、工五部的尚书组建审判组织一起审理，判决结果奏请皇帝审核批准的会审制度。

（2）定期会审。

①朝审。朝审是明朝最具影响力的会审制度，是指对京师已定案的死刑重囚，在每年霜降后，由三法司会同其他部门的官员进行会审的制度。明英宗诏令："人命至重，死者不可复生，自天顺三年为始，每至霜降后，但有该决重囚，著三法司奏请会多官人等，从实审录，庶不冤枉，永为实例。"《明史·刑法志》也有记载："天顺三年，令每岁霜降后，三法司同公侯伯会审重囚，谓之朝审。"朝审不仅核准死刑执行，而且有宽恕罪犯的意味。

②大审。大审表现出了明代宦官对司法的干预，是指定期由皇帝委派太监会同三法司官员审录囚徒的会审制度。大审的对象原则上是南北两京未定案的各类案件。

③热审。热审是明朝特有的一种审录制度，也是一种司法救济制度，是指每年小满之后十余天，由太监请三法司一起，对京师、直隶以及各省的各种类型的案件，共同进行司法审理的一种活动，是恤刑的体现。《大明会典》载："成化二十二年夏，见今雨泽少降，天气向热，内外衙门见监罪囚，恐有冤抑，令谕法司，两京，令司礼监太监、守备太监同三法司堂上官会审。两直隶、差刑部郎中各一员，会同巡按御史；各处在城，令巡抚、巡按，同三司掌印官；各府州卫所，令巡按御史同守巡官，逐一审录。死罪情可矜疑者，具奏处置。徒流以下，减等发落，不许迟慢。"①

---

① 转引自张凡：《明代会审研究》，中国政法大学 2008 年硕士学位论文，第 11 页。

4. 清朝：确立专门的定期死刑会审制度

清朝的会审制度有了重大的发展，形成了专门的死刑案件会审制度，同时，将会审确定为死刑复审的法定形式。

（1）秋审。对于地方斩监候和绞监候的案件，在每年秋 8 月由中央各部院长官会同审理后，提出意见，再报皇帝审批的制度即为秋审。经过秋审的案件会有四种结果：一是情实，即案件情况属实，请求执行死刑；二是缓决，即案件情况属实，但社会危害性不大，可减刑为流三千里，或者发往烟瘴极边充军，或者再押监候办；三是可矜，即案情尚未完全明了的，则驳回原省再审；四是留养承祀，即案件情况属实，但家有亲老单丁，符合申请留养者条件，按照留养案上奏皇帝裁决。

（2）朝审。主要是对发生在京师的斩监候和绞监候的案件，每年霜降后由中央各部院长官会同审理。朝审与秋审最大的区别是会审的对象不同，同时朝审的时间略迟于秋审。《大清律例》载："刑部现监重囚，每年一次朝审，刑部堂议后，即奏请特派大臣复核，核定具奏后，摘紧要情节，刊刷招册送九卿、詹事、科道各一册，于八月初见在金水桥西，会同详审，拟定情实，缓决可矜具题，请旨定夺。"

（三）最终决定权：统一于皇帝

1. 第一阶段：死刑最后决定权分散于各级审判机关（秦朝至汉初时期）

根据秦律的规定，中央廷尉和地方郡县均有死刑管辖权。汉朝初期，对于普通案件，地方可以自行处理，拥有最终决定权，因为法律赋予了地方司法官员极大的司法权力，而且拥有死刑案件的处决权。该时期，虽然皇帝对一切重大案件拥有最终决定权，包括对死刑案件享有决定权，但这一决定权是临时性的，并未在制度上将死刑最后决定权统一于皇帝，大部分死刑案件的最后决定权仍分散于各级审判机关。

2. 第二阶段：各级审判机关对一般死刑案件仍有最后决定权，但部分特殊死刑案件必须奏报皇帝批准（汉中期至三国、两晋时期）

汉中期开始，随着中央集权制度的进一步发展，对重大案件实行审核，部分特殊的死刑案件须奏请皇帝批准。若判处死刑对象为官吏，必须由皇帝批准决定。除此以外，当时最高司法机关为廷尉，其对于皇帝下达的"诏狱"①、地方处理不当的"疑狱"以及重大死刑案件享有审判权。三国两晋时期，延续了汉中期的做法，对于特殊死刑案件，审判机关只拥有初审权或复审权，最终的核准权由皇帝享有。

3. 第三阶段：凡死刑案件均须经皇帝批准（南北朝至清朝时期）

从南北朝开始直到清朝，死刑大权统一于皇帝一人，这也是中央集权制度的一大体现。从北魏开始，生杀予夺的死刑大权集中于皇帝手中。北魏太武帝时规定："谳刑者，部主具状，公车鞫词，而三都决之；当死者，部案奏闻，以死不可复生，惧监官不能平，狱成皆呈，帝亲临问，无异辞怨言乃绝之。诸州国之大辟，皆先谳报乃施行。"② 该规定要求死刑案件需要奏报皇帝，取消了地方对死刑的决定权，这一做法一直延续至清朝。

二、死刑案件质量保障机制的完善

清末至民国时期，我国的法律近代化经历了中华法系改良的过程，融入了现代法治的基本理念和原则，刑罚制度整体上呈轻缓化趋势，死刑案件质量保障机制得到了进一步的完善，许多理念和制度在我国台湾地区得以延续。

（一）专门的死刑强制上诉制度

我国台湾地区所谓的"刑事诉讼法"第344条第4—5项规定了专门的死刑强制上诉制度。具体来说，对于宣告无期徒刑或死刑的一些重大刑事案件，无须等待当事人主动提起上诉，而代之以原审法院直接将案件移送至上级法院进行第二次审查处理。在这之后才通知该案件的被告人及其他当事人，那么这就视为被告人已经提起上诉。对此，我们将我国台湾地区这样的制度安排称为强制上诉制度，也可称为自动上诉制度。

（二）死刑执行审核制度

我国台湾地区没有专门的死刑复核程序，但其所谓的"刑事诉讼法"第

---

① "诏狱"主要是指九卿、郡守一级的二千石高官有罪，需皇帝下诏书始能系狱的案件。

② 《魏书·刑罚志》。

460 条和第 461 条规定了死刑执行审核制度。第 460 条明确指出，在死刑案件判决确定之后，检察官需要尽快、及时地将该案案卷移交台湾司法行政主管机关处理。第 461 条明确，死刑的核准权在我国台湾地区司法行政主管机关，而且执行机关必须在指令的 3 日内执行完毕；如果执行检察官在监督过程中，一旦发现案情的确需要再审，抑或非常上诉，应当在 3 日内报请前述核准的机关再次核查批准。

（三）充分的死刑救济程序

我国台湾地区执行的是一种特殊的审级制度，这与我国大陆完全不同，即三审终审制。前两审对事实进行审理，第三审只对法律适用正确与否进行审理，不对事实进行重新审理，而且为死刑案被告人提供了充分的救济程序。

1. 非常上诉制度

非常上诉，是救济审判违背法令的判决的一种途径，其主要目的在于通过纠正原确定判决而统一法令之解释与适用，同时也有保护被告人利益、予以个案救济的作用。[①] 我国台湾地区所谓的"刑事诉讼法"第 441 条规定，在一项判决确定之后，若检察人员在履行检察职务的过程中或者通过其他途径，发现并确信该案件的审判过程违反了法令，则检察主管机构负责人需要以检察主管机构的名义，向审判主管机构提出针对本案程序违法问题的非常上诉。而一旦死刑案件被提起非常上诉，那么，法务主管机构就必须推迟签署死刑执行令。

2. 大赦和特赦

我国台湾地区还为死刑被告人设置了大赦和特赦的救济程序。根据我国台湾地区相关规定，可以由台湾地区当局领导人命令台湾地区行政管理机构转令主管部特赦审议，也可以由主管部呈请台湾地区当局领导人直接颁布特赦；大赦是由台湾地区行政管理机构会议议定，向台湾地区立法机构提出大赦案，经台湾地区立法机构通过，由台湾地区当局领导人颁布施行。

3. 死刑执行暂停制度

我国台湾地区所谓的"刑事诉讼法"第 465 条规定，接受死刑的罪犯，

---

① 林钰雄：《刑事诉讼法》（下册），中国人民大学出版社 2005 年版，第 338—339 页。

如果是具有精神疾病的患者，应当停止执行死刑，由司法行政主管机关发出这样的命令；接受死刑的妇女怀孕的，在未生产前，也必须如同前述规定，停止执行死刑；前述两种情形消失的，不能作为继续恢复执行的直接依据。换言之，依据前述的规定停止执行的，除非有司法行政主管机关的再次命令，否则不能自动恢复死刑的执行。同时，我国台湾地区所谓的"监狱行刑法"第31条和第90条规定，如果死刑的时间恰好是法定节假日，或者是直系亲属、配偶过世的一周内，三代以内亲属过世的三日内，抑或其他必要情况发生时，按照规定，可以暂停执行。由此可知，我国台湾地区死刑暂停执行包括三种情况：一是受刑人心神丧失，二是受刑的妇女怀孕期间，三是逢特殊的纪念日。

第四章　域外死刑质量保障机制的规定

1764 年，刑法领域的杰出启蒙思想家贝卡里亚在《论犯罪与刑罚》一书中对死刑的滥用提出了强烈的批判，开启了死刑存废论的篇章。第二次世界大战后，随着人道主义及人权的发展，越来越多的国家废除了死刑，国际社会开始朝着废除死刑的道路大步迈进，目前保留死刑的国家和地区仅 50 余个，其中主要有美国、日本、俄罗斯、中国、印度等人口大国，但也都对死刑适用作出了严格的限制。

一、美国

美国是英美法系国家中适用死刑较多的国家。美国宪法主要在三个方面对死刑进行了规制：一是死刑有无随意、任意适用问题。二是适用死刑是否满足必要的要求，也即契合比例性原则的要求。三是制度的设立、具体程序的安排是否合乎宪法的标准。而程序性规制的主要目的在于确保死刑不被肆意适用，这主要依靠禁止残酷的刑罚条款、加强完善法律规定的正当程序等规定。与此同时，美国联邦最高法院也逐步将禁止残酷和异常刑罚条款转移到正当程序条款，以此作为死刑案件判决的依据。

（一）高质量的律师辩护

1932 年，美国联邦最高法院大法官萨瑟兰（Justice George Sutherland）在鲍威尔（Powell v. Alabama）一案中指出："许多时候，如果不保障在面临审判时得到辩护律师帮助的权利，接受审判的权利也会没有任何意义。就算是受过高等教育的人，作为法律门外汉，他在法学方面的知识也是有限的……他不懂何为证据规则，如果没有律师，他可能会因为错误的指控而接受审判，会因为不完全的证据、与争议焦点无关或本身不可采信的证据而被判有罪。

就算存在一个完美的辩护理由，他也不具有充分准备辩护的能力。所以，在刑事诉讼的每一个阶段，他都需要有律师的帮助。没有辩护律师，就算他是无辜的，却因为不知怎样证明自己的清白而陷入被定罪的险境。"① 萨瑟兰大法官在该判例中确定被告人获得律师帮助权是必需的基本权利，而非一项奢侈品。考虑到死刑案件的特殊性，美国法律不仅规定应保障面临死刑的被告人可以获得律师的帮助，同时还要求律师的帮助是有效的。

1. 形式上的强制辩护

根据美国的法律，如果即将接受死刑的被告人事先没有委托律师辩护，那么在检察官进行死刑指控后，法院要为其指定两名辩护律师，其中至少有一名具有处理死刑案件的经验，也就是说美国对死刑案件实行强制辩护制度。"《美国联邦法典》第18卷规定了为经济困难的被告人提供律师的相关内容。若即将被执行死刑的被告人，由于无力支付高额的律师费用而无法得到律师的必要帮助，抑或无法得到相关的专家服务、调查人员等必需且合理的服务，则或在宣布判决之前，或在执行程序前，都需指定一名或更多的律师为其提供帮助。若在判决出来前指派律师，则指派的律师应当具有过硬的业务素质，至少有五年以上的业务年龄，且是在审理该案法院所在的地区，并庭审重案案件三年以上。若在法庭宣判后指定律师，那么在指派的律师中至少有一名应在上诉法院工作五年以上，并在该法院处理重罪上诉案件至少三年。"②

在美国的司法实践中，法官指派律师时，可以经由相关机构的推荐，如由联邦公共律师协会推荐；一些地区没有这一组织的，也可以由其他政府指定的相关机关推荐。除此之外，联邦最高法院针对死刑案件辩护的现实社会需求，专门创立了一个特殊机构，为可能被判处死刑的案件当事人提供辩护律师，这一机构即"联邦死刑辩护项目办公室"，该机构能给指定律师提供全国性的信息，有利于为死刑犯指定律师工作的进一步落实。

2. 实质上的有效辩护

在保障死刑被告人获得律师帮助权的基础上，如何确保指定的律师能够

---

① 转引自刘国庆：《美日刑事诉讼中律师帮助权比较研究》，载《西部法学评论》2011年第3期。

② 转引自杨宇冠主编：《死刑案件的程序控制》，中国人民公安大学出版社2010年版，第67页。

提供有效的帮助是一个值得注意的问题，美国在司法实践中，有很长一段时间并未审查如何界定律师帮助的有效性。1984 年的 Strickland v. Washington 案对于联邦最高法院来讲，是调查律师帮助有效性问题的开端，提出了法院要在宽松的范围内调查律师提供的服务是否专业又合理，确立了有效律师帮助的基本宪法原则。联邦最高法院在 Bell v. Cone 案的判决中也认为，审查律师提供的法律服务是否理性而专业，应在一个宽泛的范围内进行，因为太容易在律师的某些具体行为中挑出毛病。

在 1989 年与 2003 年，美国律师协会制定了《美国死刑案件有效辩护指导纲要》与《死刑案件中辩护团队减刑职责补充纲要》，后者是其与不同机构、专家共同制定出来的。上述指导纲要与补充纲要对死刑案件的辩护标准进行了确认。以下两个方面为死刑辩护标准的关注点：一是律师资质，对于辩护团队而言，都应至少有一名具备精神病知识的专家、一名死刑辩护律师、一名具备缓刑相关知识的专家；拥有在辩护辖区范围内的执业许可对于此辩护团队来说是必需的，并且在程序法上、实体法的理解与应用上，该名律师都应对该州死刑案件所应适用的相应法律知识十分理解，具备处理复杂诉讼的技能，并且需要每年接受培训。二是质量评价方面，陈述了死刑律师在案件中的帮助应是有效的，并对最低有效辩护的标准进行了列举。第一，律师在维护当事人利益方面应保持热忱，并对当事人的每个案件全力以赴。第二，丰富的辩护知识与灵活的技能是一名死刑辩护律师最基础应当具备的。第三，与当事人的会见、告知其案件的进展、重要决策问题的协商，办案律师都应尽早、尽快、尽职地做到。第四，迅速、高效地调查案件的真实情况，发现案件的真相，对定罪和量刑问题形成自己的辩护观点，并且在法庭上准确陈述也是律师的职责所在。①

美国在司法实践中通常从两方面来检验律师所提供的法律帮助的有效性：第一，律师提供的法律服务是否充分，如律师有无积极调查收集证据，特别是与减轻情节有关的证据。如果律师从未调查收集任何证据，应认定其提供

---

① 王喆、闵春雷：《美国死刑有效辩护制度及其启示》，载《东北师大学报（哲学社会科学版）》2012 年第 6 期。

的是不充分的法律服务。联邦最高法院在 2000 年审理的 T. Williams v. Taylor 案中认为，律师没有出具与减轻情节有关的证据，如被告人有智力障碍，其所提供的法律帮助是无效的，因而推翻了被告人的死刑判决。第二，律师的行为对被告人有无损害，体现在定罪阶段，即是否令清白的被告人被无辜定罪；有合理的可能性表明量刑者只要全面考察所有的加重和减轻情节后，将不会判处被告人死刑，而律师在量刑阶段有无不充分的帮助。2001 年联邦某巡回法庭在一起案件审理中认定，在庭审中律师睡着的行为，被认为没有对被告人提供法律帮助，认定律师的行为有损于被告人，故推翻了对被告人的死刑判决，此案即 Burdine v. Johnson 案。一般而言，若律师未提供充分的帮助，且给被告人造成了损害，则认定律师提供的法律服务是无效的。

（二）证明标准

美国虽然没有对死刑案件制定单独的证明标准，但要求陪审团一致判决被告人有罪，并且由陪审团一致决定是否对被告人适用死刑，实际上对死刑案件适用了最高的证明标准。同时，美国还实行严格的控方举证责任，要求控方不仅要证明指控犯罪的每一个构成要件达到"排除合理怀疑"的程度，同时要证明确实存在判处死刑所必备的加重因素，且也须达到"排除合理怀疑"的程度。1994 年联邦最高法院在 Victor 案的判决中指出，"合理的怀疑"意为在面对人生中重大事件时，保持合理谨慎，避免轻率地作出决定。在公正地考虑了所有证据之后，应在道德确实性的程度上得出被告人有罪。如果案件中存在高度可能性，也可以被定为有罪，但这样的可能性一定是排除了全部关于被告人有罪的合理怀疑，具备充分并且高度的可能性。合理的怀疑是从事实、证据、根据证据所得出的事情，或者是从与事实相关的某些欠缺证据中而产生的、现实又充分的怀疑，这与一时兴起的妄加推测中所产生的认识完全不同。①

"法定加重情节"是美国针对死刑案件适用标准不明而提出的，通过引入"法定加重情节"，降低死刑适用的任性。美国的死刑罪名主要集中于

---

① ［日］中川孝博：《超越合理性怀疑的证明——刑事审判中证明标准的功能》，日本现代人文社 2003 年版，第 203—204 页。

谋杀罪,虽然没有统一规定"法定加重情节"的类型,但在美国司法实践中主要有五类:一是犯罪手段极其残忍。二是侵害复合法益或多数生命法益,其中复合法益是指行为同时侵害了生命法益和非生命法益,如逃脱抓捕中的杀人行为,不仅侵害了生命法益,同时还妨碍了司法秩序。三是被害人年龄较小。四是谋财杀人或雇凶杀人。五是重罪再犯或司法控制期间杀人。

(三)审前程序

美国对死刑案件规定了区别于普通刑事案件的审前程序,主要表现在以下几个方面。

1. 明确死刑指控

美国的死刑案件需要经过联邦司法部授权程序,即死刑案件的起诉需要经过联邦司法部的批准。1995 年《美国联邦检察手册》第 9 条第 10 款对此作出了规定:(1)未经司法部最高长官书面授权,下级系统的检察官不得积极寻求死刑裁判,当某一案件具备被判处死刑的可能性时,联邦检察官办公室须将详细的死刑评估备忘录提交给司法部;(2)联邦检察官在提交死刑授权申请前须提前通知律师,给律师陈述意见的机会;(3)在司法部成立审查委员会,负责审查案件情况,并向司法部长官提出是否应当寻求死刑的建议;(4)辩护人有权出席审查委员会,并发表意见;(5)若案件的定罪或量刑情况有变化,由司法部重新考虑授权请求死刑的决定。

此外,《美国联邦宪法》第五修正案还规定,对于死刑案件的起诉还必须经过由 16—23 人组成的大陪审团的审查,其对死刑案件具备起诉与否的决定权,且这一权力的行使是绝对的,由大陪审团根据简单多数的原则,投票决定是否批准起诉。大陪审团在审查起诉中需要调查证据,检察官应当提供指控重罪的证据,大陪审团有权讯问犯罪嫌疑人,调查物证、书证,强制证人出席回答问题。

2. 寻求死刑通知

美国法律中有规定,当检察官认为被告人最终会被判处死刑,则应在庭审之前或者法庭接受被告人的有罪答辩前的合理时间内,交与法庭和被告人寻求死刑通知。在该通知中应表明检察官寻求死刑的意思表示,同时要列明法定加重情节，保障被告人及辩护人的辩护权能够充分行使。

3. 罪状认否程序

"罪状认否程序是指被告人被正式起诉后第一次被带到审判法官面前，由法官告知其被起诉的罪行和享有的权利，并询问其对所起诉的罪状如何答辩的过程。如果被告人认罪，则进入量刑程序，如果被告人不认罪，则进入审判程序。"[1] 罪状认否程序的基础是诉辩交易制度，为节约诉讼资源、提高诉讼效率，美国广泛推行诉辩交易来对程序进行分流，但为防止控方滥用权力，保证死刑案件的质量，绝大多数州对死刑案件不设置认罪和诉辩交易程序，从而将被告人强制性地推入审判程序。

（四）审判程序

1. 定罪量刑分离

《美国联邦宪法》第 6 条规定了被告人有接受陪审团审判的权利。联邦最高法院在对宪法第八修正案进行解释后，创设了"被告人应否判处死刑进行个别化审查"与"限制死刑量刑自由裁量权"两项规则，进而死刑案件具备了定罪和量刑程序相分离的特点。区别于普通刑事案件陪审团负责定罪、法官负责量刑的模式，死刑案件的定罪与量刑程序相分离，陪审团要审查控辩双方递交的加重和减轻情节，并作出死刑裁决或死刑建议。[2] 此外，美国死刑案件在具体适用陪审团制度上也更为严格，不仅要求必须由 12 人组成陪审团，同时在死刑裁决上实行陪审团一致通过原则，只要 1 人对死刑适用有异议，刑罚就自动转为终身监禁，重新量刑不被允许。

2. 量刑程序严格

由陪审团裁决死刑，其实是对量刑程序的进一步严格化。美国的死刑量刑程序分为两部分：（1）死刑的适格性判断。这实际上是对被告人进行筛选的一个过程，要求陪审团必须全体达到排除合理怀疑的状态，达到一致同意，

---

[1] 杨宇冠主编：《死刑案件的程序控制》，中国人民公安大学出版社 2010 年版，第 72 页。

[2] 美国陪审团制度下的死刑判决有两种模式：一种是陪审团裁决模式，即是否判处死刑，完全取决于陪审团的裁决，法官不得改变陪审团的裁决。在保留死刑的 38 个州中，有 35 个州采用了这种模式。另一种是陪审团建议模式，即是否判处死刑，由陪审团建议，法官原则上应当尊重陪审团的建议。

认定具有某一法定加重情节，且只要有一项加重情节排除合理怀疑即可。对被告人进行死刑适格性判断是宪法的要求，可以防止死刑被任意适用。在实践中，这种做法存在固有的弊端。一般而言，法定加重情节在定罪阶段已经展示在陪审团面前，若陪审团认定被告人有罪，在对被告人死刑适格性筛选时往往会不假思索地采信该法定加重情节。（2）刑罚的选择程序。认定被告人死刑适格后，陪审团应全面考量所有的加重情节和减轻情节，进而确定是否对被告人判处死刑。若减轻情节超过加重情节，则不能适用死刑。联邦最高法院在 1990 年 Blystone v. Pennsylvania 案中认为，只有下列两种情形才必须处以死刑："一是陪审团全体同意没有减轻情节并且有一个以上加重情节；二是有一个以上的加重情节超过减轻情节。"①

（五）死刑救济程序

1. 上诉程序

美国对死刑案件实行的是"直接上诉"制度，即判决死刑之后，无论控辩双方上诉与否，在规定期满后初审法院须直接将案件呈报有管辖权的上诉审法院实行"强制审查"。对于被告人提起的上诉，在保留死刑的 38 个州中，除亚拉巴马州、俄亥俄州、田纳西州②外，其他各州要求对死刑判决的上诉一律由州终审法院受理，若被告人仍不服的，可以联邦宪法保障的权利受到侵犯为由向联邦最高法院申请调卷审查。在上诉案件中，上诉法院仅审查法律问题，并不审查初审案件事实，并以此决定被告人是否应被判有罪，尤其是联邦最高法院和州终审法院更将范围严格限定为重大的法律问题，甚至是宪法问题。因此，上诉法院不再接受任何新证据，也不会在法庭外进行任何调查。

此外，《美国联邦宪法》第五修正案中提及，任何人不能因为相同罪行而将生命或者身体两次置于危险之中。这就是通常所说的"禁止双重危险"原则，要求对于无罪判决或在陪审团拒绝判处死刑的情况下，控方不得上诉要求改判死刑。

---

① 转引自杨宇冠主编：《死刑案件的程序控制》，中国人民公安大学出版社 2010 年版，第 83 页。
② 该三州对死刑案件提供了两次上诉机会，分别由州上诉法院和终审法院受理。

2. 定罪复审程序

定罪复审程序本身不是一项刑事诉讼程序，而是一种民事程序。在这种程序中，被告人可以提出新的证据证明对其定罪量刑的判决是错误的。初审法院在接到被告方的复审申请后，法官往往会召集诉讼各方召开听证会，在这一听证活动中，控辩双方被要求提交自己的意见，并应当以书面的方式提交，法院基于这些意见进行审查。

3. 人身保护令程序

人身保护令程序又称"间接审查"程序，是指当死刑判决的被告人穷尽一切救济手段后，仍可以申请人身保护令继续寻求救济。人身保护令的目的是从错误的刑罚中将人解救出来。人身保护令是一种非法律的救济手段，它有严格的限制条件：一是穷尽州法院系统救济渠道；二是州法院没有提供纠正原判决的救济机会，或有使救济程序无法有效保护被告人权利的情况发生。

4. 刑事赦免程序

在美国，赦免是一种行政程序，包括特赦、暂缓执行、减刑，死刑判决的被告人在穷尽一切司法救济后，可通过申请赦免来寻求救济。美国法律没有规定赦免应当遵循的法定条件、限制条件等，而每个州的最高行政长官都享有减刑或赦免本州犯人的权力，主要是对其刑期的减少。在美国的司法实践中，"被告人可以适用赦免的情况有三种：被告人是否有罪有所怀疑；被告人患有精神疾病；相比较于该案共犯或犯有相同罪行的人，被告人的死刑量刑过重"。[①]

二、俄罗斯

对于死刑存废问题，俄罗斯立法专家们一直争论不休，在全面废除死刑和保留死刑两派观点的强大压力下，立法者采取了中间线路，在保留死刑的同时，严格限制死刑的适用。1993 年《俄罗斯联邦宪法》第 20 条第 1 款有相关规定：任何人都有生命权。这被认为是一项基本的人权而存在。在被取消之前，死刑是一种专门适用于杀人等特别严重犯罪的一种极端刑事处罚措

[①] 转引自杨宇冠主编：《死刑案件的程序控制》，中国人民公安大学出版社 2010 年版，第 95 页。

施，并被严格限制适用，审理死刑案件时须提供有陪审员的法庭。在联邦宪法中对死刑问题作出规定，为限制死刑适用提供了强大的法律支撑。

（一）强制辩护制度

《俄罗斯联邦刑事诉讼法典》明确了死刑案件的强制辩护制度。对于死刑案件，必须有辩护人参与，且这种辩护是强制性的，不得拒绝。根据《俄罗斯联邦刑事诉讼法典》第51条第5款的规定，对于死刑案件，"辩护人必须参加诉讼，并应当保证辩护人参加刑事诉讼"。同时第52条还规定："犯罪嫌疑人和被告人拒绝辩护人为其辩护，对于调查人员、侦查员、检察长或法院没有约束力。"

根据俄罗斯现行刑事辩护机制，对于死刑案件，从被告人被逮捕或被采取强制措施时起就允许辩护人参加诉讼程序。辩护人从被允许参加诉讼程序开始，就可以不受时间和次数限制会见被告人，参加讯问被告人等调查活动，赋予辩护人调查取证权。此外，辩护人还可以了解逮捕笔录及采取强制措施的决定，了解有关案件的一切资料，保障辩护人能够充分行使辩护权。

（二）特殊的死刑裁判评议规则：全体一致通过原则

虽然《俄罗斯联邦宪法》和俄罗斯联邦宪法法院的决议规定可能面临死刑的被告人有权申请陪审员法庭审理，并且只有在陪审法庭的审判中才可作出死刑判决，但《俄罗斯联邦刑事诉讼法典》对死刑案件并没有规定特别的审判程序。从2004年1月1日开始，在俄罗斯联邦所有主体和俄罗斯最高法院可以组建这种法庭。陪审法庭在作出刑事判决前应先由陪审员判决，若陪审员判决结果是无罪，则审判长宣告被告人无罪；若陪审员判决被告人有罪，则还需对被告人的犯罪事实、法律适用、量刑等问题进行法庭调查、辩论、法官合议等一系列环节后，才能作出最后的裁判。《俄罗斯刑事诉讼法》对死刑案件实行特殊的裁判评议规则，要求死刑判决的生效须由全体法官全体通过。《俄罗斯联邦刑事诉讼法典》第301条第4款规定："唯有所有法官一致同意时才能对犯罪人判处死刑。"

（三）特殊的救济程序：特赦

俄罗斯的死刑救济程序是特赦。《俄罗斯联邦刑法典》第59条第3款规定："死刑能够经过特赦程序转为终身或 25 年的剥夺自由。"《俄罗斯联邦刑事执行法典》中也有关于死刑犯具有请求总统特赦的权利的规定。所以，特赦是由俄罗斯联邦总统对具有某种特点的特定的个人宣布的，经总统特赦，死刑判决的被告人可以免予服刑或减轻刑罚。随着俄罗斯联邦总统于 1996 年、1997 年分别发布《关于逐步缩小死刑适用范围以应对俄罗斯加入欧盟的需要》《关于签署 1983 年 4 月 28 日保护人权和基本自由的第六号欧洲公约（关于废止死刑的）议定书》，俄罗斯对死刑问题摆出人道主义态度，随之俄罗斯联邦总统发布了《关于实施修改俄罗斯联邦刑事执行法典第 184 条》的法令，将第 184 条第 4 项修改为："执行死刑的依据是生效的法院判决、俄罗斯联邦最高法院院长和俄罗斯联邦总检察长作出的关于对法院判决依照监督程序不具有提出抗诉理由的结论及俄罗斯联邦总统对犯罪人拒绝赦免的指令。"根据该条规定，国家对死刑的赦免是一种必要，无须被告人提出申请。

三、日本

根据日本刑法规定，只有十多种罪名可以适用死刑，审判机关在死刑适用上也是极为谨慎，有尽量限制死刑适用的倾向，在实践中被判处死刑的主要是杀人罪和强盗致死罪，若被害人只有 1 人，该罪犯通常不会被判处死刑。"1983 年日本最高裁判所用判例的形式确定了死刑适用的基准，即选择死刑，需全面考察犯行的罪质、动机、样态、犯人的年龄、前科、犯行后的情状等各种情况，当罪责重大，无论从一般预防还是从罪刑均衡的视角看都必须适用极刑时，才可以适用死刑。"[1]

（一）必要的强制辩护制度

日本对死刑案件实行强制的必要辩护制度，具体内容规定于《日本刑事诉讼法》第 289 条。[2] 日本国会在 2004 年 5 月的立法修改中进一步加强了被告人的辩护权，"将请求国选辩护人的权利由原先仅限于在公诉提起之后提

---

[1] 李洁：《中日死刑比较研究概说》，载《吉林公安高等专科学校学报》2008 年第 1 期。
[2] 《日本刑事诉讼法》第 289 条规定："当审理最高刑期超过 3 年惩役或监禁、死刑、无期监禁的案件时，没有辩护人到场的情况下不得开庭；在无辩护人到场不得开庭时，辩护人没有到场或无辩护人时，审判长需要按照职权选任辩护人。"

前到了侦查阶段，在法定刑为最高刑期超过 3 年惩役或监禁、无期惩役或无期监禁以及死刑的案件中，如果犯罪嫌疑人由于贫困或其他理由不能选择辩护人时，按照其申请，应当替其选任辩护人"。① 此外，《日本刑事诉讼法》第 31 条规定，辩护人应当从律师中选任。该条规定强调了辩护的有效性，对辩护人的辩护能力和辩护资格提出了要求。

（二）特殊的裁判程序：裁判员制度

对于普通刑事案件，日本地方法院原则上实行一名法官的独任制审判，但对于死刑案件适用特殊的裁判程序，推行裁判员制度，要求由三名法官和六名裁判员组成合议庭审理。《日本法院法》第 26 条规定："地方法院审判死刑等重罪案件，是法定合议案件。"此外，《日本刑事诉讼法》第 291 条规定："被告人在开头程序中对起诉书所记载的诉因作出有罪意旨的陈述时，在听取完毕检察官、被告人及辩护人的意见之后，法院以被告人的有罪陈述为限，可以作出审判按照简易公审程序进行的裁定。然而最低刑期为 1 年以上的惩役或监禁的案件、无期惩役或无期监禁、死刑不在此限。"也就是说，对于死刑案件，即使被告人认罪，也不能适用简易程序审理。

（三）充分的救济手段

根据《日本刑事诉讼法》的规定，死刑案件执行的前提是得到法务大臣的命令。《日本刑事诉讼法》第 475 条规定："死刑的执行，需要司法部部长签发死刑执行令；签发死刑执行令应当在死刑的终审判决下达后 6 个月以内。"第 476 条规定："执行死刑需要在司法部部长签发死刑执行令后 5 日以内。如果在死刑执行过程中出现以下两种情况，应当按照法务大臣的命令停止执行死刑：第一种情况是死刑因心神丧失，第二种情况是死刑因为怀孕的妇女。"此外，《日本刑事诉讼法》还对死刑犯规定了非常充分的司法救济手段。

1. 必然上诉程序

根据《日本法院法》和《日本刑事诉讼法》的规定，日本设有四级法院

---

① ［日］松尾浩也：《日本刑事诉讼法修改的动向》，金光旭译，载陈光中主编：《21 世纪域外刑事立法最新发展》，中国政法大学出版社 2004 年版，第 257 页。

组织：最高法院、高等法院、地方法院以及家事法院和简易法院。日本对刑事案件实行三审终审制，被告人不认可地方法院、简易法院和家事法院作出的一审判决，能进行"控诉"，即向高等法院提出第二审上诉；不认可高等法院的一审、二审判决，能进行"上告"，即向最高法院提出第三审上诉。《日本刑事诉讼法》第 360 条第 2 款规定："不得放弃对无期惩役或无期禁锢、死刑判决的控诉。"换言之，死刑案件上诉启动带有强制性，就算被告人没有上诉，也必然启动上诉程序。

日本现行法强调一审作为事实审的中心地位，上诉审属于法律审，对于上诉的案件原则上不开庭审理，但是对于一审判处死刑的案件，应当开庭审理。日本要求控诉必须依据法律规定提出具体的理由，根据《日本刑事诉讼法》第 377—383 条的规定，控诉的理由主要包括以下五类：（1）诉讼程序违法；（2）适用法令错误，明显影响了判决；（3）量刑不当；（4）对影响定罪量刑的事实认定错误；（5）判决以后情况发生变化。

2. 非常救济程序

（1）再审。对于宣告有罪的确定判决，如果发现在事实认定或证据上法定事由是错误的，或者参与原判决的司法人员因为该案件而犯有职务之罪，法律规定的权利人可以向原法院提交再审诉求，不过这种重新审理必须是为被告人的利益提起。

（2）非常上告。判决作出后，以该判决违反法令为由，检察总长可以向最高法院提交申请，请求法院采取补救措施，这是非常上告。非常上告的对象是已经确定的判决。"即便日本主要是为了纠正原判决在适用法令或诉讼程序上的过错，以此统一法令解释和适用而设立非常上告，但为了救济被告人也逐渐成为非常上告重要目的，这一观点在日本的影响正在不断扩大。"[①]

四、韩国

韩国的法律规定中最高的刑罚是绞刑，也就是说从法律规定的层面上韩国还是存在适用死刑的可能性的。韩国在 1995 年的《韩国刑法修订案》中

---

① ［日］松尾浩也：《日本刑事诉讼法》，张凌译，中国人民大学出版社 2005 年版，第 309 页。

对死刑的适用进行了严格的限制，明确只有部分罪名才可适用死刑，如此一来极大地减少了死刑在实践中的适用，最终确定了15种可以判处死刑的罪名。总体来说，在韩国总计19部有关刑事的法律中，有90余种罪名的犯罪是可以被判处死刑刑罚的，然而在司法实践中，实际上会被处以死刑的只有五六种犯罪行为。

韩国的死刑案例审讯需要公开，其中重要的原因是一直以来，判决没有绝对的标准。根据相关资料统计，虽然韩国在其本国法律中保留了死刑，但近十年却没有真正执行过死刑判决，因此，韩国实际上被公认为已经是一个废除死刑的国家。然而韩国最高法院对于死刑案件的裁判程序及标准的要求，比普通案件更为苛刻。

（一）韩国的宪法裁判所认为即使死刑不能视为违宪，也对死刑进行了极为苛刻的限制

韩国理论界有这样的观点，认为所有与人类同在的自然生命与人类自身相较具有同等的价值，在此前提下，如果出现同等价值相互冲突或者与侵害生命相当的侵害重大公益等情况，国家作为负有保护公民生命权、财产权之责任的主体，应当对哪些生命价值或者法益受到保护提供相应的标准。死刑，是对某些严重的犯罪行为的人生命价值的否定而产生的消极后果，应当在极其明确和限制的情形下才得以适用，并且死刑融合了人对于死刑本能的恐惧心理以及对惩戒犯罪的天然报复欲望，本身带有恶的属性但又无可避免，是刑事司法的必然选择，因此在此方面具有继续其功能的正当性。可见，根据韩国宪法裁判所表达的宪法精神，死刑只能在特定情况下才能被适用。这里的特定情况，是指"同等价值相互冲突或者与侵害生命相当的侵害重大公益等情况"①。由此可见，韩国实际执行死刑个案极少的根本原因在于死刑适用极为严格。

（二）韩国刑法理论界强烈赞成废除死刑执行制度

韩国理论界普遍认为，取消某些犯罪，如财产犯罪、过失犯罪等犯罪中

---

① ［韩］李在祥：《韩国刑法总论》，相敦译，中国人民大学出版社2005年版，第497—498页。

的死刑是非常正确的。学界的部分建议已经被韩国的立法直接采纳。目前，韩国正在探索采取能够代替死刑的各种刑罚改革措施，逐渐废除例如死刑的执行制度等相关的制度，最终达到彻底废除死刑的目标，而这一目标是现今韩国司法改革的坚定目标之一。

（三）部分议员一直赞成废除死刑制度

150 余名执政党和在野党国会议员曾经以特别法案的形式，向国会提出了正式申请，申请彻底废除死刑，然而这一法案的提出受到相关部门的强烈反对，并没有顺利通过。2005 年 2 月中旬，在韩国国会，废除死刑制度法案被第一次正式讨论。当时许多议员共同提出"特别法案"，要求对死刑制度加以废除，代之以终身监禁制，且这种终身监禁就是实质意义上的终身监禁，不能假释。韩国议员对此进行的努力甚至影响了全世界，改变了许多人士对死刑的看法和观念，意义是重大的。即使到现在，韩国还有很多民众支持死刑在一些案件中的适用，但其实大家都赞同慎用死刑的看法，只有在万不得已时才可以适用死刑这一极端的惩罚措施。

五、联合国

联合国刑事司法准则是世界各国在刑事司法和犯罪预防领域共同追求的价值目标和共同努力的重要成果，是衡量一国刑事司法文明、民主、进步程度的国际标准。《联合国宪章》序言强调了基本人权、人格尊严与价值的原则，使得联合国在制定有关死刑的文件时有了原则性依据。联合国大会于1966 年通过《公民权利和政治权利国际公约》，虽然没有直接对死刑予以取消，但对死刑的适用条件进行了严格限制。1984 年联合国决议通过的《关于保护死刑犯权利的保障措施》，在程序控制方面对死刑适用条件作出了详细规定。1989 年 12 月 15 日，联合国大会第 44/128 号决议通过《旨在废除死刑的〈公民权利和政治权利国际公约〉第二项任择议定书》，要求缔约国在管辖范围之内，任何人不得被执行死刑，应采取一切必要措施废除死刑。

（一）《公民权利和政治权利国际公约》

1966 年通过的《公民权利和政治权利国际公约》（以下简称《公约》）

作为联合国制定的最重要的国际人权文书之一，与《世界人权宣言》《经济、社会及文化权利国际公约》一并被通称为"国际人权宪章"。《公约》体现了众多刑法司法规律，其中关于死刑的规定非常值得我们参考。

1. 集中体现对生命权的特殊保护

《公约》第6条第1项规定，所有人都有固有的生命权，该权利应受法律保护。因此任何人不得肆意剥夺别人的生命。该条明确了生命权的至高无上性，同时强调了生命权应受法律保护的必要性，该条规定的精神被诸多国际文件和各国法律所吸纳，并成为废除死刑的最主要理由。例如，1976年葡萄牙在刚刚通过的新宪法中宣言："人的生命不可侵犯；死刑没有存在的余地。"1979年尼加拉瓜在颁布的《公民权利及保证法令》中声称："生命权是天赋人权，不可侵犯。尼加拉瓜没有死刑。"

2. 死刑只适用于最严重的犯罪

《公约》第6条第2项规定，在没有废除死刑的国家，只能对最严重的罪行判处死刑。这种刑罚，必须经合格法庭最后判决，否则不得执行。该条规定将死刑的适用范围限定为最严重的犯罪。但对于什么是"最严重的犯罪"，各个国家因为其对死刑的政策和法律规定而有不同的解释。概括而论，目前大部分国家认为最严重的犯罪并不包括非暴力犯罪，甚至有些国家或者国际组织对严重的犯罪限制得更为严格。如《美洲人权公约》对政治犯和普通犯作出了特别的保护，要求不得对其进行处决。联合国人权委员会在2005年的死刑决议中向各国呼吁："确保'最严重的犯罪'的概念不超出造成极其严重后果的故意犯罪的范围，与此同时保证死刑不被适用于非暴力行为。"

3. 确立死刑不得溯及既往原则

《公约》第6条第3项规定，兹了解：在剥夺生命构成灭种罪时，本条中任何部分并不准许本公约的任何缔约国以任何方式克减它在《防止及惩治灭绝种族罪公约》的规定下所承担的任何义务。该条确立了死刑不得溯及既往原则。

4. 将赦免或减刑请求权授予受刑人

《公约》第6条第4项规定，所有被判处死刑的人都有权获得赦免或减刑。对所有判处死刑的案件得给予大赦、特赦或减刑。赦免是许多国家法制的重要组成部分，当今世界许多国家都规定死刑犯有向国家元首或行政首脑申请赦免的权利。德国法哲学家古斯塔夫·拉德布鲁赫就提出："赦免真正及原始的意义在于法律之外照射进入黑暗冷酷法律世界的一道明光，它提醒我们一件事情之目的理性考量，不应只考虑法律作为理性与目的的唯一的可能性，尚存在其他更高的价值秩序。"[①]

5. 禁止对未成年人和孕妇适用死刑

《公约》第 6 条第 5 项规定，对孕妇不得执行死刑，对 18 岁以下的人所犯的罪不得判处死刑。联合国报告显示，世界各国已广泛认可这条规定，少数国家，如伊朗、沙特阿拉伯、也门等虽未完全认可这条规定，但也认为该条规定具有一定的适用性。如 2008 年《阿拉伯人权宪章》第 7 条规定："不得将死刑适用于未满 18 周岁的人，除非犯罪时适用的法律另有规定。"

（二）《关于保护死刑犯权利的保障措施》

1984 年联合国决议通过的《关于保护死刑犯权利的保障措施》（以下简称《保障措施》）不仅反映了《公约》第 6 条的规定，而且在某些方面作了进一步的规定。

1. 进一步明确死刑适用标准和适用范围

《保障措施》第 1 条规定，对于没有废除死刑的国家，对于死刑的适用只能限制在"最严重的罪行"，对此的理解应当是死刑的范围限制在蓄意谋害生命或者其他极为严重的罪行。这条规定不但有明确的死刑适用范围，将其限制在最严重的罪行，并且对"最严重的罪行"的认定标准作出了规定，较之《公约》对死刑的限制更为严格。联合国秘书长在向联合国提交的第 6 份五年报告中，进一步指出："尽管'最严重的犯罪'这一概念导致许多国家做出了不同解读，《保障措施》所指的'造成致命或其他极其严重后果的故意犯罪'意图在于暗示这种犯罪是足以威胁生命的，换句话说，犯罪行为

---

① 转引自吴志光、林永颂：《我国停止执行死刑之策略——以现行法制及国际人权法之精神为核心》，载吴志光主编：《生活在一个没有死刑的社会》，我国台湾地区辅仁大学出版社 2005 年版，第 20—21 页。

具有导致这一后果发生的可能性。"

2. 确立轻法溯及力原则

《保障措施》第2条规定,可判处死刑的罪行必须是在犯罪时法律明文规定应当判处死刑的。对这条的理解应当为如在犯罪后法律规定可以从轻的,应当予以从轻判决。这一条文不仅体现了法不溯及既往原则,同时也从保护被告人权益的角度出发,规定了轻法溯及既往的例外原则。联合国报告显示,尽管在其他领域对该条规定的解释存在较大争议,但在死刑案件中适用该条规定并不困难。例如,对战争罪和反人类罪适用死刑就完全没有问题。

3. 扩大死刑限制适用对象:新生儿母亲及精神病患者不得执行死刑

《保障措施》第3条规定,犯罪时未满18岁的人、精神病患者、孕妇或新生婴儿的母亲不得适用死刑。该条扩大了死刑限制适用的对象,不仅包括《公约》所规定的未满18岁的人和孕妇,同时还将新生儿母亲和精神病患者纳入其中,体现了《保障措施》对人权的重视。1988年联合国经济理事会以"精神发育迟滞或心智能力极其有限的人"这一表述强化了《保障措施》的该条规定。

4. 死刑严格证据标准的确定

《保障措施》第4条规定,对被告人判处死刑,从事实与证据层面,需要有明确和令人信服的证据,并且对于事实的解释没有其他的余地方可。这一条文实际上体现了死刑案件按照最高证明标准,要求对犯罪事实的证明达到确定无疑的程度,体现了《保障措施》对死刑案件定罪量刑的慎重态度,成为对所有国家都具有约束力的习惯国际法中的一个准则。如美国纽约上诉法院要求,在死刑案件中,陪审团必须"排除一切怀疑"才能给被告人定罪。马萨诸塞州州长委员会也提议:"如果该州恢复死刑,则应该采取'确定无疑'的证明标准以取代先前在所有刑事案件中统一使用的'排除合理怀疑'的证明标准。"[1]

5. 死刑正当程序的确认

《保障措施》第5条规定,主管法院终审执行死刑的前提,首先是法律

---

[1] 陈虎:《死刑案件证明标准》,知识产权出版社2015年版,第44页。

程序提供保证审判公平公正的任何可能的保障，此项保障的标准不得低于《公约》第 14 条规定的各项措施，并且保证任何被控告或者被怀疑犯了死刑罪行之人在整个刑事诉讼程序中的每个阶段都能获得适当的法律协助。该条重申了可能面临死刑的被告人有获得律师帮助的权利，且要求将该项权利贯穿于诉讼的每一个过程。联合国经社理事会在 1989 年 5 月通过的《保护死刑犯权利的保障措施的执法情况》的 1989/64 号决议中提出："给予判处死刑的人特别的保护，使其有时间准备辩护并为其提供便利，包括在诉讼的每一阶段有律师充分协助，要超过非死刑案件的情况下所给予的保护。"此外，联合国经济与社会理事会于 1996 年 7 月 23 日通过的 1996/15 号决议则鼓励所有尚未废除死刑的成员国确保每一个面临死刑判决的被告人拥有所有保障公平审判的权利，例如《公约》第 14 条的规定；同时，它还要求成员国牢记司法独立基本原则、律师角色基本原则、检察官角色指引、被以任何形式拘留或监禁人员的保护原则和囚犯待遇最低限度标准规则等。它还鼓励成员国向不能完全理解法庭语言的被告人提供翻译服务，使其了解针对他的所有指控及法院审议的相关证据内容。

6. 强制上诉制度的确立

《保障措施》第 6 条规定，被判处死刑的人有权向更高级的法院提出上诉，并且应当采取相应的措施保障法院必须受理这样的上诉。此条规定赋予了国家保障被告人上诉得以受理的义务，使上诉权成为不可剥夺的硬性权利，构成了国际人权法对死刑更为严格的限制。联合国经济与社会理事会在 1989 年通过的 1989/64 号决议中肯定了"法定上诉或复核"的重要性。联合国经济与社会理事会 1996/15 号决议通过的《对〈关于保护死刑犯权利的保障措施〉的补充规定》第 3 条规定："号召可能执行死刑的成员国给予充分的时间以便为向上级法院提起上诉作准备、完成上诉程序及恩减诉请程序，以有效地适用《关于保护死刑犯权利的保障措施》第 5 条、第 8 条。"同时，联合国经济与社会理事会还在该决议中呼吁各国保证其执行处决的官员充分了解相关囚犯上诉和减刑请求程序的进展。

7. 确立死刑特殊救济规则

赦免这一制度，是减少死刑执行的重要制度安排，也是防止冤错案件发生的安全途径。《保障措施》第 7 条规定，所有被判处死刑的人都有权寻求赦免或是减免刑罚，并且任何死刑案件都能够被赦免或是减免刑罚。根据第 8 条的规定，在进行上诉或其他追诉程序或赦免或减刑有关的其他程序期间，不得执行死刑。《公约》第 6 条第 4 款同样对将要被执行死刑的被告人确定了赦免权和减刑权："所有被判处死刑的人均可以要求赦免或减刑。对所有判处死刑的案件都能进行大赦、特赦或减刑。"这些规定给予了死刑犯请求赦免或减刑的救济权利，同时规定死刑判决只要处于上诉或赦免、减刑程序期间，便不得视为生效的判决，为死刑判决通过上诉或赦免、减刑等其他程序得以减免提供了时间上的保障。

8. 限制死刑执行期间和执行方式

《保障措施》第 8 条规定，上诉期间以及采取减刑或赦免程序期间不得执行死刑。第 9 条规定，死刑判决后，应当用尽可能减轻痛苦的方式执行死刑。世界各国对于给被执行人带来最低痛苦的方式，往往存在不同的理解。现如今，世界上还存在许多执行死刑的不同手段，大概包括毒气室、绞刑、斩首、注射及枪决等。目前，大多数国家认为致命注射给死刑犯带来的痛苦最小，故在死刑执行方式上转而选择了注射。

第五章 死刑的刑事政策与法律规定

一、死刑政策

作为最古老的一种刑罚，死刑的发展过程曲折，大致经历了由产生到泛滥再到衰落的过程。这种发展历程，也代表着人类从野蛮走向文明的发展历史。死刑政策是一个国家对于死刑立法、司法和执行等方面的指导方针及对策的体现，指导该国的死刑立法、司法、执行等工作。

（一）域外死刑政策

1. 保留死刑国家的政策：严格限制

17 世纪，死刑存废问题引发广泛争议，当时也即资产阶级的启蒙运动时期。死刑废除论者从人道的角度出发，认为死刑是对同态复仇方式的沿袭，众所周知，这种复仇方式可概括为"以眼还眼、以牙还牙"。死刑虽然能够在某种程度上起到震慑的作用，但是这种作用的限度及恒定性是受到质疑的，且死刑是违背社会契约的，一旦错判，人的生命再无恢复的可能性，主张废除死刑。而持继续保留死刑观点的人士认为，对罪大恶极的人判处死刑天经地义，是公平正义的必然要求，其是威慑力最大的刑事处罚措施，对于预防他人再次犯罪或者警示他人不要犯罪十分有效。根据社会契约论的观点，人们赋予国家保护其生命权的信任，就必须同时给予国家相应的权力，即有权剥夺其生命。死刑作为刑罚的重要组成部分，是上层建筑的主要内容，死刑的存废不仅受制于社会的经济基础，亦受政治背景、文化传统等多方面因素的综合影响。综观当前各国，有相当数量的国家都在逐步推行废除或者严格限制死刑的政策。绝大多数国家的死刑政策是朝着废除死刑、严格限制死刑的方向努力的。据统计，截至 2013 年，全球废除所有死刑的国家有 95 个，非战时废除所有死刑的国家有 10 个，尚未废除但近十年未执行死刑的国家有 37 个，也就是说全球废除或不执行死刑的国家已超 70%。可见，在过去几十年，废除死刑运动取得了迅速的进展。笔者认为，世界人权运动的蓬勃发展是影响各国对死刑政策作出选择的根本原因，"是人权运动不断助推死刑被审判的命运"。[①]

在保留死刑的国家中，越来越多的国家对死刑持严格限制态度，主要表现为：一是在立法上，将死刑适用限制于少数几种极其严重的犯罪，大幅度减少适用死刑的条款。不少国家对非暴力性普通刑事犯罪原则上不适用死刑，如美国保留死刑的大多数州都要求死刑仅仅适用于一级谋杀罪，部分州甚至要求上述可以适用死刑的谋杀罪只有在具有加重情节的情况下，才能判处死刑。在日本刑法当前所存留的死刑罪名中，除极少数是涉及危害国家安全，绝大部分仍是暴力致死的犯罪行为。二是在司法上，对死刑的适用进行严格控制。如美国一个死刑案件从判决到最后执行平均需要 11 年的时间。日本自 1969 年以来每年判处死刑的人数极少。俄罗斯自 1996 年以后，死刑的执行基本处于"冻结"状态。韩国近些年则一例死刑都没有执行。

2. 联合国死刑政策：反对死刑和限制死刑

联合国在《世界人权宣言》第 3 条、第 5 条[②]阐明了其对死刑的态度，虽然并未直白表示反对死刑，但联合国接下来的行动则表明了其反对、限制死刑的立场，即其在 1966 年通过的《公约》。此后，联合国经济与社会理事会又通过的《保障措施》《对〈关于保护死刑犯权利的保障措施〉的补充规定》《进一步加强〈关于保护死刑犯权利的保障措施〉的决议》等一系列文件，表明其支持废除死刑的态度，并不断使其限制死刑的相关举措详细化。此外，联合国人权委员会也对助推死刑废除产生一定的积极作用。在 1997/12 号决议和 1998/8 号决议中，其分别阐明了鼓励各国逐步减少死刑的适用，在观念层面形成减少适用的态度，最终达到全面废除死刑的效果。这些规定

---

① 刘仁文：《死刑的全球视野与中国语境》，中国社会科学出版社 2013 年版，第 20 页。

② 《世界人权宣言》第 3 条规定："人人有权享有生命、自由和人身安全。"第 5 条规定："任何人不得加以酷刑，或施以残酷的、不人道的或侮辱性的待遇或刑罚。"

表明了联合国对生命权的重视和对死刑的控制态度。

联合国作为一个主权国家的联合体，其死刑政策受到了各成员国的死刑政策、各种国际组织对于死刑的态度、各国人民对死刑的认识等因素的影响。虽然目前联合国在死刑废除和保留上尚未达成共识，但随着对人权越来越重视，联合国将死刑视为一种极端例外，在死刑政策中也呈现限制死刑，直至废除死刑的总体趋势。

（二）中国死刑政策

我国的死刑政策经历了一个长期的发展过程，不仅受到国外死刑观念的影响，亦是国家对死刑调控的产物，是党和国家多年革命和建设实践经验在法律上的重要体现，是我国死刑立法和司法的重要指导思想。

1. 我国死刑政策的变化

（1）第一阶段：坚持少杀，防止错杀。

中华人民共和国成立初期，毛泽东同志对死刑要"少杀、慎杀，防止错杀"的观点被党和国家所采纳，在相当长的历史时期成为指导我国刑事立法和司法的基本死刑政策。主要包括以下四个方面。

第一，绝不废除死刑。这表明了中国保留死刑的立场。毛泽东同志强调保留死刑具有必要性，他在《论政策》①《关于正确处理人民内部矛盾问题》② 文中都对保留死刑的必要性作出了解释。

第二，坚持少杀、慎杀。少杀是从数量上限制死刑；慎杀是从限制死刑适用的态度上来限制死刑的适用。为了达到"少杀"的效果，死刑缓期执行得以适用。

第三，防止错杀。防止错杀要求提高死刑适用的准确性，防止死刑的错误适用。毛泽东同志在《论十大关系》一文中强调了错杀的危害性和不可逆转性。③

第四，对"死罪分子"实行区别对待。这是从刑罚个别化的角度要求限

---

① 《毛泽东选集》（第2卷），人民出版社1991年版，第767页。
② 《毛泽东选集》（第5卷），人民出版社1977年版，第377页。
③ 《毛泽东选集》（第5卷），人民出版社1977年版，第282页。

制死刑的适用。

（2）第二阶段：严格限制。

1979 年，我国颁布《刑法》。《刑法》的创制说明文件中指出，在当下，我国立刻废除死刑是不现实的，但限制死刑的适用是非常有必要的。同时强调对死刑要慎用，总体而言，1979 年《刑法》较好地体现了我国这一时期"严格限制死刑适用"的死刑政策：一是对死刑适用条件作了严格限制，在总则中将死刑的适用范围限定为"罪大恶极的犯罪分子"。二是严格控制了死刑的罪名范围，在分则中仅规定了 28 个死刑罪名，主要分布在反革命罪，危害公共安全罪，侵犯财产罪，侵犯公民人身权利、民主权利罪四大类罪中，体现了对死刑严格控制的立法思想。三是排除对特殊主体适用死刑，规定犯罪时未满 18 周岁的人和审判时怀孕的妇女不适用死刑。四是在执行上作了限制，创设了死缓制度。① 五是规定将死刑核准权赋予最高人民法院。②

（3）第三阶段：适当增设。

从 20 世纪 80 年代开始，我国进入了改革开放时期，面对犯罪率不断上升的问题，我国从 1983 年开始严厉打击刑事犯罪。1981 年，我国颁布了《惩治军人违反职责罪暂行条例》（已失效），增加十余个死刑罪名。1982 年至 1995 年，全国人大常委会制定了包括《关于严惩严重危害社会治安的犯罪分子的决定》（已失效）、《关于惩治破坏金融秩序犯罪的决定》等在内的多部单行刑法，总计增加的死刑罪名达到 33 种，尤其是一些常见多发的普通罪名也增设了死刑。此外，最高人民法院根据全国人大常委会于 1983 年、1986 年两次修改的《人民法院组织法》的相关规定，③ 在必要时，可将杀人、强奸等其他严重危害公共安全及社会治安判处死刑的案件的复核审查决定权授予各高级人民法院、解放军军事法院，由他们最终决定死刑案件的核准与否，从而正式规定了死刑复核权下移。

---

① 我国 1979 年《刑法》第 43 条第 1 款规定："死刑只适用于罪大恶极的犯罪分子，对于应当判处死刑的犯罪分子，如果不是必须立即执行的，可以判处死刑同时宣告缓期二年执行，实行劳动改造，以观后效。"

② 我国 1979 年《刑法》第 43 条第 2 款规定："死刑除依法由最高人民法院判决的以外，都应当报请最高人民法院核准。死刑缓期执行的，可以由高级人民法院判决或者核准。"

③ 《人民法院组织法》于 2006 年、2018 年经历两次修订。

（4）第四阶段：宽严相济，保留死刑但严格限制死刑。

2004 年，我国明确提出了"宽严相济"的刑事政策，在死刑政策方面主要体现为"宽严相济，保留死刑但严格限制死刑"。此政策在最高人民法院《关于贯彻宽严相济刑事政策的若干意见》（法发〔2010〕9 号）中体现。当今对死刑的态度主要表现在以下两个方面：一是从实体上全面考察死刑案件的情形，从而作出总体评价。也就是说，在量刑时要综合考察被告人犯罪时的所有情节，再作出"从宽"或"从严"的判断，如社会危害性是否极大，被害方有无过错，被害人或其家属是否表示谅解等。二是注重死刑案件的程序保障。2007 年死刑复核权重新收归最高人民法院，陈光中先生就指出，死刑复核权收回最高人民法院，并且恢复了常态，这不仅符合法律规定，也对贯彻死刑政策，严格控制死刑，慎重适用死刑，起到重要作用。2010 年，《最高人民法院、最高人民检察院、公安部、国家安全部、司法部印发〈关于办理死刑案件审查判断证据若干问题的规定〉和〈关于办理刑事案件排除非法证据若干问题的规定〉的通知》（法发〔2010〕20 号），对死刑案件的证据运用提出更严格的要求。

进入新时代以后，党中央对包括死刑案件在内的司法案件高度重视。习近平总书记在 2014 年中央政法工作会议上指出，促进社会公平正义是政法工作的核心价值追求。从一定意义上说，公平正义是政法工作的生命线，司法机关是维护社会公平正义的最后一道防线。政法战线要肩扛公正天平、手持正义之剑，以实际行动维护社会公平正义，让人民群众切实感受到公平正义就在身边。习近平总书记在《关于〈中共中央关于全面深化改革若干重大问题的决定〉的说明》中强调，健全错案防止、纠正、责任追究机制，严格实行非法证据排除规则。习近平总书记在《关于〈中共中央关于全面推进依法治国若干重大问题的决定〉的说明》中讲道："司法是维护社会公平正义的最后一道防线。我曾经引用过英国哲学家培根的一段话，他说：'一次不公正的审判，其恶果甚至超过十次犯罪。因为犯罪虽是无视法律——好比污染了水流，而不公正的审判则毁坏法律——好比污染了水源。'这其中的道理是深刻的。如果司法这道防线缺乏公信力，社会公正就会受到普遍质疑，社会和谐稳定就难以保障。因此，全会决定指出，公正是法治的生命线；司法公正对社会公正具有重要引领作用，司法不公对社会公正具有致命破坏作用。"习近平总书记还讲道："推进以审判为中心的诉讼制度改革。充分发挥审判特别是庭审的作用，是确保案件处理质量和司法公正的重要环节。我国刑事诉讼法规定，公检法三机关在刑事诉讼活动中各司其职、互相配合、互相制约，这是符合中国国情、具有中国特色的诉讼制度，必须坚持。同时，在司法实践中，存在办案人员对法庭审判重视不够，常常出现一些关键证据没有收集或者没有依法收集，进入庭审的案件没有达到'案件事实清楚、证据确实充分'的法定要求，使审判无法顺利进行。"党的十八届四中全会决定提出推进以审判为中心的诉讼制度改革，目的是促使办案人员树立办案必须经得起法律检验的理念，确保侦查、审查起诉的案件事实证据经得起法律检验，保证庭审在查明事实、认定证据、保护诉权、公正裁判中发挥决定性作用。这项改革有利于促使办案人员增强责任意识，通过法庭审判的程序公正实现案件裁判的实体公正，有效防范冤错案件产生。

新时代以来，在党中央的坚强领导和支持下，一系列保障刑事案件尤其是死刑案件的司法文件和规定得以推出。这些司法文件对于有效提升我国死刑案件质量发挥了巨大作用。如《中央政法委关于切实防止冤假错案的规定》（中政委〔2013〕27号）明确了关于刑事案件证据裁判、疑罪从无的规定。《最高人民法院关于建立健全防范刑事冤假错案工作机制的意见》（法发〔2013〕11号）进一步明确了法院审理刑事案件时防范冤错案件的具体举措，其中专门规定了死刑案件由经验丰富的法官承办；复核死刑案件，应当讯问被告人。辩护律师提出要求的，应当听取意见。证据存疑的，应当调查核实，必要时到案发地调查。这就进一步从程序上细化了死刑案件的审理规则，特别是对作为最后一道关口的死刑复核程序提出了新的要求。2017年"三项规程"①

---

① 2017年11月27日，最高人民法院发布《最高人民法院关于印发〈人民法院办理刑事案件庭前会议规程（试行）〉〈人民法院办理刑事案件排除非法证据规程（试行）〉〈人民法院办理刑事案件第一审普通程序法庭调查规程（试行）〉的通知》（法发〔2017〕31号），自2018年1月1日起在全国试行，简称"三项规程"。该文件已于2024年被修改，其中《人民法院办理刑事案件庭前会议规程（试行）》《人民法院办理刑事案件排除非法证据规程（试行）》已被《最高人民法院、最高人民检察院、公安部、国家安全部、司法部关于印发〈办理刑事案件庭前会议规程〉和〈办理刑事案件排除非法证据规程〉的通知》（法发〔2024〕12号）废止。

出台，对庭前会议、排除非法证据和第一审普通程序庭审调查工作进行了细化，成为此后法院实质化审理包括死刑案件在内的所有刑事案件参照的重要依据，并发挥了巨大指导作用。2018 年《刑事诉讼法》修正后，2021 年《最高人民法院关于适用〈中华人民共和国刑事诉讼法〉的解释（2021）》（法释〔2011〕1 号）吸收了"三项规程"的核心规定，并明确了最高人民法院复核死刑案件可以直接改判，明确最高人民法院裁定不核准死刑，发回第二审人民法院的，第二审人民法院一般不得发回第一审人民法院重新审判。最为重要的是，明确了复核死刑、死刑缓期执行案件应当重视审查被告人及其辩护人的辩解、辩护意见。这就为我国建立死刑复核阶段的强制辩护制度建立了良好的基础。

2. 我国现行死刑政策分析

如前所述，我国现行的死刑政策是"宽严相济，保留死刑但严格限制死刑"。该政策体现了中华人民共和国成立以来新中国司法制度建设中对我国特殊国情下司法规律的认识，是符合我国当下司法现状和司法环境的。当前我国仍处于社会转型期，经济发展水平尚未达到废除死刑的条件，死刑仍是维护社会秩序和社会稳定的有效手段，废除死刑尚不现实，因此，保留死刑是我国现阶段的唯一选择。

但保留死刑绝不意味着放任死刑的适用，而是要对死刑的适用加以限制。首先，这是由我国的刑罚目的所决定的。刑罚的直接目的是惩罚犯罪，但根本目的是预防犯罪。死刑作为一种极端的刑罚措施，虽然就惩罚犯罪而言，不失为一种很好的方式方法，但我国刑罚最基本的任务是改造犯罪分子，让其回归社会，降低对社会的危害，从而达到防止犯罪再次发生的目的，而不是从肉体上消灭犯罪分子。"对犯罪的控制、治理是多种方式交互作用的结果，如完善各种保障制度、营造和谐的社会氛围等，我们不能否认刑罚所具有的打击犯罪、震慑潜在犯罪人的功能，但这并非预防犯罪这一初衷的全部……应确立'严格限制死刑'的刑事政策，并辅之以各种社会政策，方能达到控制犯罪的目的。"[1] 其次，严格限制死刑适用是国际社会发展的必然

---

[1] 任志中：《死刑适用问题研究》，知识产权出版社 2012 年版，第 129—130 页。

趋势。随着社会的发展，刑罚日益呈现轻刑化趋势，废除死刑是必然趋势，限制死刑适用则是死刑由存到废的过渡阶段。

二、我国的死刑法律规定

随着社会的变迁与进步，刑事立法也不断变化，体现社会的现实需求。我国 1997 年修订的《刑法》较之 1979 年《刑法》在死刑立法方面更加完善，可操作性更强。尤其是《刑法修正案（八）》的出台，取消了大量死刑罪名，对死刑（含死缓）的执行、减刑、假释作了更科学的规范，对我国死刑制度的发展和完善具有里程碑意义。

（一）1997 年修订的《刑法》对死刑适用条件的规定

我国《刑法》采取了总则规定死刑适用的总标准，分则规定死刑适用具体标准的立法模式。

1. 总则的原则性规定

（1）规定了死刑适用标准。体现在《刑法》（1997 修订）总则第 48 条第 1 款的规定。这是死刑适用的条件，也是我国死刑制度的基本之义。由于《刑法》未对"罪行极其严重"进行明确，理论界对此作出了多种理解。"客观标准说"从犯罪的客观影响进行界定，认为适用《刑法》规定的"罪行极其严重"一般是指对国家和人民利益危害极其严重以及犯罪情节特别恶劣。[①]"法定刑标准说"认为，"罪行极其严重"是指行为人的行为构成法定最高刑为死刑的罪行，即将刑法中的法定刑配置作为区分和判断罪行轻重的唯一标准。[②] 由于客观标准说忽视了对被告人主观恶性的考察，有扩大死刑适用之嫌；法定刑标准说过于强调立法对具体个罪刑罚的配置，过于机械。笔者认为，目前的通说，即"主客观标准统一说"更具合理性。"罪行极其严重"不仅是指犯罪性质和犯罪后果特别严重，同时还指主观恶性特别大。

（2）排除了对特殊主体适用死刑，规定在《刑法》（1997 修订）总则第

---

① 邓又天：《中华人民共和国刑法释义与司法适用》，中国人民公安大学出版社 1997 年版，第 73 页。

② 赵廷光：《论死刑的正确适用》，载《中国刑事法杂志》2003 年第 3 期。

49 条中。该条对死刑的适用对象作出了限制。对未成年人不适用死刑，在当下几乎成了一条世界性通则，也是我国一贯的刑事政策。对怀孕的妇女不适用死刑，这是从人道主义和保护胎儿的角度来考虑的，也是当今国际社会公认的准则。

2. 分则的具体性规定

基于《刑法修正案（八）》颁布之前的统计，《刑法》（1997 修订）用 47 个条文规定了 69 种死刑罪名，除第九章"渎职罪"外，其他九章都规定有死刑罪名，尤其是经济犯罪、职务犯罪的死刑罪名加起来有 20 个。《刑法》（1997 修订）分则大多将死刑与 10 年以上有期徒刑、无期徒刑作为一个量刑档次予以规定，具体死刑适用标准可以分为以下几种情况：一是将犯罪危害结果作为死刑得以适用的前提，如《刑法》（1997 修订）规定的放火罪的量刑规定即为此类。二是将犯罪情节作为适用死刑的前提。三是将危害结果和犯罪情节共同作为死刑适用条件。如危害国家安全罪中"对国家和人民危害特别严重、情节特别恶劣"的表述。

（二）《刑法修正案（八）》《刑法修正案（九）》对死刑的规定

1. 取消 22 个死刑罪名

在司法层面，我国从最初的慎重适用死刑，到逐步从立法层面取消部分死刑罪名。有学者就提出："就死刑罪名的控制和削减而言，立法上死刑罪名的减少才是根治问题的关键。我国要对死刑进行控制，首要考虑的应是立法方面。"[1]《刑法修正案（八）》和《刑法修正案（九）》对死刑罪名进行了大规模的削减。其中，《刑法修正案（八）》取消了 13 个犯罪的死刑，都是非暴力的犯罪。《刑法修正案（九）》进一步削减了 9 个死刑罪名。

2. 增加不适用死刑的主体

《刑法修正案（八）》对不适用死刑的主体进行了增加规定。其规定在审判的时候，如果是已满 75 周岁的老人，排除死刑的适用。在但书中，也规定了例外情况，即"以特别残忍手段致人死亡"的已满 75 周岁的人可以适用

---

① 杨兴培：《中国死刑控制的又一里程碑》，载《检察风云》2014 年第 23 期。

死刑。审判时已满 75 周岁的老年人，犯罪能力已大大减弱，再犯危险性较低，在一般情况下对其不适用死刑不仅能够实现刑罚的目的，同时也体现了人道主义精神。

3. 规范并限制死缓的减刑

《刑法修正案（八）》将《刑法》（1997 修订）第 50 条第 1 款规定的判处死缓减刑幅度作了修改。死刑缓期执行在两年内没有故意犯罪的，可以减为 25 年有期徒刑，并增设了第 2 款，即对被判处死刑缓期执行的累犯以及因故意杀人、强奸、抢劫、绑架、放火、爆炸、投放危险物质或者有组织的暴力性犯罪被判处死刑缓期执行的犯罪分子，人民法院根据犯罪情节等情况可以同时决定对其限制减刑。这是为了解决我国刑罚结构存在的"生刑太短，死刑太严"问题而进行的修改。"资料显示，我国被判处死缓后假释时间最长的为 29 年，最短的为 14 年，平均为 16 年；被判处无期徒刑后假释时间最长的也是 29 年，最短的为 10 年，平均为 14 年 9 个月，基本上和判处死缓的相同，不是很协调。因此，通过修正案的规定，将使得罪责刑更加相适应。"①

4. 提高死缓刑执行死刑的标准

《刑法修正案（九）》第 50 条将原"如果故意犯罪，经查证属实的，由最高人民法院核准，执行死刑"修改为"如果故意犯罪，情节恶劣的，报请最高人民法院核准后执行死刑；对于故意犯罪未执行死刑的，死刑缓期执行的期间重新计算，并报最高人民法院备案。"该条规定体现了宽严相济的司法政策和少杀、慎杀的刑罚理念。

（三）死刑的司法适用

1. 在死刑适用上区分暴力犯罪和非暴力犯罪

非暴力犯罪不属于"最严重的罪行"的范畴是目前国际社会达成的共识。我国虽然通过《刑法修正案（八）》《刑法修正案（九）》废除了 22 个死刑罪名，但死刑罪名仍存在于大量非暴力犯罪。虽然我国民众一直有"杀

---

① 莫洪宪主编：《中国当代死刑制度改革的探索与展望》，中国人民公安大学出版社 2012 年版，第 52 页。

人偿命"的传统观念，但该观念针对的是暴力犯罪这种自然犯，此处应说明的是，非暴力犯罪大多属于法定犯，废除非暴力犯罪的死刑，不但不会引起民众的抵触，反而体现了一种人道主义关怀。在现阶段立法上还保留非暴力犯罪死刑罪名的情况下，在司法实践中，应采取渐进式的方式，逐步减少在非暴力案件中死刑的适用，最终达到在该类案件中废除死刑的目的。

2. 强化对量刑情节的考察

量刑情节是指能够表明犯罪人的行为危害性程度、人身危险性程度的各种考虑因素。其要求是除定罪事实外的，与犯罪人，抑或其侵害行为具有直接关系的，从而可以参照考虑能否进行从轻处罚等有利处理。[①] 如，"罪行极其严重，应当判处死刑"就是量刑情节问题。由于我国的法定刑具有多刑种宽幅度的基本特点，因此对被告人是否适用死刑取决于对量刑情节的综合考察，在司法实践中应强化对量刑情节的考察。一般而言，具有以下三种情形才能对被告人适用死刑：一是被告人所犯之罪法定刑为绝对确定死刑，且不具备法定减轻处罚情节。如，我国现行《刑法》（2023 修正）第 121 条对劫持航空器罪的规定。二是被告人所犯之罪法定刑中有死刑选项，同时被告人具有法定从重处罚情节或多个从重处罚情节。如，《刑法》（2023 修正）第239 条有关绑架罪的规定。三是行为人的行为所触及的罪名可以判处死刑，不仅符合危害特别严重，并且犯罪行为的情节也被认为是特别恶劣，最为重要的是，这一行为还存在其他按照法律规定需要从重处罚的情节。最典型的例子即《刑法》（2023 修正）第 113 条的规定。[②]

---

① 马克昌：《刑罚通论》，武汉大学出版社 1999 年版，第 326 页。
② 《刑法》（2023 修正）第 113 条规定："本章上述危害国家安全罪行中，除第一百零三条第二款、第一百零五条、第一百零七条、第一百零九条外，对国家和人民危害特别严重、情节特别恶劣的，可以判处死刑。犯本章之罪的，可以并处没收财产。"

第六章　死刑案件的证据规则

证据是诉讼的基础，在诉讼过程中发挥着至关重要的作用。事实认定是办理死刑案件最为关键的环节，只有正确认定事实，才能保证裁判结果的客观公正，而事实认定的基础在于证据，因此，建立科学规范的证据规则对构建死刑质量保障机制具有重要意义。

一、死刑案件证据适用的法律规定及理解

为了进一步完善我国刑事证据制度及相关制度，2010 年最高人民法院、最高人民检察院、公安部、国家安全部、司法部联合制定了《关于办理死刑案件审查判断证据若干问题的规定》（以下简称《办理死刑案件证据规定》）和《关于办理刑事案件排除非法证据若干问题的规定》（以下简称《非法证据排除规定》）。这两个证据规定的出台在我国刑事证据立法的补充和完善、确保刑事案件质量、预防冤错案件方面发挥了重要作用。其中，《非法证据排除规定》还不断完善，2024 年 9 月，最高人民法院、最高人民检察院、公安部、国家安全部、司法部发布《关于印发〈办理刑事案件庭前会议规程〉和〈办理刑事案件排除非法证据规程〉的通知》，对之进行了完善。

（一）《办理死刑案件证据规定》

《办理死刑案件证据规定》全文共 41 条，分为三大部分。第一部分共 5 条，在该部分中，主要是对证据运用原则和死刑案件证明标准进行规定；第二部分共 26 条，主要规定了证据的认定，以及如何进行分类审查；第三部分共 9 条，主要规定了证据的综合审查和运用。

1. 确立证据裁判原则

证据裁判原则是当代审判制度的核心，是正确认定死刑案件犯罪事实、

确保死刑案件质量的基础。《办理死刑案件证据规定》第 2 条、第 3 条首次以法律文件的形式确立了该原则。在刑事诉讼中，案件事实应当具有三个层次的含义：第一个层次是客观事实，即过去已经发生的客观事实真相；第二个层次是主张事实，即侦查机关和检察机关根据证据从客观事实中整理出的事实；第三个层次是裁判事实，即审判机关通过审理后认定的事实。《办理死刑案件证据规定》第 2 条中所称的"认定案件事实"从法理来说指的是裁判事实，要求通过严格审查证据，确保裁判事实最大限度地还原客观事实。

2. 确立死刑案件证明标准

刑事案件的证明标准对正确地定罪量刑至关重要，死刑案件的证明标准更是关乎被告人的生与死。《办理死刑案件证据规定》第 5 条将死刑案件的证明标准分为两个层次。第一个层次是要求办案人员在办理死刑案件的过程中，对于犯罪事实是否发生及犯罪嫌疑人等主体性事实的认定应当在证据上达到确实、充分。而证据确实、充分要达到由证据得出的结论具有唯一性的程度。第二个层次是要求办理死刑案件，对于关键部分事实（如犯罪事实、责任能力、犯罪行为实施等）的证明必须达到证据确实、充分。由此可见，《办理死刑案件证据规定》将死刑案件的证明标准确定为"证据确实、充分，得出的结论具有唯一性"。

3. 确立证据审查规则

（1）对客观证据的审查：确立补强证据规则及最佳证据规则。

首先，确立最佳证据规则。这是关于证据能力的一项规则。"在英美法系，最佳证据规则一般仅适用于以其所载内容证明案情的文字材料。"[①]《办理死刑案件证据规定》第 8 条对物证和书证都确定了最佳证据规则。

其次，确立补强证据规则。《办理死刑案件证据规定》第 9 条规定即对该原则的体现。该条规定要求证据存在瑕疵时，需要通过补正才具有证据能力，否则就不具有证据能力，不能成为定案依据。该规定第 9 条第 1 款规定，在勘验、检查、搜查过程中保存的证据，如果未附有相关清单从而不能证明

---

① 宋英辉、汤维建主编：《证据法学研究述评》，中国人民公安大学出版社 2006 年版，第 262 页。

证据来源的，不能作为定案的根据。同时，对于证据存在瑕疵的情形，该条第2款规定了收集物证、书证的程序和方式存在瑕疵，这一类的证据经合理解释或者进行补正后，仍可采用的几种情形：①该物证、书证在勘验、检查、搜查、提取笔录，或是在扣押清单上没有相关人员签字，或者收集的物证、书证的数量、名称等的标注不详细的；②该物证的照片、复制品等没有经过核对与标注"与原件核对无异"，或者无复制时间等详细信息的；③书证副本等复制件、物证照片等复制品，没有制作人对制作过程的说明，或无原件、原物所存放位置的说明，再或者有说明，但却缺失相关人员签名认定的；④该收集物证、书证的程序和方式存在其他瑕疵。对这些证据的来源有疑问且无法作出合理解释的，该物证、书证不能作为定案的证据。

（2）对主观证据的审查：确立非法言词证据排除规则。

首先，审查被告人所作出的供述。《办理死刑案件证据规定》第19条、第20条规定了对非法取得被告人供述而予以绝对排除的情形：①采用刑讯逼供这一类的不合法方法取得的被告人供述；②讯问被告人所做的笔录未经被讯问人核对并签字或捺指印；③在对不知道审判地常用语言、文字的人或聋哑人进行讯问时，需要翻译人员或者通晓手语的人员参与，但是却没有这类人员参加的。第21条规定了被告人的供述虽有瑕疵，但在补正或合理解释之后，这些供述可被使用的情形：①在讯问笔录中关于时间、记录人等存在不准确或者有错误的情形；②讯问笔录上没有讯问人的签字的；③在程序性事项方面，法律规定应当在第一次讯问被讯问人时告知其诉讼权利（如回避、辩护等），但却没有告知的。

其次，审查被害人的陈述以及证人证言。《办理死刑案件证据规定》第12条、第13条规定了对证人证言绝对排除的几种情形。第14条规定了证人证言虽有瑕疵，但经过补正或合理解释仍可采用的几种情形。同时，第17条规定，对于被害人陈述的审查与认定的规则同样适用关于证人证言的相关规定。

4. 确立证人出庭制度

证人出庭作证既是现代庭审格局的基本要求，也是现代刑事诉讼庭审过程中关于直接言词原则的必然要求。《办理死刑案件证据规定》第15条确立了证人出庭制度。当然，哪些是人民法院认为应当出庭的情形，有待于司法实践的探索和司法解释的进一步明确。笔者认为，凡证人证言前后矛盾，证人证言与其他证人证言、物证、书证相矛盾等，均属应当出庭的情形，法院对此应当予以确认。同时，该条第 2 款对证人证言的反复性也作出了规定，即庭上证言与庭前的证言不一致，甚至出现相互矛盾的情形。这种情况下如果证人自己能作出合理解释，同时有其他相关证据印证证人翻证的可靠性，应当采信证人在庭审上所作的证言，将其作为定案的根据。

（二）2010 年《非法证据排除规定》、2017 年《关于办理刑事案件严格排除非法证据若干问题的规定》

2010 年《非法证据排除规定》全文共 15 条，明确了非法证据的范围，明确了侦查人员出庭作证，明确了检察机关在排除非法证据中的职责和对证据合法性的举证责任，明确了审判阶段排除非法证据的具体程序。其主要内容包括：（1）明确具体程序。主要体现在第 5 条。这一规定明确了可以提出非法证据排除申请的主体，即被告人及辩护人；同时明确了提出非法证据排除申请的时间，即无论是开庭前，还是庭审中均可提出。法庭经初步审查后会有两种结果：若法庭对证据的取证合法性存在疑问的，则由公诉人举证证明证据取得的合法性；若法庭对证据的取证合法性没有疑问，则可当庭宣读、质证，即认可证据具有证据资格，但能否作为定案根据，也就是证据的证明力问题，还需结合其他证据来认定。第 10 条第 1 款规定了可以认可被告人审判前供述具备证据资格的三种情形。（2）明确证据合法性的证明责任。第 7 条明确了检察机关对证据的合法性承担证明责任。这对于刑事诉讼在实质上实现控诉平等格局、明确合理配置职能有重大意义，符合诉讼构造的方向。（3）明确物证、书证的排除问题。对言词类证据和实物类证据作了区分，第 14 条对非法物证、书证的排除问题作出了原则性的规定。即取得程序明显违反法律规定，其程度已经严重到"可能影响公正审判的"，则应当要求予以补正或者作出合理解释，否则不能作为定案依据。（4）保障控辩双方诉讼参与权。对于辩方提出的非法证据排除申请，控方举证后，辩方还可以提出反对意见。第 7 条第 4 款规定，控辩双方可以在庭审过程中辩论的范围，也即审判之前侦查机关或者检察机关对被告人讯问并取得供述的程序合法与否的问题，双方可以进行充分的质证、辩论。控辩双方举证辩论的结果有两种：若控方无法完成对合法性的证明，或者是证据虽然提出，但是远远达不到证明充分的标准，那么这一证据将会被视为非法的证据，应当予以排除适用，不能作为定案的根据；若公诉人提供的证据能够证明不存在非法取证的情况，那么就应当肯定该证据的证据资格，法庭可以当庭宣读、质证该份证据。

2017 年，《最高人民法院、最高人民检察院、公安部、国家安全部、司法部印发〈关于办理刑事案件严格排除非法证据若干问题的规定〉的通知》（法发〔2017〕15 号）发布。规定有 42 条，相较于 2010 年的《非法证据排除规定》，2017 年新规定明确了排除非法证据规则适用于"死刑复核程序中对证据收集合法性的审查、调查"，从而为死刑案件复核阶段的证据审查工作提供了指引。在该规定中，创新地设定了"难以忍受的痛苦"这一界定变相肉刑、威胁的标准，并对被告人在后续诉讼阶段的自认行为赋予了程序法上的效果，即审查逮捕、审查起诉和审判期间，检察人员、审判人员讯问时告知诉讼权利和认罪的法律后果，犯罪嫌疑人、被告人自愿供述的，其与之前侦查阶段非法所取之证内容一致的重复性供述应予采信。该规定还要求对于可能判处无期徒刑、死刑的案件或者其他重大犯罪案件，应当对讯问过程进行录音录像；侦查人员应当告知犯罪嫌疑人对讯问过程录音录像，并在讯问笔录中写明。这些新规定，进一步推动了死刑案件质量程序保障机制的完善。

（三）2012 年修正的《刑事诉讼法》及 2018 年修正的《刑事诉讼法》

1. 2012 年修正的《刑事诉讼法》

作为 1996 年《刑事诉讼法》修订以来的首次修改，2012 年修正的《刑事诉讼法》深化了人权保障理念，完善了证据制度，对当前司法实践中防止冤错案件的发生具有推动作用。

（1）确立"沉默权"规则。2012 年修正的《刑事诉讼法》第 50 条明确规定了"不得强迫自证其罪"的原则，这对我国刑事诉讼立法修改具有里程碑意义。但在修改过程中，又同时保留了"应当如实回答"的传统规定。这样在表面看来似乎仍然没有给予沉默权制度应有的土壤空间。两条看似矛盾的规定同时出现于 2012 年修正的《刑事诉讼法》中，引起了理论界和学术界的强烈争议：中国究竟有无确立沉默权规则？笔者认为，"不得强迫自证其罪"与"应当如实回答"之间并不矛盾，前者强调的是"强迫"二字，即在满足"不存在强迫"这一最基本的要求之下，犯罪嫌疑人所负有的协助查明案件事实的义务。可见，我国 2012 年修正的《刑事诉讼法》已经确立了最低限度的沉默权规则，这与大陆法系的做法是一致的，既对沉默权进行规定，又不排斥个体所负有的协助义务。何家弘教授指出，中国的立法其实已然吸纳了沉默权制度，只不过这一制度与西方有很大不同，从沉默权制度的理论分类来看，我国现有的规定其实可以称作一种默示沉默权制度。因此，"不得强迫自证其罪"也应当被认为是沉默权制度的表象，这一基本观点不能被否定。[①]

（2）确定证明标准。2012 年修正的《刑事诉讼法》对"证据确实、充分"作了进一步解释，这一证明标准应当符合以下三大法定条件：①定罪量刑的事实都有证据证明。该条要求对被告人构罪的各个要件，以及有关量刑的事实均有相应的证据予以证实。这是证明被告人的行为构成犯罪的最基本要求，也是认定"证据确实、充分"的基础。②据以定案的证据均经法定程序查证属实。该条强调了证据的合法性和真实性，不仅要求取证的过程是合法有效的，同时要求证据的内容经查证后是客观真实的。实际上就是要求证据同时具备证据资格、证明能力。③综合全案证据，对所认定事实已排除合理怀疑。显然，这是一条主观的要求，要求司法者在认定案件事实时内心形成排除合理怀疑的确信。具体来说，要求办案人员利用自己的经验、逻辑等来判断案件的事实状态，只有自己内心完全相信，没有合理的怀疑地认定案件事实就是现在案件中证据所显现出来的事实情况，才可以最终对案件的事实情况作出认定。[②] 笔者认为，我国法律规定的"证据确实、充分"，虽然是

---

① 何家弘：《中国式沉默权制度之我见——以"美国式"为参照》，载《政法论坛》2013 年第 1 期。

② 郎胜主编：《〈中华人民共和国刑事诉讼法〉修改与适用》，新华出版社 2012 年版，第 123 页。

一个客观性较强的标准，但在实践中，认定案件事实离不开司法人员的主观判断，只有主客观相统一才能正确认定案件事实。

（3）完善非法证据排除制度。完善非法证据排除制度是 2012 年修正的《刑事诉讼法》最大的亮点。2012 年修正的《刑事诉讼法》采取绝对排除原则和相对排除原则相结合的方式对非法证据排除的范围予以了明确。根据 2012 年修正的《刑事诉讼法》第 54 条第 1 款的规定，非法证据总体来说包括两大类：一是关于非法收集的言词证据。这类证据主要包括以各种法律规定的非法方法收集的供述，或者以各种非法方法收集的证人证言和被害人陈述等，对于这些非法证据，2012 年修正的《刑事诉讼法》采取了绝对排除原则，规定"应当予以排除"。二是关于非法收集的物证、书证。这是指违反了法律明确的收集程序，存在严重影响司法公正的可能性，但是又无法作出合理解释或者无法补正的有关书证、物证。对于该类瑕疵证据，2012 年修正的《刑事诉讼法》采取了相对排除原则，若能够予以补正或作出合理解释的，则可以认定具备证据资格；若不能补正或作出合理解释，则应当予以排除。

（4）完善证人制度。证人出庭作证是现代庭审格局的基本要求，2012 年修正的《刑事诉讼法》对证人制度予以完善，具体内容涉及证人的资格与义务、强制出庭作证、证人作证费用的负担等。一是确立了证人强制出庭作证制度。该制度在 2012 年修正的《刑事诉讼法》第 188 条中进行了规定。根据该规定，证人无理由不到庭的情况下，法院有权力予以强制。当然，如何强制的具体操作规程有待进一步明确。同时，该条还对证人拒绝作证规定了惩戒措施，包括训诫、拘留。2012 年修正的《刑事诉讼法》规定该项制度，使强制证人出庭作证从学者口中的"正当性的法"真正走进司法实务，成为"行动中的法"。二是确立证人保护制度。2012 年修正的《刑事诉讼法》确立了证人保护制度，具有开创性意义。根据第 62 条的规定，在涉及危害国家安全犯罪、恐怖活动犯罪、黑社会性质的组织犯罪、毒品犯罪这四类特殊案件中，由于其具有的特殊危害性以及实现打击报复的现实性，因此对于证人、鉴定人、被害人及其近亲属的人身安全，公、检、法三机关都应当予以保护，在各自的阶段都负有保护的义务。而对于具体的保护措施，可以采取以下一项或多项：①不公开真实姓名、住址和工作单位等个人信息；②采取不暴露外貌、真实声音等出庭作证措施；③禁止特定的人员接触证人、鉴定人、被害人及其近亲属；④对人身和住宅采取专门性保护措施；⑤其他必要的保护措施。可以说，以上的规定在证人保护方面有了巨大的进步，弥补了之前法律规定的空白，但是在具体落实上仍然需要进一步的实施细则，如在适用案件范围、保护机关及保护的具体措施方面仍有待完善。三是确立了证人补偿制度。给出庭作证的证人适当的经济补偿是世界各国通行的做法，我国首次将证人补偿纳入2012年修正的《刑事诉讼法》，即第63条，并进行了细化规定。①

2. 2018年修正的《刑事诉讼法》

2018年《刑事诉讼法》修正时，将原第250条死刑缓期执行期间故意犯罪转为死刑的条件，在原来的"故意犯罪"这一要求上，增加了"情节恶劣"的要求。即一般性的故意犯罪已不足以转为死刑，而是故意犯罪必须达到情节恶劣的程度，同时情节恶劣的犯罪也必须是故意犯罪才能转为死刑。这既是为罪犯提供改过自新的机会，也是贯彻"少杀、慎杀"刑事政策的内在要求，是体现《刑事诉讼法》对死刑案件质量进行程序保障的新举措。刑罚执行机构在贯彻执行中，应综合行为人犯新罪的起因、性质、时间、手段、危害、认罪态度、主观方面等相关因素予以综合判断，切实发挥好《刑事诉讼法》程序保障的实际作用。

二、当前死刑案件证据适用存在的问题

我国侦查、起诉的证明标准通常要参考我国审判的定罪标准，对于"证据确实、充分"，理论界和实务界长期以来不能形成相同的看法。在实践中，特别是在死刑案件中，要求关于被告人定罪量刑的所有关键证据都不可或缺，然而，要求收集到所有证据是不现实的。死刑案件与普通案件的取证基本要

① 《刑事诉讼法》（2012修正）第63条规定："证人因履行作证义务而支出的交通、住宿、就餐等费用，应当给予补助。证人作证的补助列入司法机关业务经费，由同级政府财政予以保障。有工作单位的证人作证，所在单位不得克扣或者变相克扣其工资、奖金及其他福利待遇。"

求应当保持一致。在证据收集上应当注重收集物证和书证。我国现行《刑事诉讼法》对死刑案件的侦查和起诉没有专门的立法规定，但通过死刑案件的审判可以推动提高侦查和起诉活动的质量。判处死刑的案件需要经历刑事诉讼的整个过程，因此也需要构建完整的证明体系。死刑案件的处理最为完整地反映了一个国家刑事诉讼运行的状态。随着我国对死刑的日益审慎，对死刑案件的处理目前还有许多问题尚待解决。其中死刑案件证明问题是比较关键的部分。

笔者认为，我国对死刑案件的证明标准不能单纯地理解为证据数量之要求，而是要让法官形成充分内心确信，案件事实已经清楚，可以参考"排除合理怀疑"的标准。不过在现有的法律框架之下，证明标准由于其自身主观特性无法消除，司法机关工作人员应当有一定客观参照，以避免标准的适用过于恣意。可以通过规定一些具体情形，满足这些情形的可以视为证据不足或者无法排除合理怀疑，即制定证据指引以提高死刑案件判断的可操作性。此外，应当将庭审适当分离，在认定被告人有罪之后，再另行开庭决定被告人是否应当被判处死刑。此时，关于定罪的证明标准与量刑的证明标准应当有所区别。

（一）证明标准略笼统

死刑能否正确适用，取决于死刑案件证明标准，在理论分类上，其是刑事证明标准的一部分。考察域外，全世界对于刑事证明标准大致分为两种不同的表述：一方面，英美法系国家的刑事诉讼司法通常以"排除合理怀疑"作为刑事证明标准。另一方面，大陆法系通常以"内心确信"作为刑事证明标准。在我国，长期以来"事实清楚，证据确实、充分"都是我国刑事案件认定的证明标准，并且这一标准贯穿刑事诉讼的各个阶段。这就存在证明标准略笼统的问题，具体表现在以下几个方面。

1. 内容不够具体明确，可操作性不强

"事实清楚，证据确实、充分"本质上是一种证明要求，或者说是诉讼活动所追求的证明程度，而非证明标准，因为任何一种以理性为基础的刑事诉讼活动都是力求案件事实清楚，确保证据确实、充分。因为作为证明标准，在本质上应当是一种刻度、标尺，能够给人直观的感觉，据此可以消除裁判者讨论案件事实、分析证据时所产生的分歧。如缓刑适用标准，我国《刑法》（2023 修正）第 72 条有所规定。① 虽然该适用标准也只是一种笼统的规定，但裁判者通过考察犯罪嫌疑人归案后的认罪态度、悔罪表现以及其一贯的表现，可以得出较一致的意见。而目前我国的死刑案件证明标准实质上是对人主观上的信念程度的一种要求，若司法人员在认定案件事实和证据方面发生意见分歧时，该标准难以发挥因人而异情况下所应有的作用。一方面，现行刑事证明标准缺乏可操作性。另一方面，现行的证明标准缺乏与之相呼应的证据规则，这无疑造成法官对案件裁量的困难性。在合议庭对一些疑难复杂案件或重大死刑案件意见出现分歧时，就会出现反复向上一级法院请示的现象。

2. 侦、诉、审三阶段证明标准同质化

我国《刑事诉讼法》对于证明标准的规定分散在各个诉讼阶段的规定当中，对于侦查终结的证明标准界定为"犯罪事实清楚，证据确实、充分"，对于检察机关审查起诉的证明标准是相同的表述，而对于法院庭审之后的有罪认定的证明标准仍然是相同的规定。也就是说，对侦查终结、提起公诉、有罪判决不同阶段的证明标准，我国《刑事诉讼法》并没有予以区分。可见我国《刑事诉讼法》不分侦查、审查起诉、审判不同阶段，均适用同一证明标准，而且在审判阶段也是不分简易程序和普通程序，不分案件是否复杂，甚至是死刑案件，均适用同一证明标准，且未对如何把握证明标准作出细分。然而，根据刑事诉讼活动的规律，在侦查、审查起诉、审判三个不同阶段，司法实务中对证明标准的把握实际上是有所区别的。在侦查和审查起诉阶段，主要是单方面地对案件事实进行取证和审查，证据体系尚处于一种可变状态，行为人尚未被定罪，只是犯罪嫌疑人，因此该两阶段只需也只能做到基本事实清楚，证据基本确实、充分即可。不少国家也以"很大的定罪可能""存在起诉的合理根据"等概念来区别于审判阶段的证明标准。

---

① 我国《刑法》（2023 修正）第 72 条第 1 款规定："对于被判处拘役、三年以下有期徒刑的犯罪分子，同时符合下列条件的，可以宣告缓刑，对其中不满十八周岁的人、怀孕的妇女和已满七十五周岁的人，应当宣告缓刑：（一）犯罪情节较轻；（二）有悔罪表现；（三）没有再犯罪的危险；（四）宣告缓刑对所居住社区没有重大不良影响。"

3. 定罪标准与量刑标准未分离

审判权由定罪权和量刑权两部分组成，定罪是量刑的前提，只有在确定被告人构罪的基础上，才能进一步确定被告人刑事责任的大小。当今世界各国在处理定罪和量刑的关系上存在两种模式：一种是英美法系普遍存在的定罪量刑分离模式，即先由陪审员组成的陪审团进行事实上的裁判，确立犯罪嫌疑人有罪或者无罪，然后由法官通过听证程序，对被告人应判处的刑罚进行定夺。另一种模式是定罪量刑合一模式，即在同一程序中解决被告人的定罪问题和量刑问题，这在大陆法系国家较为普遍。我国采取的也是定罪量刑合一模式，在这种模式下，裁判者对被告人的定罪问题和量刑问题一并发表意见，从而使得在证据规则等问题上没有进行实质性的区分，定罪标准与量刑标准并未完全分离。有学者就指出："定罪和量刑笼统地适用同一个证明标准，由此造成了定罪与量刑估堆裁判的负面效果，容易为法官在量刑问题上滥用自由裁量权埋下制度隐患。"① 此外，定罪量刑合一一定程度上也不利于被告方充分行使辩护权，比如针对某些死刑案件的辩论，当辩方还在围绕被告人是否构罪进行辩护时，控方可能就提出某些加重情节的证据，使得控辩双方在被告人是否构罪的问题尚未解决的情况下，提前进入是否应对被告人判处死刑的辩论。

（二）证明责任体系不够完善

1. 无罪推定原则尚未完全确立

在古罗马法中，有这样一条原则，即"有疑者，当有利于被告人之利益"，也就是说，在案件出现疑问时，应作出有利于被告人的判决。著名刑法学家贝卡里亚早在其著作《论犯罪与刑罚》一书中，首次提出了在法官正式作出有罪裁判前，任何人都不允许被称为有罪的人，这一著名的无罪推定思想。② 1789 年，法国在《人权宣言》第 9 条中首次以法律形式确立了无罪推定原则。③ 自此，无罪推定原则作为人权保障在刑事诉讼中的体现，为现

---

① 陈虎：《死刑案件证明标准研究》，知识产权出版社 2015 年版，第 101 页。

② ［意］切萨雷·贝卡里亚：《论犯罪与刑罚》，黄风译，中国大百科全书出版社 2003 版，第 31 页。

③ 《人权宣言》第 9 条规定，任何人在未经判定有罪之前均应假定其无罪，即使认为非逮捕不可，但为扣留其人身所不需要的各种残酷行为都应受到法律的严厉制裁。

代法治国家广泛接纳，成为具有世界意义的刑事司法原则。在我国，以陈光中先生领军的刑事诉讼法学专家在 20 世纪 80 年代就开创性地提出应当批判地吸收无罪推定原则。我国《刑事诉讼法》第 12 条对此也予以吸收规定。据此，有学者认为"法院定罪原则"就是"无罪推定原则"在我国《刑事诉讼法》上的体现，但笔者认为该条只是部分吸收了无罪推定原则，目前我国并未建立完整意义上的无罪推定原则。

1948 年，联合国在《世界人权宣言》第 11 条明文规定了无罪推定原则，即未经依法公开审判，任何人都不应被视为有罪。[①]《公民权利和政治权利国际公约》第 14 条第 2 款再次对无罪推定原则进行重申。[②] 我国的"法院定罪原则"与国际上的无罪推定原则仍有差别，主要表现为以下两个方面：

（1）诉讼主体的确定状态不同。国际上的无罪推定原则是指受刑事控告者在审判机关作出正式判决前，一律被推定为无罪，这是一种确定的无罪状态。而根据我国《刑事诉讼法》的相关规定，法官在作出判决前，对任何人不得确定有罪，从另一个层面讲，也意味着不能认为受刑事控告者无罪，确切地讲，受刑事控告者处于一种不确定的中间状态。

（2）两者的着重点不同。国际上的无罪推定原则着重点在于被告人，强调被告人的主体地位，任何人应当将其视为无罪的人；而我国的"法院定罪原则"着重点是法院，强调的是法院的定罪权不容侵犯。

2．否定死刑适用的证明责任由死刑案件被追诉人承担

我国《刑法》对死刑适用的否定性条件作出了相应的规定，包括犯罪时不满 18 周岁的人、审判时怀孕的人，以及不具有刑事责任能力的精神病人。同时，《刑事诉讼法》第 51 条规定，公诉案件中被告人有罪的举证责任由人民检察院承担。那么，对于否定死刑适用的证明责任应由谁承担？《刑事诉讼法》对此并未作出规定，引起学界和实务界对此问题的广泛讨论。从法理上讲，既然《刑法》已经对否定死刑适用的相关条件作出了规定，国家决定

---

① 《世界人权宣言》第 11 条规定，凡受刑事控告者，在未经依法公开审判证实有罪前应视为无罪，审判时必须予以答辩上所需之一切保障。

② 《公民权利和政治权利国际公约》第 14 条第 2 款规定，凡受刑事控告者，在未依法证实有罪之前，应有权被视为无罪。

对被告人适用死刑时，应当承担起证明不存在否定死刑适用条件的责任。但在实践中，否定死刑适用的证明责任通常由死刑案件被追诉人承担。如被告人身份证和户籍登记的年龄显示其已满18周岁，但被告人辩称其实际年龄未满18周岁，通常情况下，需要由被告人提供相应的证据来证实其主张。

（三）证人出庭率低

证人出庭率低是困扰刑事司法的一个问题。证人普遍不出庭的原因有以下几个方面。

1. 法官、检察官对证据体系稳定性的追求和证人厌证的传统心理是主观原因

出庭证人翻证是司法实务中常见的一种现象，证人翻证不仅会动摇整个案件证据体系，而且会延长案件审理时间，浪费司法资源，给案件的审理制造人为的困扰，加大司法人员的职业风险。而证人因为碍于情面、不愿意得罪人、害怕遭到打击报复、证人保护制度不健全及由于经济上的损失等原因，也不愿意出庭作证。

2. 司法资源稀缺、诉讼经济的内在要求是客观原因

从我国目前的司法资源配置情况来看，司法资源稀缺、法院案多人少的问题长期得不到有效解决，证人出庭作证无疑会加重法官的案件负担，导致原本就有限的司法资源处于更加紧张的配置状态。如Z省W市中级人民法院某刑庭共有审判员和助理审判员10人，每名主审法官一年平均结案100余件，同时还要参与200余件案件的合议庭审判，加班加点已成为法官的一种工作常态。高压状态之下，必法官很难有足够的时间和精力认真对待证人出庭问题。

3. 书面审判模式的承继及未切实落实直接言词原则是根本原因

书面审判模式的承继使得刑事诉讼活动的核心仍是侦查程序，对卷宗的查阅，依旧是法官进行裁判的重要前提。在书面审判模式下，法官通过庭前阅卷已对书面证言产生印象，庭审中检察官通过出示书面证言又进一步加深了书面证言对法官裁判的渗透。而长期以来司法一体化的体制导致法官在内心偏向侦、检机关，当书面证言与口头证言不一致时，法官往往会采信书面

证言，且法律并未明确未出庭证人的书面证言不得作为证据使用。

三、完善死刑案件证据适用的建议

证据是认定事实的根据，死刑涉及被告人的生命，因此在死刑案件中，证据的审查和采信具有决定性作用。构建死刑质量保障机制，确保死刑正确适用，需要完善死刑案件的证据适用规则，建立死刑特别证据制度。

（一）设置庭前证据开示制度

证据开示制度是英美法系的一项重要制度。在刑事诉讼中，证据开示，是指诉讼双方应当相互展示各自拥有的各种材料、文件，包括诉讼证据、有关信息、资料，这一活动在开庭审理前由法官或者法官助理召集。并且，按照法治原则，证据开示需要遵循事先制定的程序进行。[①] 证据开示制度有助于消除控辩双方恶意的证据突袭，对于查清案件事实真相、节约诉讼资源、提高诉讼效率、保障被告人的辩护权具有重要意义。《刑事诉讼法》对我国庭前证据开示制度予以了较大的完善，主要表现在以下几个方面：（1）通过确保辩护人的阅卷权来实现证据开示制度。《刑事诉讼法》第40条规定，辩护律师自人民检察院对案件审查起诉之日起，可以查阅、摘抄、复制本案的案卷材料。其他辩护人经人民法院、人民检察院许可，也可以查阅、摘抄、复制上述材料。（2）明确了双向开示原则。《刑事诉讼法》第43条赋予了辩护律师调查取证权，同时第42条规定了辩护人对特定证据的报告原则。对于特定事项，辩护人能更容易知晓，此类事项的告知能有效节约司法资源，还可以有效防止证据突袭，提高庭审辩论的针对性。因此，我国法律规定，对于不在犯罪现场、未达刑事责任年龄、属于依法不负有刑事责任的精神病人的证据，应当及时告知公安机关、人民检察院。该条要求辩护人也应当负有一定的证据开示义务。（3）确立了法官主导的庭前会议制度。《刑事诉讼法》第187条第2款[②]进行了规定。庭前会议制度可以有效促进控辩双方交换证

[①] 孙长永：《探索正当程序——比较刑事诉讼法专论》，中国法制出版社2005年版，第309页。

[②] 《刑事诉讼法》第187条第2款规定："在开庭以前，审判人员可以召集公诉人、当事人和辩护人、诉讼代理人，对回避、出庭证人名单、非法证据排除等与审判相关的问题，了解情况，听取意见。"

据，进一步确认进入审判程序的证据范围。

由于证据开示制度必须要有辩护人的参与，部分刑事案件因没有辩护人而无法适用证据开示制度，但证据开示制度在有辩护人参与的死刑案件中没有适用障碍。从实践中的情况来看，我国的证据开示制度仍存在缺陷，需要进一步完善。

首先，明确证据开示范围。根据控方承担举证责任的要求，控辩双方在证据开示范围上并不对等。对控方而言，推行全面证据开示原则，控方不仅要开示证明不利于被告人的各种相关证据，还需要开示证明有利于被告人的各种证据。对辩方而言，推行部分证据开示原则，辩方只需开示证明被告人无罪或罪轻的证据，因为辩方无须自证其罪。

其次，确立证据开示方式。证据开示区别于庭审中的举证、质证，其主要目的是使控辩双方熟悉对方的证据，控辩双方均可提出关于证据的异议，但对方可以不予回应。证据开示后，控方可以进一步完善证据体系，坚持、变更或撤回起诉；辩方可以选择有罪、无罪或罪轻辩护，但应当明确辩护方向，减少出现既作无罪辩护，又作罪轻辩护的矛盾情况。

最后，建立证据开示救济机制。我国现有证据开示制度缺乏对违反证据开示规则行为的救济和制裁规定，为确保证据开示制度在实践中能够有效运行，需要建立证据开示救济机制。具体包括两个方面：一是对于应经开示而未开示，在法庭上"突袭"的证据，合议庭可以否定其证据资格。二是对拒绝履行法定开示义务或拒不服从法官开示命令的公诉人或辩护人，法院有权作出合理的制裁。

总之，在死刑案件中设置证据开示制度有利于防止证据突袭，整理争点，查明事实真相，最终有利于防止死刑错案的发生，因此，对于疑难复杂的案件，应当适用证据开示制度。

（二）重要证人出庭作证制度

《刑事诉讼法》并未规定细化的证人出庭标准，《最高人民法院关于适用〈中华人民共和国刑事诉讼法〉的解释（2021）》第253条规定了证人如果身患疾病、行动不便或者交通不便、身处国外等可以不出庭作证的情形。同时该条在第 2 款规定："具有前款规定情形的，可以通过视频等方式作证。"针对以往刑事司法实践中存在的过分看重卷宗移送的侦查中心主义倾向，党的十八届四中全会通过的《中共中央关于全面推进依法治国若干重大问题的决定》明确提出要推进以审判为中心的诉讼制度改革。强化证人出庭作证，落实直接言词原则是以审判为中心的诉讼制度改革的主要内容之一。特别是对死刑案件，必须落实重要证人出庭作证制度。具体而言，重要证人应当包括三类：一是对案件事实有直接证明作用的关键证人；二是笔录证言模棱两可、模糊不清、内容有歧义，不到庭其证言就无法查明真伪的证人；三是控辩双方有争议，辩方坚决要求出庭的证人。对此，作为证人出庭改革试点和庭审实质化改革试点的 Z 省 W 市法院制定了证人出庭的案件标准：（1）法官经过阅卷可知，在庭审前的多次证言之间，证人存在不同程度的反复，各证言之间存在重大矛盾，需要证人亲自出庭才能查明真伪的。（2）在开庭前或者在庭审过程中发现诉讼各方对事实存在比较大的争议，而且某证人证言能对事实的证明能起到重要作用。同时，为保证诉讼经济，还要求出庭证人以直接证人、关键证人为原则，以间接证人为例外。这一标准为后来的"三项规程"的制定提供了重要参考。

（三）证据调查令制度

《刑事诉讼法》第 43 条规定了辩护人享有的调查取证权，明确辩护律师在经证人或者其他有关单位和个人同意，可享有调取证据和收集与本案有关的材料的权利。但从实践中的情况来看，调查取证往往难以顺利开展，导致庭审中辩护人难以与控方展开有效抗衡，影响了死刑案件的庭审效果。笔者认为，对于死刑案件有必要推行证据调查令制度，当辩护律师在调查取证过程中遇到困难，可以向法院申请签发证据调查令，辩护律师持证据调查令进行调查取证，任何单位和个人不得拒绝。通过证据调查令充分调动辩护律师的调查取证积极性，均衡控辩双方的力量，加强控辩的对抗性，从而促进死刑案件事实在控辩双方于法庭内外的对抗中尽可能查清。

第七章　死刑案件的辩护问题

在刑事诉讼程序中，每个案件的犯罪嫌疑人、被告人均享有《刑事诉讼法》赋予的一项重要权利——辩护权，它是被告人享有的一切其他权利的基础和保障。犯罪嫌疑人、被告人通过直接或间接地行使辩护权，针对控方的指控提出辩解，及时提供可以证实自己无罪或罪轻的证据，从而使得案件事实在控辩双方的辩论中逐渐明朗。从广义上看，根据辩护主体的不同，辩护权分为律师辩护权、非律师辩护权和自我辩护权三种类型。而在理论上，辩护权的广度不同，所包含的对象不同，狭义的辩护权则仅指律师辩护权。出于对生命的尊重和司法公正的要求，赋予死刑案件被告人律师辩护权已经成为死刑案件办理质量保障机制的基本要求和重要内容。本章主要针对死刑案件的律师辩护问题展开分析论述。有学者曾指出："辩护权实质在于缓和由于被告人的弱势地位所造成的控辩两方的力量悬殊，而这种缓和，是通过加强被告人的地位来实现的。"① 死刑案件的辩护贯穿于死刑案件的全过程，通过加强死刑案件的辩护，能够充分保障被告人的权利，并对司法人员特别是侦查人员形成直接监督和约束，防止冤错案件的产生；同时，从最有利于被告人的角度发表辩护意见，对审判机关正确适用死刑具有重要参考价值，能够有效控制、减少死刑的适用。

一、死刑案件辩护权的特殊性

在未废除死刑的国家中，死刑属于刑罚体系中最严厉的一个刑种。为保障死刑案件得到公正的审理，确保死刑案件的办案质量，各国对死刑案件中

---

① 胡常龙：《死刑案件程序问题研究》，中国人民公安大学出版社 2003 年版，第 188 页。

被告人辩护权的保障呈现区别于一般刑事案件的特点。具体而言，死刑案件辩护权的特殊性主要表现在以下几个方面。

（一）辩护权的行使具有普遍性

根据《刑事诉讼法》第 11 条规定，获得辩护既是被告人的当然权利，也是各级人民法院的义务。作为被告人所拥有的极具价值的一项权利，辩护权处于被告人权利体系的中心位置。死刑是以剥夺人的生命权为手段的刑罚，死刑的严酷性和不可逆转性决定了死刑案件中辩护权的普遍性。死刑案件辩护权的普遍性不仅要求每个死刑案件均有律师参与辩护，同时也要求律师的辩护应贯穿死刑案件的侦查—审查起诉——一审—二审—复核—执行各阶段。充分保障被告人辩护权的行使，从控方的"反面"尽可能地维护被告人的诉讼权利和其他合法权益，是确保死刑案件质量的重要途径，在某些情况下，辩护权的行使甚至可以在关键时刻挽救生命。如杜某武故意杀人案和佘某林故意杀人案，被告人都是一审被判处死刑，而在二审程序中案件出现转机，这当然与二审法官严谨的工作态度和过硬的业务水平分不开，但辩护律师在其中也发挥了举足轻重的作用。有学者就认为："如果失去死刑案件的辩护保障，则难以保证死刑裁判的正确性，无罪或罪不至死的人可能会被错误地剥夺生命，这不仅是对生命价值的蔑视，也是司法不公的严重体现。"[1] 由此观之，被告人辩护权的行使在很大程度上依赖于律师的帮助，因此强化律师在刑事程序中的作用对于防止错案、冤案的发生具有重大的积极作用。

（二）辩护权的行使具有强制性

在死刑案件中，由于被告人所犯的罪行极其严重、人身危险性极大，人身自由往往会受到更大的限制，几乎在刑事诉讼的全过程中犯罪嫌疑人、被告人均处于被采取强制措施的状态。因此，强化死刑案件被告人的辩护权显得更为重要。在实践中，被告人由于缺乏法律知识和诉讼经验，自我辩护效果往往较差，难以实现实体正义和程序正义的目标，这就需要由精通法律、具有丰富诉讼经验的律师参与到死刑诉讼程序中，提高被告人的诉讼能力，

---

[1]　杨宇冠：《死刑案件的程序控制》，中国人民公安大学出版社 2010 年版，第 432 页。

从而实现控辩平衡。如前述第三章中所分析的，以美国、日本为代表的发达国家，通常在相关的法律中规定死刑案件被告人必须获得辩护原则，要求死刑案件的被告人必须有律师为其提供刑事辩护，而且，如果死刑案件被告人拒绝先前指定的或委托的律师为其提供辩护，法律也应为其另行指定律师，而不能在无辩护律师的情况下直接进入诉讼程序，否则就是违法的。根据我国《刑事诉讼法》的相关规定，如果可能被判处死刑的犯罪嫌疑人、被告人没有委托辩护人，指派法律援助律师为犯罪嫌疑人、被告人进行辩护，是各级人民法院、人民检察院及公安机关的一项义务。[①] 由此可知，我国死刑案件的被告人获得辩护权是法律的强制性要求，对死刑案件采取此种辩护模式是值得肯定的。

（三）辩护权行使的有效性

关于刑事案件被告人辩护权的行使，有学者准确提出，"普遍和强制行使辩护权是保护死刑案件犯罪嫌疑人、被告人基本权利的'量'的要求，保证辩护权得到有效行使则是该权利'质'的飞跃"。[②] 在司法实践中，我们所要达成的目标不仅是辩护权得到行使，还应该是得到有效的行使。由美国率先提出的"有效辩护原则"已被世界各国广泛接受，并在立法中予以明确，成为衡量犯罪嫌疑人、被告人辩护权获得行使状况的重要指标。此外，联合国在《关于律师作用的基本原则》中也提到了有效辩护原则。[③] 而死刑案件可能关乎生命权的存在或消灭，故辩护权能否有效行使关系到对被告人生命权的保护和救济，对被告人的最终判决结果具有重要影响。

为保障死刑案件辩护权行使的有效性，我国立法机关和司法机关做出了种种努力。2007 年，最高人民法院、最高人民检察院、公安部、司法部联合发布的《关于进一步严格依法办案确保办理死刑案件质量的意见》（法发

---

① 《刑事诉讼法》第 35 条第 3 款规定："犯罪嫌疑人、被告人可能被判处无期徒刑、死刑，没有委托辩护人的，人民法院、人民检察院和公安机关应当通知法律援助机构指派律师为其提供辩护。"

② 潘少华：《论死刑正当程序中辩护权运行的困境与反思》，载《兰州学刊》2008 年第 7 期。

③ 联合国《关于律师作用的基本原则》第 6 条规定，任何没有律师的人在司法需要情况下均有权获得按犯罪性质指派给他的一名有经验和能力的律师以便得到有效的法律协助，如果他无足够力量为此种服务支付费用，可不交费。

〔2007〕11号）第27条明确指出，辩护律师在办理死刑案件时应提高辩护质量，维护被追诉人的合法权益。2008年，最高人民法院、司法部发布的《关于充分保障律师依法履行辩护职责确保死刑案件办理质量的若干规定》（法发〔2008〕14号）第18条指出，提高律师办理死刑案件质量，是司法机关和律师协会应当履行的义务。同时，规定了提高职业素养和提高办案质量的相关机制保障。除此之外，2010年，山东省律师协会通过调研，出台了第一部死刑辩护指导规范——《山东省律师协会死刑案件辩护指导意见（试行）》（鲁律协〔2010〕10号）。该指导意见明确了四种死刑案件辩护思路，指出严格遵守国家法律规定，做好有效的庭前准备，有为被追诉人辩护的胆魄，掌握辩护规律、技巧，才是一名合格的刑辩律师。[1] 2015年，最高人民法院、最高人民检察院、公安部、国家安全部、司法部出台了《关于依法保障律师执业权利的规定》（司发〔2015〕14号），第21条规定，侦查机关在案件侦查终结前，人民检察院、人民法院在审查批准、决定逮捕期间，最高人民法院在复核死刑案件期间，辩护律师提出要求的，办案机关应当听取辩护律师的意见。人民检察院审查起诉、第二审人民法院决定不开庭审理的，应当充分听取辩护律师的意见。辩护律师要求当面反映意见或者提交证据材料的，办案机关应当依法办理，并制作笔录附卷。辩护律师提出的书面意见和证据材料，应当附卷。这一规定进一步强调了死刑复核工作中关于保障辩护权的相关工作要求。

二、死刑案件辩护权的特殊保护

就诉讼构造的角度而言，从弹劾式到纠问式，再发展到现代的刑事诉讼模式，基本的趋势就是朝着控审分离、审判中立与控辩平等对抗的模式发展。细微之处有所差异，但现代刑事诉讼构造在很大程度上是通过提升辩护方的地位和诉讼权利，通过控辩平等的对抗进而实现审判中立。进一步说，其最终的目的也就是通过对天然弱势的保护，提高其对抗的能力，从而来抑制控

---

① 李华鹏：《"只要前进一步，都给辩护提供新的空间"——山东省律协出台〈死刑案件辩护指导意见〉》，载《中国律师》2010年第7期。

诉权的滥用以防止无辜的人受到不公正的控诉与裁判，避免冤错案件的发生。

进言之，在死刑案件中，对于可能被判处死刑的被告人而言，辩护的保障显得更加突出，甚至说是生死攸关也不为过。在关乎生命的价值面前，合格的辩护人是不可或缺的因素。

死刑案件辩护具有特殊性。其一，死刑是对生命权的剥夺，如此严酷的刑罚决定了死刑辩护律师的重要性。尽管死刑犯所犯罪行极其严重，使国家利益和人民利益遭受严重损失，应当对犯罪分子予以严惩。然而我们同样应当认识到，死刑剥夺的是人的生命，而生命有至高的价值，在决定使用国家机器剥夺人生命时，应当采取更加审慎的态度，应当本着对生命权的尊重严格遵守法律的规定来进行。如果失去死刑案件的辩护机制的保障，将导致死刑案件诉讼构造的失衡，难以确保死刑判决的正确性，被错误地判处死刑，是对生命价值的蔑视，同时也是司法不公正的体现。其二，死刑的执行难以回转要求死刑辩护不可或缺。生命一旦被剥夺，如果发现是冤错案件，失去的生命将难以挽回，无法进行补救，对司法公正的伤害也是永久性的。因此，辩护律师在此的作用就显得尤为重要。他们尽最大可能在各个诉讼阶段保障当事人的合法权益，毫不夸张地说，死刑辩护可能在危急时刻挽救无辜人的生命。其三，死刑案件的数量有限决定了死刑案件辩护资源的保障性。死刑案件的数量相较刑事案件的总量是有限的，在死刑案件中的辩护全覆盖是可以达到的。其四，死刑案件需要进行复核，决定了辩护的广泛性。在刑事案件终审后，为了保证死刑案件的审判质量，防止错杀，设置死刑复核程序就是重要的筛选机制，以此保证死刑判决的准确性。这对辩护律师而言，又将多一道程序可供辩护，被告人权益受到保护的可能性又增加了一些。在立法和司法上都应当尊重和保障这样的机会。

我国刑事法律援助制度起步较晚。为经济条件差请不起律师的犯罪嫌疑人、被告人提供法律帮助是维护程序正当的必要条件，也是判断司法是否公正的基本标准。尽管律师的高素质对保障死刑案件质量有重要作用，但对辩护律师程序性的保障也是必不可少的。笔者认为，应当在提高死刑辩护律师门槛资格、道德水平和职业素养基础之上，在死刑案件中充分赋予辩护律师程序性权利，让律师充分参与其中。

（一）侦查阶段

侦查阶段是取证的关键阶段，也是犯罪嫌疑人的诉讼权利和其他合法权益需要被重点保护的时期，因此，侦查阶段的律师介入辩护显得尤为重要。有学者就曾准确指出，"侦查中存在着关乎嫌疑人权利保障的'关键阶段'，法治国家莫不重视讯问、辨认、搜查、强制采样等关键阶段的律师参与，以保障人权。律师参与侦查'关键阶段'，还能提高侦查程序的正当性与合法性，为审判辩护奠定良好基础，避免冤假错案"。[①]

1. 犯罪嫌疑人有权委托律师

辩护权行使的一个基本前提便是犯罪嫌疑人、被告人有委托律师的权利。《刑事诉讼法》第 34 条明确规定，犯罪嫌疑人在侦查阶段有获得辩护的权利，但为了更好地行使该权利，法律对辩护人的资格也予以了限制，要求在侦查期间，只能委托律师作为辩护人。

从刑事诉讼活动的规律来看，侦查阶段的主要任务是查清案件事实，这就决定了该阶段律师的主要任务是从程序上维护犯罪嫌疑人的合法权益。因此，在侦查阶段，犯罪嫌疑人聘请的律师不具有辩护人的诉讼地位，确切地讲，其主要扮演的应是法律帮助者的角色。2012 年《刑事诉讼法》修正时在第 36 条增加了侦查期间辩护律师的相关权利的规定，即相关机关指定或者犯罪嫌疑人委托的辩护律师有权代理犯罪嫌疑人申诉、控告，申请变更强制措施等相关权利；[②] 同时增加了第 159 条，即在案件侦查终结前，辩护律师提出要求的，侦查机关应当听取辩护律师的意见，并记录在案。辩护律师提出书面意见的，应当附卷，[③] 这就将辩护职能引入和提前到了侦查阶段，对于加强死刑案件侦查质量的程序保障非常重要。

2. 犯罪嫌疑人有会见权和通信权

辩护律师拥有较为广泛的权利，如其有权会见被羁押的犯罪嫌疑人、被

---

① 刘涛、朱桐辉：《律师参与侦查"关键阶段"的功能与规则》，载《社会科学研究》2011 年第 1 期。

② 2018 年《刑事诉讼法》修正时保留了此条。

③ 2018 年《刑事诉讼法》修正，更改为第 161 条。

告人，有权同被羁押的犯罪嫌疑人、被告人通信。看守所有为辩护律师行使正当权利提供便利的义务，如看守所应及时安排会见，最长不得超过48小时。辩护律师还有权了解案件情况、提供法律咨询，自案件移送审查起诉之日起，有权向犯罪嫌疑人、被告人核实有关证据。看守所不得为之的行为，如不得监听辩护律师与犯罪嫌疑人、被告人的会见，体现了对人权的保障和对程序公正的追求，是刑事辩护制度的一大进步。

（二）审查起诉阶段

在审查起诉阶段，保障辩护律师辩护权的充分行使，尽量为律师行使阅卷权、调查取证权提供便利，可以使律师尽早地了解案情，为证据调查和辩护思路的形成奠定基础，从而提高维护被告人权益的能力。

1. 辩护律师阅卷权

在刑事诉讼程序中，律师阅卷权是辩护权中很重要的部分，辩护律师只有通过行使其阅卷权，才能更加全面地了解案件情况，熟悉控方所掌握的证据，形成辩护思路。随着《刑事诉讼法》的几次修改，辩护律师的阅卷权也呈现较大的变化。1979年的《刑事诉讼法》对律师的阅卷权没有设定限制，但第29条中规定，在审判阶段辩护律师才能介入诉讼活动。[①] 1996年《刑事诉讼法》的修改将律师介入的时间提前到了侦查阶段，但是囿于"提供法律帮助"的定位，侦查阶段律师介入的范围有限。而阅卷的范围也仅仅限于查阅、复制、摘抄诉讼文书和技术性鉴定材料。就阅卷而言，律师阅卷权的范围大大缩小。2012年《刑事诉讼法》修正后规定，律师自审查起诉阶段起享有查阅案卷权，而且并未对其行使设置限制。这在保障律师辩护权的充分行使、保障被告人的人权方面是一大进步。2018年《刑事诉讼法》修正时，保留此规定。

2. 调查取证权

调查取证权是辩护律师查明案件真相，增强在庭审中与控方对抗的力量，

---

① 1979年的《刑事诉讼法》第29条规定："辩护律师可以查阅本案材料，了解案情，可以同在押的被告人会见和通信；其他的辩护人经过人民法院许可，也可以了解案情，同在押的被告人会见和通信。"

维护死刑案件被告人合法权益的重要手段。根据《刑事诉讼法》第 43 条规定，辩护律师有两种途径可行使调查取证权：第一，辩护律师可以自行行使调查取证权。第二，辩护律师可以向司法机关提交申请，申请对某些案件证据进行调查取证。

（三）审判阶段：强制辩护原则

每一个死刑案件都关乎被告人的生死。俗话说，人命关天，生死无小事，因此对可能判处死刑的案件必须要有辩护人的辩护是司法文明理念的题中之义。强制辩护是不论被追诉人本人意志如何，国家都应当安排专门的利益维护者为其发言发声，以更好地保护其合法权益。对此，我国不仅在《刑事诉讼法》中予以明确规定，而且相关的解释也进一步予以明确细化保障。最高人民法院、司法部出台的《关于充分保障律师依法履行辩护职责确保死刑案件办理质量的若干规定》第 2 条规定，对于可能被判处死刑的被告人如果其没有自行委托辩护人为其辩护的，那么，人民法院应履行其义务，通知法律援助机构指派律师为其辩护。上述规定为审判阶段落实死刑案件强制辩护原则提供了法律依据。也就是说，死刑案件在审判阶段被告人必须有辩护人为其辩护，法院应当保障被告人获得辩护的权利。

三、建立死刑案件有效辩护保障机制

享有辩护权与获得充分有效的辩护是不同的，保证死刑案件被追诉人享有辩护权是实现了"形式上的正义"，只有保证死刑案件被追诉人获得"充分有效的辩护"才是实现了"实质正义"。也就是说，死刑案件中的辩护应当具有实质层面的意义，保证死刑案件中犯罪嫌疑人、被告人在案件进程中充分有效地行使辩护权是死刑案件程序正当性的衡量标准，也是保障死刑案件质量的重要机制。所以，建构死刑案件的有效辩护保障措施，对于保障死刑案件辩护起到实质作用，使得律师更好地进行辩护，构建死刑案件质量保障机制具有重要意义。

（一）提高死刑案件辩护律师的准入门槛

现代法治国家大都规定了刑辩律师准入机制，对于死刑案件，则律师的

准入门槛更高。提高死刑案件辩护律师的准入门槛是建立死刑案件有效辩护保障机制的基础和前提。笔者认为，应当确立死刑案件刑事辩护律师准入资格认可制，为死刑案件辩护律师设置专门的业务能力评测，只有通过评测，且从事刑事辩护至少 5 年，拥有执业证书的律师，方可被纳入名册，赋予其担任死刑案件辩护人的资格。死刑案件被追诉人委托辩护律师或法院指定法律援助律师应当从纳入名册的刑事辩护律师中选择，从而提高准入门槛。

（二）更加充分地保障死刑案件辩护律师的诉讼地位

由于死刑案件本身所具有的特殊性质，使得辩护律师在死刑案件中具有不同于在其他刑事案件中的更为重要的责任，建立死刑案件有效辩护保障机制需要更加充分地保障死刑案件辩护律师的诉讼地位。

1. 保障阅卷权的充分行使

笔者认为，鉴于死刑案件的重大性，应将辩护律师的阅卷权提前至侦查阶段，因为侦查阶段是收集主要控诉证据并形成卷宗的关键期，律师通过阅卷可以及时了解案情，发现程序违法或犯罪嫌疑人权利受到侵害的情况可以及时提出辩护意见，寻求权利救济。当然，该阶段案件事实尚未查清，应当制定严格的律师保密规定，对违反保密规定的律师给予严厉的制裁，永久取消其死刑辩护资格。

2. 保障调查取证权的切实行使

"证据之于律师犹如武器之于战士，调查取证权是辩护律师通过细致观察、总结从而接触到证据的权利，如果侦查阶段该权利缺失，导致战士没有了武器，在战场上就只能靠'空手夺白刃'或者苦苦地'求情'来避免任人宰割的命运。"① 保障律师调查取证权的切实行使，应从以下两个方面着手：

（1）将律师的调查取证权提前至侦查阶段。整个刑事诉讼的基础在侦查阶段，只有赋予刑事辩护律师在侦查阶段享有与控方相对等的调查取证权，才能在庭审阶段实现真正的平等对抗。同时，在时间上将律师调查取证权前置，可以弥补侦查机关出现的侦查遗漏，避免重要证据灭失的遗憾。刑事辩

---

① 潘少华：《死刑的辩护权论》，中国人民公安大学出版社 2013 年版，第 105 页。

护律师及时有效行使调查取证权，对案件的客观审查是有利的，而不会妨碍案件侦查。①

（2）实现律师调查取证权的程序化。首先，舍弃律师取证须经证人或有关单位和个人同意这一前置条件，明确被调查的证人、有关单位和个人有配合律师如实提供证据的义务。其次，赋予律师申请调查取证一定的拘束力。在立法上明确规定律师申请启动调查程序的条件，以及人民法院、人民检察院、公安机关有权拒绝调查申请的情形，从而确保符合法定情形的申请能够获得人民法院、人民检察院、公安机关的批准，对于不符合法定条件的申请，人民法院、人民检察院、公安机关也应及时作出答复。

3. 赋予律师刑事辩护豁免权

刑事辩护律师在执业活动中由于履行辩护或者代理职责的需要而应当享有的某些特定执业行为不受法律追究的权利，即为律师的刑事辩护豁免权。② 联合国制定的《关于律师作用的基本原则》规定，在辩护时，律师对自己所发表的口头或者书面言论是享有民事和刑事豁免权的。③ 我国《律师法》吸纳了联合国该条规定的精神，赋予辩护律师在法定情形下的言论不被追究的权利。④ 应完善该豁免权制度，确保辩护律师调查取证权的充分有效行使，加强对辩护律师人身权的保护，降低刑事辩护律师的执业风险。而且，应着重加强律师职业道德修养，完善律师违反职业道德的惩戒机制，防止律师滥用刑事辩护豁免权。

（三）设立死刑复核阶段的强制辩护权

2022 年，《最高人民法院、司法部印发〈关于为死刑复核案件被告人依法提供法律援助的规定（试行）〉的通知》（法〔2021〕348 号）虽然保障了

---

① 张军、姜伟、田文昌：《刑事诉讼：控、辩、审三人谈》，法律出版社 2001 年版，第 74 页。

② 李佑标、安永勇：《律师执业豁免权研究》，中国检察出版社 2004 年版，第 487 页。

③ 联合国《关于律师作用的基本原则》第 20 条规定，律师对于其书面或口头辩护时发表有关言论或作为职责任务出现某一法院、法庭或其他法律或行政当局之前所发表的言论，享有民事和刑事豁免权。

④ 我国《律师法》第 37 条第 1 款、第 2 款规定："律师在执业活动中人身权利不受侵犯。律师在法庭上发表的代理、辩护意见不受法律追究。但是发表危害国家安全、恶意诽谤他人、严重扰乱法庭秩序的言论除外。"

被告人申请法律援助的权利，但是与死刑复核阶段强制辩护权尚有不同。死刑复核阶段是专门针对死刑的特殊程序，也是案件审理的最后一道关口，设立该阶段的强制辩护权是完善死刑案件辩护权的重中之重。不开庭审理是该程序的一大特征，更应加强被告人及辩护律师在该阶段辩护权的充分行使。

1. 被告人的辩护权

最高人民法院、最高人民检察院、公安部、司法部《关于进一步严格依法办案确保办理死刑案件质量的意见》规定，在高级人民法院复核死刑案件时，必须对被告人进行讯问。最高人民法院复核死刑案件，并不是必须对被告人进行讯问，存在例外情形。① 就当前的实践情况而言，对于死刑案件，最高人民法院均能做到对每个死刑案件被告人当面或远程视频提审，被告人在该阶段的自我辩护权能够得到有效保证。但由于死刑案件被告人的法律素养普遍不高，在没有律师帮助的情况下，自我辩护难以发挥实质效果。

2. 律师的辩护权

在目前我国已对死刑案件第一审、第二审实行强制辩护制度的背景下，将律师的强制辩护权延伸至死刑复核阶段并无法理上的障碍，且能更好地保障死刑被告人的权利，也是程序正义的应有之义。"死刑复核程序是对司法审判程序进展的延伸，如果没有一个完整的诉讼体系，那么控、辩双方争锋局面就不能形成，阻却案件真相的发现，从而只是在审判权单方的作用之下，这是有悖于程序合理的要求的。"②

（1）会见权、阅卷权、调查取证权的充分保障。最高人民法院、最高人民检察院、公安部、司法部《关于进一步严格依法办案确保办理死刑案件质量的意见》规定，被告人委托的刑事辩护人在死刑案件复核期间，提出听取意见要求的，人民法院必须听取辩护人意见并制作笔录附卷。③ 最高人民法

---

① 最高人民法院、最高人民检察院、公安部、司法部《关于进一步严格依法办案确保办理死刑案件质量的意见》第42条规定："高级人民法院复核死刑案件，应当讯问被告人。最高人民法院复核死刑案件，原则上应当讯问被告人。"

② 潘少华：《死刑的辩护权论》，中国人民公安大学出版社2013年版，第105页。

③ 最高人民法院、最高人民检察院、公安部、司法部《关于进一步严格依法办案确保办理死刑案件质量的意见》第40条规定："死刑案件复核期间，被告人委托的辩护人提出听取意见要求的，应当听取辩护人的意见，并制作笔录附卷。辩护人提出书面意见的，应当附卷。"

院、司法部《关于充分保障律师依法履行辩护职责确保死刑案件办理质量的若干规定》也规定，如果被告人的刑事辩护律师在死刑案件复核期间，提交了一些证据材料，或者是提出了相关的意见要求，那么人民法院有义务制作笔录附卷。① 上述出台的相关文件，赋予辩护律师在案件的死刑复核阶段提出辩护意见的权利，但并未涉及刑事辩护律师辩护基础的会见权、阅卷权和调查取证权。辩护律师维护死刑案件被告人合法权益必须能有效行使该三项权利，故保障辩护律师在死刑复核阶段会见权、阅卷权和调查取证权的充分行使十分必要。

第一，赋予辩护律师自由会见权。应在立法中明文规定在死刑复核阶段辩护律师持委托书，律师事务所公函，死刑一审、二审裁判文书，可以不限次数地会见被告人。辩护律师在会见被告人的过程中，不受监视。

第二，赋予辩护律师全面阅卷权。死刑复核程序属于法院审理死刑案件的一个环节，应当允许辩护律师查阅与案件有关的所有材料。因此，应当在立法中明确规定，在最高人民法院受理死刑复核案件之日起，刑事辩护律师即享有到最高人民法院查阅、摘抄、复制与案件有关的全部卷宗的权利。

第三，充分保障辩护律师的调查取证权的实现。在死刑复核程序中，辩护律师申请人民法院调查取证的，法院必须予以回复，法院不启动调查取证程序的，应详细说明理由。辩护律师自行取证如遇阻碍，则可向法院申请调查令，律师一旦拥有调查令进行取证，任何单位、个人不得拒绝。

（2）辩护权的有效保障。保障死刑复核阶段律师辩护权的有效行使，应细化律师参与死刑复核阶段的实施细则。

第一，确立强制辩护原则。死刑复核案件被受理后，最高人民法院则应履行相应的义务，其中之一便是通知被告人及其家属有权委托律师进行辩护，倘若被告人没有委托律师进行辩护的，法院则应指派法律援助律师参与死刑复核程序。

第二，严格说理义务。在制作复核裁定书的时候，合议庭应当加入辩护律师的意见，并对其进行分析、说明，尤其是对于合议庭不采纳的辩护意见，

---

① 最高人民法院、司法部《关于充分保障律师依法履行辩护职责确保死刑案件办理质量的若干规定》第17条规定："死刑案件复核期间，被告人的律师提出当面反映意见要求或者提交证据材料的，人民法院有关合议庭应当在工作时间和办公场所接待，并制作笔录附卷。律师提出的书面意见，应当附卷。"

应从证据、事实、法律、逻辑等方面充分论证相关理由。

第三，畅通沟通渠道。确定辩护律师后，应将案号、合议庭组成人员名单告知辩护律师。各级人民法院应设立供律师阅卷、与经办法官交流的接待室，方便律师履职。

（四）确立死刑执行阶段的辩护权

《刑事诉讼法》第262条第1款规定，下级人民法院接到最高人民法院执行死刑的命令后，应当在7日以内交付执行。在死刑执行阶段，留给被告人的时间很短，笔者认为，应当延长死刑执行令签发与死刑判决执行的时间间隔，给予辩护律师介入死刑执行程序必要的时间保障。

1. 获得律师帮助的权利

在死刑案件的执行阶段应当赋予被告人的一项重要权利，即助其获得律师的帮助，赋予律师最后会见权。死刑执行程序是法院内部的行政程序，不需要控辩双方的参与，然而，在执行过程中赋予律师最后会见权，相当于给予死刑被执行人最后救济机会，是防止死刑冤错案件发生的最后一道防线。

2. 申请执行中止的权利

《刑事诉讼法》第262条规定了死刑执行中止的三项事由。① 此外，《最高人民法院关于适用〈中华人民共和国刑事诉讼法〉的解释（2021）》规定不仅包括《刑事诉讼法》规定的中止执行死刑的三项事由，还进一步对死刑执行的程序作出细化。② 被告人是否具备上述执行中止的法定事由是决定生死的问题，只有赋予辩护律师申请执行中止的权利，才能最大限度地维护死刑犯的权利。

---

① 《刑事诉讼法》第262条第1款规定："下级人民法院接到最高人民法院执行死刑的命令后，应当在七日以内交付执行。但是发现有下列情形之一的，应当停止执行，并且立即报告最高人民法院，由最高人民法院作出裁定：（一）在执行前发现判决可能有错误的；（二）在执行前罪犯揭发重大犯罪事实或者有其他重大立功表现，可能需要改判的；（三）罪犯正在怀孕的。"

② 《最高人民法院关于适用〈中华人民共和国刑事诉讼法〉的解释（2021）》第500条规定："下级人民法院在接到执行死刑命令后、执行前，发现有下列情形之一的，应当暂停执行，并立即将请求停止执行死刑的报告和相关材料层报最高人民法院：（一）罪犯可能有其他犯罪的；（二）共同犯罪的其他犯罪嫌疑人到案，可能影响罪犯量刑的；（三）共同犯罪的其他罪犯被暂停或者停止执行死刑，可能影响罪犯量刑的；（四）罪犯揭发重大犯罪事实或者有其他重大立功表现，可能需要改判的……"

第八章　死刑案件的侦查程序

侦查程序是侦查机关收集证据、查明案件事实的独立的诉讼程序。侦查阶段的任务是多重的，主要有全面、详尽地收集证据，为之后的诉讼阶段的工作做好铺垫；通过发挥强制措施的作用，防止犯罪嫌疑人逃避后续的诉讼阶段或者实施其他的犯罪行为。

一、关于死刑案件侦查的法律规定

案件侦查权，主要是由公安机关、人民检察院行使，对案件侦查权的有效监督，推进侦查程序诉讼化，能够确保侦查权的正确行使，防止对犯罪嫌疑人合法权益的侵害。目前，我国对可能判处死刑案件的侦查程序，主要从以下几个方面作出规定。

（一）关于强制措施的规定

"强制性措施"是指侦查机关采取的各种强制处分，包括拘传、取保候审、监视居住、拘留和逮捕等"强制措施"，以及搜查、扣押、冻结、通缉等多种法定侦查措施；在侦查实务上，还包括留置盘问等措施。[1] 本部分主要针对拘传、取保候审、监视居住、拘留和逮捕等"强制处分"展开论述。

1. 适用强制措施的原则

公安机关在对被追诉人采取刑事强制措施时，法律规定公安机关有义务遵守的基本活动准则，即为适用强制措施的原则。[2]

（1）及时性原则。《刑事诉讼法》第90条对及时性原则进行了规定，涉

---

① 孙长永：《探索正当程序——比较刑事诉讼法专论》，中国法制出版社2005年版，第63页。
② 邓思清：《侦查程序诉讼化研究》，中国人民公安大学出版社2010年版，第134页。

及检察院、公安机关两大机关，批准逮捕和不批准逮捕两个方面。① 《刑事诉讼法》进一步规定，主要是提出对公安机关的要求，犯罪嫌疑人在被逮捕之后的 24 小时内，公安机关必须进行讯问。如果经讯问发现符合不应当逮捕的情形的，则应立即释放，并且应给犯罪嫌疑人发放释放证明。② 以上条款规定的"立即执行""及时通知""24 小时以内讯问""立即释放"均体现了及时性原则。

（2）必要性原则。《刑事诉讼法》第 81 条规定了决定逮捕的条件，在符合条件的情况下，一般是应该采取逮捕这一措施的。但对于逮捕是有条件限制的，这也恰恰是必要性原则在此处的体现。③ 对于可能判处死刑的案件，侦查机关在立案之后，根据管辖权的规定，对于犯罪嫌疑人可能会被判处死刑已经有了初步的预判，按照"必要性原则"，一般均应采取羁押性的强制措施。

（3）公开性原则。《刑事诉讼法》第 85 条对犯罪嫌疑人的拘留作出规定，在拘留犯罪嫌疑人时，应当出示拘留证。并且被拘留人应被立即送往看守所，不得将其送往其他办案场所等。此外，还规定了将被拘留人送往看守所及通知家属的时间，都是不得超过 24 小时。无论是出示拘留证还是通知家属，都是公开性原则的体现。④ 《刑事诉讼法》对犯罪嫌疑人、被告人逮捕也作了相应的规定，如"出示逮捕证""立即送往看守所""24 小时之内"的

---

① 《刑事诉讼法》第 90 条规定："人民检察院对于公安机关提请批准逮捕的案件进行审查后，应当根据情况分别作出批准逮捕或者不批准逮捕的决定。对于批准逮捕的决定，公安机关应当立即执行，并且将执行情况及时通知人民检察院。对于不批准逮捕的，人民检察院应当说明理由，需要补充侦查的，应当同时通知公安机关。"

② 《刑事诉讼法》第 94 条规定："人民法院、人民检察院对于各自决定逮捕的人，公安机关对于经人民检察院批准逮捕的人，都必须在逮捕后的二十四小时以内进行讯问。在发现不应当逮捕的时候，必须立即释放，发给释放证明。"

③ 《刑事诉讼法》第 81 条规定："对有证据证明有犯罪事实，可能判处徒刑以上刑罚的犯罪嫌疑人、被告人，采取保候审尚不足以防止发生下列社会危险性的，应当予以逮捕……对有证据证明有犯罪事实，可能判处十年有期徒刑以上刑罚的，或者有证据证明有犯罪事实，可能判处徒刑以上刑罚，曾经故意犯罪或者身份不明的，应当予以逮捕……"

④ 《刑事诉讼法》第 85 条规定："公安机关拘留人的时候，必须出示拘留证。拘留后，应当立即将被拘留人送看守所羁押，至迟不得超过二十四小时。除无法通知或者涉嫌危害国家安全犯罪、恐怖活动犯罪通知可能有碍侦查的情形以外，应当在拘留后二十四小时以内，通知被拘留人的家属。有碍侦查的情形消失以后，应当立即通知被拘留人的家属。"

时间规定等。① 公开性原则的规定，不仅有利于保障犯罪嫌疑人的合法权益，同时也能对侦查机关形成有效监督，及时纠正不当的强制措施。

2. 适用强制措施的条件

对于可能判处死刑案件的犯罪嫌疑人，拘留和逮捕是最常见的强制措施。

（1）拘留的条件。根据《刑事诉讼法》第82条规定，公安机关可以采取先行拘留的措施，即在发现现行犯或者重大犯罪嫌疑人时，结合相关法律规定，即可先行拘留。②

（2）逮捕的条件。根据《刑事诉讼法》第81条规定，逮捕的前提是，必须有证据能够证明相关的犯罪事实，对犯罪嫌疑人、被告人可能判处的刑罚达到徒刑以上，且取保候审已经无法阻止社会危险性的发生，同时还要结合《刑事诉讼法》规定的情形，方可采取逮捕措施。③

（3）例外规定。《刑事诉讼法》规定了逮捕的例外情形，也就是说，人民法院、人民检察院和公安机关对符合逮捕条件的犯罪嫌疑人、被告人，应当进行逮捕，但符合《刑事诉讼法》例外规定的，不予逮捕，而采取监视居住的刑事强制措施。④

3. 强制措施的批准

根据《刑事诉讼法》的规定，公安机关有权自行采取拘传、取保候审、

---

① 《刑事诉讼法》第93条规定："公安机关逮捕人的时候，必须出示逮捕证。逮捕后，应当立即将被逮捕人送看守所羁押。除无法通知的以外，应当在逮捕后二十四小时以内，通知被逮捕人的家属。"

② 《刑事诉讼法》第82条规定："公安机关对于现行犯或者重大嫌疑分子，如果有下列情形之一的，可以先行拘留：（一）正在预备犯罪、实行犯罪或者在犯罪后即时被发觉的；（二）被害人或者在场亲眼看见的人指认他犯罪的；（三）在身边或者住处发现有犯罪证据的；（四）犯罪后企图自杀、逃跑或者在逃的；（五）有毁灭、伪造证据或者串供可能的；（六）不讲真实姓名、住址，身份不明的；（七）有流窜作案、多次作案、结伙作案重大嫌疑的。"

③ 《刑事诉讼法》第81条规定："对有证据证明有犯罪事实，可能判处徒刑以上刑罚的犯罪嫌疑人、被告人，采取取保候审尚不足以防止发生下列社会危险性的，应当予以逮捕：（一）可能实施新的犯罪的；（二）有危害国家安全、公共安全或者社会秩序的现实危险的；（三）可能毁灭、伪造证据，干扰证人作证或者串供的；（四）可能对被害人、举报人、控告人实施打击报复的；（五）企图自杀或者逃跑的……对有证据证明有犯罪事实，可能判处十年有期徒刑以上刑罚的，或者有证据证明有犯罪事实，可能判处徒刑以上刑罚，曾经故意犯罪或者身份不明的，应当予以逮捕……"

④ 《刑事诉讼法》第74条规定："人民法院、人民检察院和公安机关对符合逮捕条件，有下列情形之一的犯罪嫌疑人、被告人，可以监视居住：（一）患有严重疾病、生活不能自理的；（二）怀孕或者正在哺乳自己婴儿的妇女；（三）系生活不能自理的人的唯一扶养人；（四）因为案件的特殊情况或者办理案件的需要，采取监视居住措施更为适宜的；（五）羁押期限届满，案件尚未办结，需要采取监视居住措施的……"

监视居住和拘留四项强制措施，但对于逮捕，需经检察机关的批准。《刑事诉讼法》规定了公安机关向人民检察院申请批准逮捕的时限要求。① 批准逮捕权，也即批捕权，由检察机关行使，是其实施法律监督的一种表现，可以对侦查机关的侦查活动进行监督。

4. 刑事强制措施的期限

《刑事诉讼法》对强制措施的期限予以了明确规定，拘传最长不得超过 24 小时，取保候审期限不得超过 12 个月，监视居住期限不得超过 6 个月，拘留期限通常不超过 14 日，最长不得超过 37 日。关于逮捕的规定较为复杂，《刑事诉讼法》规定，侦查羁押期限，自犯罪嫌疑人被逮捕后起算，一般情况下，不得超过 2 个月。如果申请延长的话，前提是"案件复杂、期限届满不能终结"。② 再次申请延长的前提是"情况复杂、特殊"。③ 此外，根据《刑事诉讼法》第 159 条规定，对犯罪嫌疑人可能判处 10 年有期徒刑以上刑罚的，经省级人民检察院批准或者决定，可以再延长 2 个月。

（二）关于讯问犯罪嫌疑人的规定

1. 讯问的主体

根据《刑事诉讼法》规定，对犯罪嫌疑人的讯问应当由至少 2 名侦查人员进行。④ 讯问时侦查人员不得少于 2 人的规定，实质上是为了在侦查人员内部形成相互监督，防止刑讯逼供的发生。

---

① 《刑事诉讼法》第 91 条规定："公安机关对被拘留的人，认为需要逮捕的，应当在拘留后的三日以内，提请人民检察院审查批准。在特殊情况下，提请审查批准的时间可以延长一日至四日。对于流窜作案、多次作案、结伙作案的重大嫌疑分子，提请审查批准的时间可以延长至三十日。人民检察院应当自接到公安机关提请批准逮捕书后的七日以内，作出批准逮捕或者不批准逮捕的决定。人民检察院不批准逮捕的，公安机关应当在接到通知后立即释放，并且将执行情况及时通知人民检察院。对于需要继续侦查，并且符合取保候审、监视居住条件的，依法取保候审或者监视居住。"

② 《刑事诉讼法》第 156 条规定："对犯罪嫌疑人逮捕后的侦查羁押期限不得超过二个月。案情复杂、期限届满不能终结的案件，可以经上一级人民检察院批准延长一个月。"

③ 《刑事诉讼法》第 158 条规定："下列案件在本法第一百五十六条规定的期限届满不能侦查终结的，经省、自治区、直辖市人民检察院批准或者决定，可以再延长二个月：（一）交通十分不便的边远地区的重大复杂案件；（二）重大的犯罪集团案件；（三）流窜作案的重大复杂案件；（四）犯罪涉及面广，取证困难的重大复杂案件。"

④ 《刑事诉讼法》第 118 条第 1 款规定："讯问犯罪嫌疑人必须由人民检察院或者公安机关的侦查人员负责进行。讯问的时候，侦查人员不得少于二人。"

2．讯问的时间和地点

根据《刑事诉讼法》规定，犯罪嫌疑人被送交看守所羁押的，应当在看守所内进行讯问；对未被羁押的犯罪嫌疑人，则可在其他地方进行讯问。①此外，根据《刑事诉讼法》的规定，每次讯问的时间不得超过 12 小时，案情特别重大、复杂的，每次讯问不得超过 24 小时，要保证被追诉人的饮食和必要的休息，保障犯罪嫌疑人的人权。对讯问时间和地点作出规定，防止出现刑讯逼供或疲劳审讯等变相刑讯逼供行为，体现了对犯罪嫌疑人人权的重视和保障，也是防止逼供诱供及变相刑讯、防止死刑冤错案件发生的重要保障。

3．讯问的录音、录像

根据《刑事诉讼法》规定，讯问犯罪嫌疑人时，可以对讯问过程录音或录像，对于重大犯罪案件应当录音或录像。②在实践中，有可能判处死刑的案件录音录像被剪辑或不完整的情况存在，是不利于防止错案的。事实上，完整的录音录像在大多数情况下能成为控方证实不存在非法取证行为的有力证据。

（三）关于通缉的规定

通缉作为强制性刑事司法行为，对于有效打击犯罪，成功抓捕犯罪嫌疑人，确保刑事诉讼活动的顺利进行具有重要意义。

1．通缉令

根据《刑事诉讼法》规定，公安机关在自己的辖区内对于应当逮捕的在逃犯罪嫌疑人可以发布通缉令，在报请上级公安机关的情形下，可跨区域发布通缉令。③《人民检察院刑事诉讼规则（2019）》（高检发释字〔2019〕4 号）

---

① 《刑事诉讼法》第 118 条第 2 款规定："犯罪嫌疑人被送交看守所羁押以后，侦查人员对其进行讯问，应当在看守所内进行。"第 119 条第 1 款规定："对不需要逮捕、拘留的犯罪嫌疑人，可以传唤到犯罪嫌疑人所在市、县内的指定地点或者到他的住处进行讯问，但是应当出示人民检察院或者公安机关的证明文件……"

② 《刑事诉讼法》第 123 条规定："侦查人员在讯问犯罪嫌疑人的时候，可以对讯问过程进行录音或者录像；对于可能判处无期徒刑、死刑的案件或者其他重大犯罪案件，应当对讯问过程进行录音或者录像。录音或者录像应当全程进行，保持完整性。"

③ 《刑事诉讼法》第 155 条规定："应当逮捕的犯罪嫌疑人如果在逃，公安机关可以发布通缉令，采取有效措施，追捕归案。各级公安机关在自己管辖的地区以内，可以直接发布通缉令；超出自己管辖的地区，应当报请有权决定的上级机关发布。"

规定，人民检察院对于直接受理侦查的刑事案件，犯罪嫌疑人在逃或者脱逃的，经检察长批准，可进行通缉。① 《公安机关办理刑事案件程序规定》（2020 修正）规定，公安机关抓获犯罪嫌疑人后，须通知通缉令发布机关进行核实，办理交接手续。②

2. 悬赏通告

通缉刑事案件犯罪嫌疑人还可以采用悬赏通告的方式，根据《公安机关办理刑事案件程序规定》（2020 修正）第 279 条规定，为破获刑事犯罪案件需要，经县级以上公安机关负责人批准，可以发布悬赏通告。③

通缉令、悬赏通告都是追捕重特大案件犯罪嫌疑人极为有效的手段。

二、完善死刑案件的侦查程序

侦查程序作为刑事诉讼程序中的第一个实质性的阶段，起到了基础性的作用。在我国，刑事诉讼各个阶段之间的交接实行卷宗移送主义原则，法官裁判案件、定罪量刑正是根据这些卷宗而作出的，由此可见卷宗质量的好坏对案件结果的影响之大。因此，完善可能判处死刑案件的侦查程序，可以从源头上防止冤错案件的发生，也是有效控制死刑适用的重要途径。

死刑案件质量需要高质量的侦查加以保障，而一旦侦查中出现错误将难以弥补。许多研究表明，错误的侦查将导致错误的审判，再完善的法律制度也难以挽回错误侦查所导致的错误结局。因此，对侦查程序的改革，既是保障死刑案件质量的重头戏，也是严防冤错案件的第一道关口。我国在 2012 年《刑事诉讼法》的修正中，大刀阔斧地加入非法证据排除规则以及"不得强迫任何人自证其罪"的规定，以尊重犯罪嫌疑人、被告人供述的自愿性和真

---

① 《人民检察院刑事诉讼规则（2019）》第 232 条规定："人民检察院办理直接受理侦查的案件，应当逮捕的犯罪嫌疑人在逃，或者已被逮捕的犯罪嫌疑人脱逃的，经检察长批准，可以通缉。"
② 《公安机关办理刑事案件程序规定》（2020 修正）第 277 条规定："公安机关接到通缉令后，应当及时布置查缉。抓获犯罪嫌疑人后，报经县级以上公安机关负责人批准，凭通缉令或者相关法律文书羁押，并通知通缉令发布机关进行核实，办理交接手续。"
③ 《公安机关办理刑事案件程序规定》（2020 修正）第 279 条规定："为发现重大犯罪线索，追缴涉案财物、证据，查获犯罪嫌疑人，必要时，经县级以上公安机关负责人批准，可以发布悬赏通告。悬赏通告应当写明悬赏对象的基本情况和赏金的具体数额。"

实性，进而有效防止刑讯和变相刑讯的发生。为了进一步控制死刑的适用，在未来可以从以下几个方面推进司法改革，继续完善刑事侦查程序。

（一）完善讯问制度，防止刑讯逼供

虽然通过非法证据排除制度可以在一定程度上排除刑讯逼供等非法取证行为所获得的非法证据，但非法证据排除制度实质上是对刑讯逼供的事后补救措施，而非在讯问当时即对讯问进行规制，具有一定的滞后性。因此，建立死刑质量保障机制，提高死刑案件质量，需要完善讯问制度，形成对刑讯逼供的事前预防机制。

1. 保持侦查行为适当公开

"阳光是最好的防腐剂"，对于死刑案件侦查程序的完善，提高侦查机关侦查活动的公开度、透明度是前提，具体而言，侦查行为的公开可通过以下两种方式实现：

（1）实行侦查羁押分离制度。侦查与羁押相分离制度，是防止刑讯逼供、违规提审的有力措施。侦查羁押分离制度就是将未决羁押作为一种独立的刑事诉讼强制措施，交由司法行政机关（如各地的司法局）来实施，而不是由公安机关来管理。关于决定及执行羁押行为的主体，有学者建议由各相关法院负责，其指出，"在立法上明确界定公安、检察机关不再负责羁押犯罪嫌疑人、被告人，而仅仅享有缉捕权。羁押的决定、执行权主体由法院承担"。[①] 而对于实行侦查羁押分离制度之下的羁押场所，有学者指出："逮捕与羁押分离以后，羁押场所应当脱离侦、诉机关，交由司法行政机关控制，减少刑讯逼供、由供到证的职业动因。"[②] 笔者同意上述学者的观点，认为在刑事诉讼过程中，由法院来决定对犯罪嫌疑人、被告人的逮捕，由司法行政机关来控制，将更有利于杜绝刑讯逼供的发生。

（2）建立全程的讯问监督机制。讯问监督机制是规范讯问方式，防止刑讯逼供的有效手段。笔者认为，对可能判处死刑案件的讯问监督应包含两方面内容：第一，赋予案件辩护律师在讯问过程中的"在场权"。对于可能判

---

① 张传伟：《刑讯逼供及遏制对策研究》，山东大学出版社 2009 年版，第 173 页。
② 蔡宏图：《我国未决羁押制度改革的进路探求》，载《学术界》2007 年第 5 期。

处死刑的案件来说，从抓获犯罪嫌疑人时开始，律师就应当在场。律师在场可以监督侦查人员对犯罪嫌疑人进行文明审讯，减少不文明讯问语言或行为的出现，可以见证口供的真实性和完整性，保证口供的质量。此外，辩护律师在讯问现场也能够一定程度地平衡犯罪嫌疑人的心理，减轻犯罪嫌疑人被审讯时的精神压力，更能保证其口供的真实性，从而在后续的刑事诉讼程序中有效减少犯罪嫌疑人翻供的概率。第二，建立侦查讯问全程同步录音录像制度。同步录音录像能够完整地记录侦查讯问的全过程，不仅能够监督侦查人员合法合规讯问，同时，在辩方提出非法证据排除时，也是控方的强有力证据。关于司法实践中落实全程同步录音录像制度的情况，有学者指出，"在我国目前讯问犯罪嫌疑人律师在场制度还难以全面确立的情况下，录音、录像是实现侦查讯问过程的'可视化'、保护犯罪嫌疑人和侦查讯问人员合法权益的重要措施"。① 这是一个控辩双赢的举措。最高人民法院、最高人民检察院、公安部、司法部《关于进一步严格依法办案确保办理死刑案件质量的意见》第11条规定，提讯在押的犯罪嫌疑人，应当在羁押犯罪嫌疑人的看守所内进行，严禁刑讯逼供等非法手段，并根据情况要求同步录音录像。近年来，在 W 法院审理的死刑案件中，基本上都能够随案移送全程同步录音录像，这在侦查程序上是一大进步。

2. 加大侦查投入，转变侦查取证重心

在我国，形成客观证据的材料都是原始的，载体上具有可见性和可重复验证性，在内容上具备较高的真实性，这就决定了客观证据比言词证据更易检验和识别，在证据运用中可靠性更高。因此，现阶段应将侦查取证的重心转移至客观证据，将客观证据作为最佳证据在定案中优先运用。这不仅适用于死刑案件，对其他刑事案件也是一样的。与此同时，要求加强侦查人员的业务技能培训，尤其在现场勘查中，认真仔细，不放过任何蛛丝马迹，全面、及时、客观地提取物证、痕迹，及时进行分析、鉴别，从而固定证据。

---

① 孙长永：《侦查程序与人权保障——中国侦查程序的改革和完善》，中国法制出版社2009年版，第514页。

3. 加大刑讯逼供惩治力度

《人民警察法》（2012 修正）第 22 条规定了人民警察在履行职责过程中所不应存在的行为①，明确了人民警察在侦查活动中应文明执法，依法依规执法，不得行使刑讯逼供等非法手段。对此，该法第 48 条又进一步规定了警察实施刑讯逼供等违法侦查行为的法律后果，如警告、记过等行政处分，在一定程度上对警察采取非法手段进行侦查形成威慑，也使得依法侦查受法律的保障。② 此外，《刑法》（2023 修正）第 247 条对刑讯逼供、暴力取证作出处罚规定，对情节严重并构成相关犯罪的违法侦查行为予以了刑法上的规制。因此，一方面，应该正面加强规范讯问引导，要求侦查人员树立文明讯问新观念；另一方面，也应加大刑讯逼供的惩治力度，以发挥上述法律所规定的法律后果的震慑作用。从实体上来说，对于实施刑讯逼供的侦查人员，若构成刑事犯罪，要及时移送相关司法机关追究其刑事责任，若不构成刑事犯罪，也应及时作出行政处罚。从程序上来说，对于刑讯逼供所取得的口供，在审查起诉和审判阶段不得作为起诉和定罪的证据。

（二）避免指证暗示，建立"以成列指证为主，以暴露指证为例外"的原则

成列指证是指在刑事诉讼的指证环节，通过增加与犯罪嫌疑人性别、年龄、体貌特征相似的人，让案件的目击者辨认的一种指证方式。③ 成列指证在防止指证暗示方面体现了其价值。暴露指证是指在刑事诉讼的指证环节，不将犯罪嫌疑人混杂在一起，而让案件目击者对犯罪嫌疑人一人进行辨认的指证方式。④ 由于暴露指证只有一名被指证对象，而且在实务中，唯一的被指证对象往往还被戴上了戒具或穿上了囚服，给指证人带来了一种强烈的指证暗示，

---

① 《人民警察法》（2012 修正）第 22 条规定："人民警察不得有下列行为……（四）刑讯逼供或者体罚、虐待人犯……"

② 《人民警察法》（2012 修正）第 48 条规定："人民警察有本法第二十二条所列行为之一的，应当给予行政处分；构成犯罪的，依法追究刑事责任。行政处分分为：警告、记过、记大过、降级、撤职、开除。对受处分的人民警察，按照国家有关规定，可以降低警衔、取消警衔。对违反纪律的人民警察，必要时可以对其采取停止执行职务、禁闭的措施。"

③ 张泽涛：《目击者指证规则中的若干问题》，载《环球法律评论》2005 年第 1 期。

④ 张泽涛：《目击者指证规则中的若干问题》，载《环球法律评论》2005 年第 1 期。

因此，在全球范围内，几乎所有国家均将暴露指证作为指证的一种例外。

在我国的刑事诉讼程序中，为避免指证暗示，确保指证的正确性，也应建立"以成列指证为主，以暴露指证为例外"的指证原则。具体而言，对于成列指证的指证方式，应遵循以下程序：

（1）被指证的对象人数应控制在 6 人以上，且尽量选择年龄、身高、衣着均相近的人。

（2）犯罪嫌疑人与陪同指证的对象在衣着外表上应尽量保持一致，不得给犯罪嫌疑人单独戴上戒具或穿上囚服，避免给指证人带来强烈的暗示。

（3）多名指证人对同一名犯罪嫌疑人进行指证时，应分别进行，防止指证人之间的相互干扰。

（4）指证过程中犯罪嫌疑人的律师应当在场。

（5）对死刑案件的犯罪嫌疑人一律不得适用暴露指证，均采用成列指证的指证方式。

（三）正确对待鉴定意见与科技证据

1. 对关键物证及时进行鉴定

在司法实践中，出于各种原因，存在对关键物证未及时鉴定的情况，等到被告人翻供或发现证据不足再去收集或补强时，早已时过境迁，丧失了取证的最佳时机而无法收集到相关物证，或者虽然已收集了物证，但鉴定意见的准确性已难以保证，因此在侦查活动中，务必要保证对关键物证及时进行鉴定。笔者认为，鉴于死刑案件涉及犯罪嫌疑人的生命权，往往属于最重大的刑事案件，因此，死刑案件中尤其要注意对关键物证应及时进行鉴定。重视侦查活动中关键物证的获取、记载及鉴定，具体而言，应全面细致地勘验现场，及时提取血迹、脚印等重要痕迹，尤其要注意物证间隙处残留的痕迹或其他斑迹；对于物证是否具备鉴定条件应由技术部门作出判断，侦查人员不能主观认为不具备鉴定条件就不移送相关部门进行鉴定。

2. 正确认识科技证据

随着科学技术的飞速发展，在刑事诉讼活动中，证据种类、证据形式也在发生变化，很多科技证据的产生在为刑事诉讼活动的开展提供更多便利、更多可能的同时，也给司法机关提出了识别及运用的难题。因此，与时俱进地对这些科技证据进行认识和运用，将科学技术的发展成果转化为刑事诉讼活动中的有力手段显得尤为重要。而正确认识科技证据，一方面，要求裁判者不能过度迷信科技证据，不能将科技证据视为"证据之王"。另一方面，应当赋予科技证据资格，确立刑事诉讼活动中的专家辅助制度，以及建立完善的科技证据补强法则。

（1）确立专家辅助制度。在我国民事诉讼的相关规范中，2001 年《最高人民法院关于民事诉讼证据的若干规定》第 61 条①对专家辅助制度进行了规定，明确了专家辅助人在民事诉讼程序中的法律地位、所具有的权利和义务等，可供刑事诉讼制度借鉴。在 2012 年修正的《刑事诉讼法》中，参照上述规定增加了"有专门知识的人"，法庭应当要求科技证据的取证人出庭说明有关取证程序和证据原理，如果辩方对科技证据提出异议，有权要求控方重新作出或排除该项科技证据。

（2）确立科技证据补强法则。从目前的情况看，科技证据的准确率尚未达到 100%，不能将科技证据完全等同于科学审判，为了防止死刑冤错案件的发生，应当确立相应的科技证据补强法则。具体而言，对于 DNA 鉴定等科技证据，应当贯彻"孤证不能定案"的证据法则，只有在这些科技证据与其他证据能够相互印证的情况下，才能作为定案的依据。如对于 DNA 基因鉴定意见的证明力问题，在日本，法院就一直坚持要求将其结合案件其他证据来

---

① 2001 年《最高人民法院关于民事诉讼证据的若干规定》（已被修改）第 61 条规定："当事人可以向人民法院申请由一至二名具有专门知识的人员出庭就案件的专门性问题进行说明。人民法院准许其申请的，有关费用由提出申请的当事人负担。审判人员和当事人可以对出庭的具有专门知识的人员进行询问。经人民法院准许，可以由当事人各自申请的具有专门知识的人员就有关案件中的问题进行对质。具有专门知识的人员可以对鉴定人进行询问。"

该条对应 2019 年修正版的第 83 条和第 84 条，且已修改。《最高人民法院关于民事诉讼证据的若干规定》（2019 修正）第 83 条规定："当事人依照民事诉讼法第七十九条和《最高人民法院关于适用〈中华人民共和国民事诉讼法〉的解释》第一百二十二条的规定，申请有专门知识的人出庭的，申请书中应当载明有专门知识的人的基本情况和申请的目的。人民法院准许当事人申请的，应当通知双方当事人。"第 84 条规定："审判人员可以对有专门知识的人进行询问。经法庭准许，当事人可以对有专门知识的人进行询问，当事人各自申请的有专门知识的人可以就案件中的有关问题进行对质。有专门知识的人不得参与对鉴定意见质证或者就专业问题发表意见之外的法庭审理活动。"

证明某项相关事实，而不能作为一个单独的证据来独自证明某项案件事实，且 DNA 鉴定意见只能作为辅助证据，可见其证明力是较弱的。①

（四）完善未决羁押制度

未决羁押简单地说，就是在审判机关确定犯罪嫌疑人是否确实有罪之前，为了顺利推进刑事诉讼的进程，便于对犯罪嫌疑人的取证等工作，司法机关预先实行羁押。对此，有学者曾指出，"在一个法治社会，政府合法剥夺一个精神正常的人的人身自由主要是通过拘留或逮捕、未决羁押以及生效的有罪判决进行的。其中，未决羁押是一个关键环节，因为它往往前接拘留或逮捕、后续有罪判决。因此，如何对未决羁押进行有效的法律控制，禁止非法羁押、任意羁押、不合理的长期羁押，成为有罪判决以前保护人身自由的主要途径"。② 可见，完善未决羁押制度，一方面，要对未决羁押进行有效的法律控制，为司法机关适用未决羁押规定严格的条件，将未决羁押作为一种在特殊情况下才可适用的例外性措施。另一方面，需要设置相关的监督程序与救济程序，以防司法机关滥用权力，侵犯犯罪嫌疑人的合法权利。

1. 确立一定条件下的未决羁押例外原则

根据无罪推定原则，任何人在最终判决之前，都属于法律意义上的"无罪"状态，不能被随意羁押，因此，如何协调羁押的必要性和人身自由之间的关系，成为未决羁押的法律控制的核心问题。现代法治国家和国际准则通常将未决羁押作为一种例外原则，即一般原则是犯罪嫌疑人在判决前不被长时间剥夺人身自由，而未决羁押则是一种例外措施。如《法国刑事诉讼法典》第 137 条③明确了"先前羁押"仅能作为刑事诉讼中的例外情况，而联合国《公民权利和政治权利国际公约》第 9 条第 3 款④也规定了对于等待法庭审判的犯罪嫌疑人进行先行羁押，不能作为一般性的原则，换句话说就是

---

① ［日］田口守一：《刑事诉讼法》，刘迪等译，法律出版社 2000 年版，第 241 页。

② 孙长永：《探索正当程序——比较刑事诉讼法专论》，中国法制出版社 2005 年版，第 82 页。

③ 《法国刑事诉讼法典》第 137 条规定，"先行羁押"只是"作为例外"而依据法定的程序和条件所采取的措施，通常情况下应当对被审查人宣布释放或"司法管制"。

④ 联合国《公民权利和政治权利国际公约》第 9 条第 3 款规定，等待审判的人被置于羁押状态不应当是一般的原则，但是释放时可以附加担保在审判时或司法程序的其他阶段出庭或者在案件需要的情况下于执行刑罚时到场的条件。

只能作为一种例外。联合国人权委员会也明确指出，应确立审前羁押的特殊地位，也就是说其并非一项一般性的原则。并且要使审前羁押期限尽可能短。① 鉴于死刑案件被告人的人身危险性较大，再结合我国目前的司法现状，笔者认为，现阶段应将重点放在防止随意羁押、超长期羁押等非法羁押上，同时，可以确立一定条件下的未决羁押例外原则，如对于不得适用死刑的对象可以探索确立未决羁押例外原则。

2. 建立有效的未决羁押监督程序和救济程序

（1）完善羁押告知程序。羁押是对犯罪嫌疑人剥夺人身自由的措施，因此，在犯罪嫌疑人被采取此措施前，司法机关及时告知，便于犯罪嫌疑人在亲友或辩护律师等的帮助下，有效维护自己的合法权利。具体而言，告知的内容包括：①告知其所涉嫌的罪名和事实依据。②告知对其实施羁押的人员姓名和身份。③告知其依法享有的诉讼权利。告知的对象不仅包括犯罪嫌疑人，同时也应告知其亲属。

（2）完善未决羁押司法审查制度。未决羁押的司法审查制度，是指法院在控辩双方有效参与的情况下，对羁押措施进行审查，防止侦控机关任意羁押、非法羁押给犯罪嫌疑人的合法权益造成侵害。司法审查原则应当包含两方面的内容：一是从正面上讲，只有处于第三方的中立的裁判者才有权作出剥夺、限制公民自由和基本权利的决定。二是从反面上讲，侦查机关和公诉机关无权自行剥夺、限制公民的自由和基本权利。

综观发达法治国家对侦查羁押的规制，主要从法定程序和司法控制着手，另外还有司法机关展开的动态控制，即司法审查制度的制约。在英美法系的多数国家，推行"逮捕前置原则"，只有经过逮捕，羁押才是正当的。② 笔者认为，在我国，要实行未决羁押司法审查制度，其具体的内容应包括以下几个方面：①先前的逮捕是否合法，侦诉机关是否履行了告知义务。②继续羁

---

① 陈光中、〔加〕丹尼尔·普瑞方廷主编：《联合国刑事司法准则与中国刑事法制》，法律出版社1998年版，第193页。

② "在英美法系，普遍实行'逮捕前置原则'，即凡是需要羁押犯罪嫌疑人的案件，必须首先经过逮捕程序，只有同时经过司法官对逮捕合法性的审查和羁押必要性的审查之后，羁押才符合正当程序的要求。"参见孙长永：《探索正当程序——比较刑事诉讼法专论》，中国法制出版社2005年版，第87页。

押或延长羁押的必要性。③在羁押期间有无侵犯犯罪嫌疑人的合法权益。

（五）加大检察官、法官对侦查权的控制

大部分刑事案件的侦查权均掌握在公安机关手中，而任何权力失去监督便失去了控制，可能滋生腐败等问题，并导致犯罪嫌疑人的合法权益在侦查阶段失去保障。因此，应当将人民法院与人民检察院同时纳入对侦查权的制约主体，加大检察官与法官对侦查活动的监督，相互制衡。

1. 加强人民检察院对侦查权的监督

作为国家的法律监督机关，由检察院对侦查权进行监督是合法合理的。

（1）赋予检察建议法律效力。根据法律规定，检察机关发现侦查机关的侦查活动存在违法之处时，有权向公安机关发出检察建议，但由于目前法律并未赋予检察建议相应的法律效力，即公安机关对于人民检察院发出的检察建议如果不予采纳甚至直接不予回应，检察机关也无具体的措施来救济，这在一定程度上使得检察机关的检察建议流于形式。笔者认为，加强检察机关对侦查权的监督力度，就应当赋予检察建议法律效力，接受监督的公安机关在收到检察建议后，应及时反馈纠正情况。

（2）赋予检察机关惩戒建议权，从而更好地监督侦查人员的行为。虽然检察机关对侦查人员的渎职行为享有自行侦查的权力，但渎职行为只是违法侦查行为中的一小部分。为了使检察机关更好地对侦查权实施监督，应赋予检察机关惩戒建议权，对侦查活动中实施违法行为的侦查人员予以规制。也就是说，检察机关发现违法侦查行为后，可向公安机关提出惩戒的建议，公安机关对此应予重视，在作出相应处理之后及时将惩戒处理结果反馈给检察机关，对于未作出惩戒处理的惩戒建议，也应及时将理由告知检察机关。

2. 加强法院对侦查权的监督

加强法院对侦查权的监督，主要表现为对侦查活动实行司法审查制度，为了确保死刑案件的正确性，建议对此类案件的侦查过程中出现的程序性问题由法院作出司法裁决，而非由公安机关自行决定，从而保证侦查活动能够公正、合法地进行。在现代刑事诉讼中，由中立的司法机关介入侦查程序并进行司法审查，已经成为一项基本规律。

综上所述，侦查程序是死刑案件诉讼程序运行的基础。我国对可能判处死刑的案件在侦查程序方面要求更为严格，但在司法实践中，侦查程序仍存在一定问题。构建死刑案件质量保障机制要求完善讯问制度，防止刑讯逼供；避免指证暗示，建立"以成列指证为主，以暴露指证为例外"的指证原则；完善未决羁押制度；加大检察官、法官对侦查权的控制。

第九章　死刑案件的审查起诉程序

审查起诉，指的是人民检察院对于侦查机关已经侦查终结进而移送起诉的刑事案件，或人民检察院审查由自己侦查终结的刑事案件时，在对相关当事人、诉讼参与人意见进行吸取的基础上，核实侦查结论的准确性以及侦查活动的合法性，同时判定和处理案件是否应该追究犯罪嫌疑人刑事责任等问题的一种诉讼活动。[①] 我国的审查起诉是作为一个独立的诉讼阶段的，其对侦查程序和审判程序的连接，对监督侦查、确保起诉与审判的质量来讲十分重要。

一、关于死刑案件审查起诉程序的法律规定

（一）关于起诉阶段审查内容的规定

《刑事诉讼法》第 169—181 条对审查起诉程序作出了规定，具体而言，我国起诉阶段审查的内容包括以下几个方面。

1. 审查犯罪嫌疑人的规定

起诉阶段审查犯罪嫌疑人的核心是讯问。讯问作为一种专门的刑事诉讼活动，在不同的诉讼阶段具有不同的含义，在审查起诉阶段对犯罪嫌疑人进行的讯问一般称为"公诉讯问"。《刑事诉讼法》第 173 条和《人民检察院刑事诉讼规则（2019）》第 261 条均对公诉讯问时检察院应该注意的事项进行了规定。[②] 强调公诉机关听取相关主体意见，并记录在案。公诉讯问不仅是

---

① 陈海锋：《刑事审查起诉程序正当性完善研究》，法律出版社 2014 年版，第 20 页。
② 《刑事诉讼法》第 173 条第 1 款规定："人民检察院审查案件，应当讯问犯罪嫌疑人，听取辩护人或者值班律师、被害人及其诉讼代理人的意见，并记录在案。辩护人或者值班律师、被害人及其诉讼代理人提出书面意见的，应当附卷。"《人民检察院刑事诉讼规则（2019）》第 261 条第 2 款规定："办理审查起诉案件，应当听取辩护人或者值班律师、被害人及其诉讼代理人的意见，并制作笔录。辩护人或者值班律师、被害人及其诉讼代理人提出书面意见的，应当附卷。"

核实犯罪嫌疑人在上一阶段供述真实性的一项核证工作，也是一项独立的侦查活动，公诉讯问中产生的笔录，作为支持公诉的证据可以使用。"审查起诉阶段讯问犯罪嫌疑人既是核实证据也是侦查取证，但两种性质并不矛盾，而是统一服务于一项内容，就是通过讯问犯罪嫌疑人查明案件事实。"① 此外，《人民检察院刑事诉讼规则（2019）》第 330 条第 1 项还对审查起诉阶段犯罪嫌疑人身份信息审查的具体内容作出明确规定，主要包括姓名、性别、国籍等信息。②

2. 审查证据的规定

根据《刑事诉讼法》第 171 条的规定，人民检察院审查案件的时候，必须查明证据是否确实、充分。《人民检察院刑事诉讼规则（2019）》第 330 条第 5 项、第 6 项③也作出了相应的规定，要求检察机关移送起诉的案件，应当查明证明犯罪事实的材料是否随案移送，以及保证案件所涉证据是经合法途径获取并达到确实、充分的要求。在审查起诉阶段，对证据审查后有两种处理结果：一种是证据确实、充分的，可以向法院提起公诉；另一种是证据不足的，则应作出不起诉决定。起诉应达到法律规定的条件和标准，否则就不应当提起诉讼，这是世界各国的通例。正如有学者提出的，因现代刑事诉讼以证据裁判主义作为基础，故检察机关要向审判机关提起诉讼，其必须先掌握必要的证据；否则，不符合提起诉讼的条件，不能进入庭审程序，或即使进入审判阶段也不能获得最终的有罪判决。④

3. 审查犯罪事实和情节的规定

根据《刑事诉讼法》第 171 条及《人民检察院刑事诉讼规则（2019）》

---

① 李勇主编：《审查起诉的原来与方法》，法律出版社 2015 年版，第 40 页。

② 《人民检察院刑事诉讼规则（2019）》第 330 条第 1 项规定："人民检察院审查移送起诉的案件，应当查明：（一）犯罪嫌疑人身份状况是否清楚，包括姓名、性别、国籍、出生年月日、职业和单位等；单位犯罪的，单位的相关情况是否清楚……"

③ 《人民检察院刑事诉讼规则（2019）》第 330 条第 5 项、第 6 项规定："人民检察院审查移送起诉的案件，应当查明……（五）证明犯罪事实的证据材料是否随案移送；证明相关财产系违法所得的证据材料是否随案移送；不宜移送的证据的清单、复制件、照片或者其他证明文件是否随案移送；（六）证据是否确实、充分，是否依法收集，有无应当排除非法证据的情形……"

④ 龙宗智、左卫民：《法理与操作——刑事起诉制度评述》，载《现代法学》1997 年第 4 期。

第 330 条第 2 项、第 3 项①规定，人民检察院对案件进行审查时需要查明犯罪事实及情节，保证移送的案件材料符合法律的规定。

4. 审查侦查活动是否合法的规定

根据《刑事诉讼法》第 171 条第 5 项的规定，人民检察院审查案件时还必须查明侦查活动是否合法。检察机关作为法律监督机关，对侦查活动进行监督是其法定职责。检察机关经过审查，若认为侦查机关存在非法取证的行为，可以要求侦查机关对侦查活动是否合法作出相应的说明。结合非法证据排除规则，对于侦查机关违法取证获得的证据，检察机关可以予以排除；对于取证存在瑕疵的证据，检察机关可以要求侦查机关进行补正。虽然有学者认为"这种监督被认为是姗姗来迟的监督，不利于监督作用的发挥"。② 但也有学者提出，"通过非法行为或不规范行为取得的证据的强制排除或可补正的排除，可以警示侦查机关，发挥事后监督侦查的作用"。③

5. 审查其他内容的规定

《刑事诉讼法》第 171 条对人民检察院在审查起诉阶段还应审查的内容作出了规定，包括"有无附带民事诉讼""有无遗漏罪行和其他应当追究刑事责任的""是否属于不应追究刑事责任的"三项内容。而《人民检察院刑事诉讼规则（2019）》第 330 条也对人民检察院审查移送起诉的案件还应当查明的内容作出明确规定。

（二）关于补充侦查的规定

补充侦查是指在一定程度上事实不清、证据不足或者有遗漏罪行、同案犯罪嫌疑人的案件，公安机关或者人民检察院按照法定程序，以原来已有的资料为基础，并且通过更进一步的侦查，得到补充证据等的一种诉讼活动。④

---

① 《人民检察院刑事诉讼规则（2019）》第 330 条第 2 项、第 3 项规定："人民检察院审查移送起诉的案件，应当查明……（二）犯罪事实、情节是否清楚；实施犯罪的时间、地点、手段、危害后果是否明确；（三）认定犯罪性质和罪名的意见是否正确；有无法定的从重、从轻、减轻或者免除处罚情节及酌定从重、从轻情节；共同犯罪案件的犯罪嫌疑人在犯罪活动中的责任认定是否恰当……"
② 刘计划：《侦查监督制度的中国模式及其改革》，载《中国法学》第 2014 年第 1 期。
③ 陈海锋：《刑事审查起诉程序正当性完善研究》，法律出版社 2014 年版，第 272 页。
④ 陈光中、徐静村：《刑事诉讼法学》，中国政法大学出版社 2002 年版，第 245 页。

我国《刑事诉讼法》第 175 条①对检察机关在审查起诉阶段审查公安机关移交的材料时的处理作出规定，明确了对于不符合要求的，可要求公安机关作出说明，而移交的材料不足以提起诉讼，且有必要继续侦查的，可发回公安机关并要求其在一定期限内开展补充侦查，或者检察机关直接决定自行侦查。补充侦查是在审查起诉过程中检察机关对事实不清、证据不足或者存在遗漏罪行和遗漏同案犯等情形下采取的一种临时措施，不过该临时措施是把"双刃剑"，一方面有利于查清犯罪事实，确保法律的正确适用；另一方面又存在侵犯犯罪嫌疑人、被告人合法权益的风险，如容易造成超期羁押。

（三）关于公诉条件的规定

审查起诉是一个验证真伪的确认过程，在该阶段，检察官在某种意义上扮演着"法官角色"，即对案件的事实认定、证据运用、法律适用进行审查判断，并作出相应的处置决定。可见，在审查起诉阶段，检察官拥有较为集中的权力，而在一个法治国家，任何权力都应该受到限制与监督，因此，在审查起诉阶段，通过设定公诉条件，可以防止随意提起公诉对权利的侵害和对司法资源的浪费。

1. 提起公诉的条件：事实清楚，证据确实、充分

提起公诉的条件，主要包括事实已经查清的案件事实方面的条件及证据已经确实、充分的证据条件，对此《刑事诉讼法》第 176 条②有明确规定。此外，《人民检察院刑事诉讼规则（2019）》第 355 条③作了进一步的细化规

---

① 《刑事诉讼法》第 175 条规定："人民检察院审查案件，可以要求公安机关提供法庭审判所必需的证据材料；认为可能存在本法第五十六条规定的以非法方法收集证据情形的，可以要求其对证据收集的合法性作出说明。人民检察院审查案件，对于需要补充侦查的，可以退回公安机关补充侦查，也可以自行侦查。对于补充侦查的案件，应当在一个月以内补充侦查完毕。补充侦查以二次为限。补充侦查完毕移送人民检察院后，人民检察院重新计算审查起诉期限。对于二次补充侦查的案件，人民检察院仍然认为证据不足，不符合起诉条件的，应当作出不起诉的决定。"

② 《刑事诉讼法》第 176 条第 1 款规定："人民检察院认为犯罪嫌疑人的犯罪事实已经查清，证据确实、充分，依法应当追究刑事责任的，应当作出起诉决定，按照审判管辖的规定，向人民法院提起公诉，并将案卷材料、证据移送人民法院。"

③ 《人民检察院刑事诉讼规则（2019）》第 355 条规定："人民检察认为犯罪嫌疑人的犯罪事实已经查清，证据确实、充分，依法应当追究刑事责任的，应当作出起诉决定。具有下列情形之一的，可以认为犯罪事实已经查清：（一）属于单一罪行的案件，查清的事实足以定罪量刑或者与定罪量刑有关的事实已经查清，不影响定罪量刑的事实无法查清的；（二）属于数个罪行的案件，部分罪行已经查清并符合起诉条件，其他罪行无法查清的……"

定，明确哪些情况下可以认定案件的事实已经查清，哪些情况下可以认定案件的证据已经确实、充分，为检察机关审查起诉阶段的工作提供重要的指导。

2. 相对不起诉的条件：犯罪情节轻微，不需要判处刑罚或免除刑罚

关于相对不起诉的条件，《刑事诉讼法》及相关司法解释有较为充分的规定。《刑事诉讼法》第 177 条第 2 款规定，人民检察院可以对犯罪情节轻微，没有必要判处刑罚或者免除刑罚的，按照刑法规定作出不起诉决定。《人民检察院刑事诉讼规则（2019）》第 370 条①补充规定了作出相对不起诉决定需要人民检察院检察长批准。2013 年，最高人民检察院发布的《人民检察院办理未成年人刑事案件的规定》（高检发研字〔2013〕7 号）第 26 条②、第 27 条③则主要针对未成年人犯罪案件，明确在哪些情形下，在审查起诉阶段可以对未成年犯罪嫌疑人作出相对不起诉的决定。总体来说，法律及司法解释要求对"犯罪情节轻微，不需要判处刑罚或免除刑罚"的犯罪嫌疑人适用相对不起诉制度。

3. 绝对不起诉的条件：没有犯罪事实或无须追究刑事责任

绝对不起诉，即指法定不起诉，从文字上理解可知，该类不起诉属于法律明确规定的情形。而关于符合绝对不起诉条件的具体情形，我国《刑事诉讼法》第 177 条第 1 款规定，犯罪嫌疑人不存在犯罪事实，抑或存在《刑事诉讼法》第 16 条规定的情况之一的，人民检察院必须作出不起诉决定。而

---

① 《人民检察院刑事诉讼规则（2019）》第 370 条规定："人民检察院对于犯罪情节轻微，依照刑法规定不需要判处刑罚或者免除刑罚的，经检察长批准，可以作出不起诉决定。"

② 《人民检察院办理未成年人刑事案件的规定》第 26 条规定："对于犯罪情节轻微，具有下列情形之一，依照刑法规定不需要判处刑罚或者免除刑罚的未成年犯罪嫌疑人，一般应当依法作出不起诉决定：（一）被胁迫参与犯罪的；（二）犯罪预备、中止、未遂的；（三）在共同犯罪中起次要或者辅助作用的；（四）系又聋又哑的人或者盲人的；（五）因防卫过当或者紧急避险过当构成犯罪的；（六）有自首或者立功表现的；（七）其他依照刑法规定不需要判处刑罚或者免除刑罚的情形。"

③ 《人民检察院办理未成年人刑事案件的规定》第 27 条规定："对于未成年人实施的轻伤害案件、初次犯罪、过失犯罪、犯罪未遂的案件以及被诱骗或者被教唆实施的犯罪案件等，情节轻微，犯罪嫌疑人确有悔罪表现，当事人双方自愿就民事赔偿达成协议并切实履行或者被害人同意并提供有效担保，符合刑法第三十七条规定的，人民检察院可以依照刑事诉讼法第一百七十三条第二款的规定作出不起诉决定……"

《刑事诉讼法》第 16 条①规定的是"情节显著轻微、危害不大，不认为是犯罪""犯罪已过追诉时效期限的"等情况，可见，只有针对符合《刑事诉讼法》第 16 条规定情形的犯罪嫌疑人，才能在审查起诉阶段适用绝对不起诉。

4. 存疑不起诉的条件：事实不清或证据不足

《刑事诉讼法》第 175 条第 4 款规定，人民检察院在处理二次补充侦查的案件时，如果认为证据仍然不足，不满足起诉条件的，必须作出不起诉的决定。此即存疑不起诉制度。而此后的《人民检察院刑事诉讼规则（2019）》第 368 条②也列举了符合存疑不起诉的几种情形，对审查起诉阶段该类案件的处理给出指导。而当犯罪事实存疑时，应当如何处理？理论界和实务界通常采取的是"存疑有利于被告人原则"，即遵循"谁主张，谁举证"的规则，如果控诉方提供的证据不能证明案情，使得案情存有疑问，则根据有利于被告人利益的结论进行裁决，这就是"存疑不起诉"。"存疑有利于被告人原则"是现代刑事诉讼无罪推定原则的源泉，也是人类司法文明和进步的表现。存疑有利于被告原则，是指在认定事实存在模糊之处难以正确适用法律时，应作出有利于被告人的结论。亦即在刑事诉讼过程中，当案件事实在证明过程中出现不确定的因素时，应作出有利于被告人的解释或认定。③

二、完善死刑案件的审查起诉程序

审查起诉作为一个独立的诉讼阶段，介于侦查阶段和审判阶段之间，具有桥梁性的作用。作出公诉决定能够产生许多法律效果：一是法院对个案的

---

①　《刑事诉讼法》第 16 条规定："有下列情形之一的，不追究刑事责任，已经追究的，应当撤销案件，或者不起诉，或者终止审理，或者宣告无罪：（一）情节显著轻微、危害不大，不认为是犯罪的；（二）犯罪已过追诉时效期限的；（三）经特赦令免除刑罚的；（四）依照刑法告诉才处理的犯罪，没有告诉或者撤回告诉的；（五）犯罪嫌疑人、被告人死亡的；（六）其他法律规定免予追究刑事责任的。"

②　《人民检察院刑事诉讼规则（2019）》第 368 条规定："具有下列情形之一，不能确定犯罪嫌疑人构成犯罪和需要追究刑事责任的，属于证据不足，不符合起诉条件：（一）犯罪构成要件事实缺乏必要的证据予以证明的；（二）据以定罪的证据存在疑问，无法查证属实的；（三）据以定罪的证据之间、证据与案件事实之间的矛盾不能合理排除的；（四）根据证据得出的结论具有其他可能性，不能排除合理怀疑的……"

③　俞毅刚、张水萍：《存疑有利于被告原则的理解、适用——兼谈几则案例的处理》，载 https://www.chinacourt.org/article/detail/2005/04/id/159364.shtml，2023 年 11 月访问。

具体审判权源于公诉,同时根据"不告不理原则",对于公诉案件来说,没有检察机关提起公诉,就不存在接下来审判阶段的审判,即审判范围亦受公诉的限制;二是国家启动了对被告人的刑事追究程序,意味着被告人的自由、财产甚至生命都可以被合法剥夺,被告人应根据检察机关作出的公诉决定作好必要的应诉准备。因此,公诉决定是否正确,不仅与法律的正确实施密切相关,同时关系着每个公民的基本人权是否能够得到有效保障。在现代法治国家,公诉提起的合法性和适当性已成为一项基本要求。笔者认为,审查起诉程序的完善,应以其功能的合理化、科学化为前提,突出程序对权力的约束功能。

(一)加强对公诉权的约束,严格把握审查起诉标准

由于提起公诉是单方面诉讼行为,公诉权的发动直接影响公民个人的基本权利,而公诉证据标准通常又由具体承办案件的检察官或律师来掌握,而为提防他们在没有符合条件的证据时即提起诉讼或对犯罪嫌疑人进行恶意追诉情况的发生,很多国家对于重罪案件,在起诉后审理前由法官对控诉证据能否达到法律规定的证据标准进行审查。① 而在我国当前情况下,由于审查起诉标准在法院对案件进行实体审理之前不受司法审查制约,故为了加强对公诉权的制约,只能从检察机关内部严格审查起诉标准入手,并坚持以达到充分确信为公诉的标准。具体应当从以下四个方面着手进行。

1. 完善证据审查模式

对于重特大案件,尤其是可能判处死刑的案件,应强调检察官办案的亲历性,注重对发案破案经过的审查,对于证据存疑的案件,应亲自查看案发现场,查阅相关原始证据材料,避免仅根据公安机关移交的材料作出相关决定,避免封闭式办案,避免对案件仅进行书面式审查。

2. 严格把握审查起诉标准

特别是对于死刑案件,应严格把握审查起诉标准,防止"带病起诉"现象的发生,充分发挥审查起诉在防范和纠正冤假错案方面所起的重要作用。

---

① 孙长永:《探索正当程序——比较刑事诉讼法专论》,中国法制出版社 2005 年版,第 271 页。

3. 提高对言词证据的审查质量

对于可能判处死刑的案件，检察人员更应格外注意审查证据之间是否存在矛盾、每一项证据是否存在疑点，重视证据之间的矛盾及证据中的疑点能否得到合理的排除或解释。此外，要推行客观性证据审查模式，充分挖掘和运用客观性证据并以此验证言词证据的真实性，提升证据审查效果。浙江省人民检察院出台的《公诉环节口供审查工作指引》就指出："要树立'依法审查、客观验证'的口供审查工作理念，运用客观性证据验证的方法和路径审查判断口供。实践中，既要防止'口供至上'倾向，又要防止忽视口供、唯客观性证据论的认识偏差。"

4. 重视同步录音录像资料的审查与运用

同步录音录像对犯罪嫌疑人诉讼权利的保障，对涉案侦查人员取证行为的规范，对犯罪嫌疑人供述是否合法的证明，以及确保案件顺利诉讼的意义重大。在 Z 省 W 市，侦查机关对可能判处死刑的案件较为重视，这类案件一般都能保障随案移送同步录音录像。检察机关应仔细审查同步录音录像资料是否符合全部、全程、全面的要求，侦查讯问的重要节点是否存在矛盾，笔录与同步录音录像是否一致等内容，争取把问题解决在案件审查起诉环节，防止为之后的审判阶段留下隐患。

（二）扩大侦查监督权，推行公诉引导侦查机制

就我国目前的刑事诉讼构造而言，检察机关的主要职责是对刑事案件进行控诉。检察机关作为我国的法律监督机关，虽然有权监督侦查活动，但这只是一种外部监督，检察机关并不能参与到具体的侦查活动中去，即使发现侦查人员存在违法侦查行为，也无权采取惩戒措施。在司法实践中，检察机关只能通过审查批捕和审查起诉两个环节来真正落实对侦查活动的监督。虽然我国《刑事诉讼法》规定公、检、法三机关之间分工明确，并且互相配合与制约，然而刑事诉讼的客观规律决定了后续的审查起诉和审判都要建立在前期侦查阶段进行的侦查取证的基础之上。若侦查机关不能在第一时间内收集、固定证据，并确保所获取证据的真实性和全面性，后面的审查起诉和审判环节必然出现各种问题。完善审查起诉程序，应推行公诉引导侦查机制，

尤其在可能判处死刑的重特大刑事案件中扩大对侦查的监督权，通过公诉引导侦查，可以在很大程度上确保侦查活动和侦查结果的公正性，进而保证案件的质量和效果。

目前，在我国的司法实践中，已有地方的检察机关开始试点公诉引导侦查机制，如《福建省检察机关公诉部门关于提高办案质量防止冤假错案的意见》第 5 条规定，加强介入侦查引导取证。对重大疑难复杂敏感案件，通过出席现场勘查、参加案件讨论等方式，既监督侦查活动是否合法、又引导侦查人员全面取证，既重视收集有罪罪重证据、也重视收集无罪罪轻证据，既注意收集言词证据、更重视收集实物证据，努力在移送审查起诉前解决证据的确实充分和合法性问题。2013 年浙江省绍兴市人民检察院联合绍兴市公安局出台的《关于切实提高命案办理质量的通知》第 2 条规定，命案发生后，公安机关应及时告知当地检察机关。对于疑难案件或容易引起媒体关注的案件，要主动商请检察机关派员参与案件的侦办工作。检察机关相关部门要积极协作，引导侦查取证工作。这些都表明检察机关已经意识到对侦查机关实行有效监督的重要性，也为在全国范围内推广公诉引导侦查机制预先做了试验工作，有较大意义。

1. 公诉引导侦查的意义

公诉引导侦查，又称"提前介入引导侦查"，是指人民检察院为了确保相关侦查机关的有效取证，准确及时追诉犯罪，提前介入公安机关的侦查活动，按照审查起诉的要求，对搜集、固定、补充、保全证据等提出意见和建议，进而对侦查活动实施监督的诉讼活动。[1] 它既是追诉犯罪职能的延伸，同时也蕴含着对侦查取证监督的必然，让侦查服务于公诉，让侦查的效果更直接地在公诉中体现。这对指导侦查树立正确的方向，保证取证的及时性、全面性，防止冤错案件有重要意义。

（1）推行公诉引导侦查机制有利于提高案件质量，预防冤错案件。在司法实践中，侦查阶段是非法取证行为易发的阶段，通过公诉引导侦查，可以加强对取证行为的监督，从源头上防止非法证据的产生。"公诉引导侦查，

---

[1] 沈新康：《公诉引导侦查的探索与完善》，载《华东政法大学学报》2010 年第 5 期。

在侦查阶段就对取证的合法性加以监控，实现公诉对侦查的监督从书面、静态、事后监督转变为同步、动态、适时监督，这种监督方式的改进和变化势必会促进公诉案件质量的同步提高，有利于预防错案。"① 2005 年《最高人民检察院关于进一步加强公诉工作强化法律监督的意见》（高检发〔2005〕9号）就已经指出，要重视重大、疑难、复杂案件和在社会上有影响的案件，将公诉引导侦查机制适用到这些案件中。而《人民检察院刑事诉讼规则（2019）》第 256 条②也对公诉引导侦查机制相关内容作出规定。

（2）推行公诉引导侦查机制有利于人民检察院履行好其法律监督职责，更有效地保障犯罪嫌疑人的合法权益，并有利于及时发现、制止侦查活动中的违法、违规情况。对于发现的非法取证、侵害犯罪嫌疑人合法权益的行为，可以及时提出纠正意见，将侦查监督职能前置，变事后监督为事中监督，从而提高监督的效率，增强监督的效果。

（3）推行公诉引导侦查机制是适应抗辩式庭审的必然要求。在抗辩式庭审中，一方面公诉方承担举证责任，另一方面则是犯罪嫌疑人和辩护人的天然联盟形成辩护合力。通过公诉引导侦查，公诉机关和侦查机关紧紧围绕指控的犯罪，全面、合法取证，以侦诉"共同体"的力量应对庭审中可能出现的问题。此外，还可以构建大控方格局，弥补公诉方举证方面的缺陷，来实现庭审中的诉辩平衡。③

2. 公诉引导侦查的内容

（1）检察机关参与案件讨论，明确侦查方向。公诉引导侦查最直接的方式就是在侦查机关讨论案件的过程中，检察机关也派员参加讨论，尤其是一些可能涉及死刑的重特大案件，检察人员通过听取侦查人员对案件的汇报，发表自己对案件证据和定性的意见，并与侦查人员一起明确下一步侦查活动的方向和重点。

---

① 李勇主编：《审查起诉的原理与方法》，法律出版社 2015 年版，第 19 页。
② 《人民检察院刑事诉讼规则（2019）》第 256 条第 1 款规定："经公安机关商请或者人民检察院认为确有必要时，可以派员适时介入重大、疑难、复杂案件的侦查活动，参加公安机关对于重大案件的讨论，对案件性质、收集证据、适用法律等提出意见，监督侦查活动是否合法。"
③ 种松志：《中国刑事审前程序制度构建》，中国人民公安大学出版社 2009 年版，第 239 页。

（2）检察机关根据情况查阅证据材料，完善侦查方案。对于可能涉及死刑的重特大案件，尤其是事实和证据方面存在较大争议的案件，检察人员单纯通过听取侦查人员的汇报，还并不能全面了解案情，其只有通过查阅具体的证据材料，才能提出具体可行的取证意见，并与侦查人员共同完善侦查方案，形成完整的证据体系。

（3）检察机关参与侦查机关的现场勘验等侦查活动。对于某些复杂的死刑案件，尤其是影响较大的死刑案件，检察人员在听取侦查人员汇报和查阅案卷材料之后，还应当参与到侦查机关的现场勘验等侦查活动中，通过亲历案件获得第一手材料，从公诉角度指导侦查人员的侦查取证。

（4）检察机关对侦查活动中的违法行为，要及时提出纠正意见，并限期纠正。通过检察引导侦查，实际上就是用权力监督权力的方式来保证权力的正确行使。应着重开展对侦查违法行为的纠正工作，并就其他轻微侦查违法行为及时向侦查机关发出纠正意见，督促侦查机关相关违法人员进行整改；对于可能涉及刑事犯罪的侦查违法行为，要一查到底，决不姑息。

（三）细化退回补充侦查和自行补充侦查的条件

《人民检察院刑事诉讼规则（2019）》第 340 条①、第 341 条②、第 342 条③是关于补充侦查的规定。根据这些条文的规定，我们可以将补充侦查的条件分为三种。

1. 事实方面的条件：主要犯罪事实不清或遗漏主要犯罪事实

案件中主要犯罪事实不清主要是指关系到对犯罪嫌疑人进行定罪量刑的主要犯罪事实或情节不清。具体包括以下情形：案件中属于构成要件的具体

---

① 《人民检察院刑事诉讼规则（2019）》第 340 条规定："人民检察院对监察机关或者公安机关移送的案件进行审查后，在人民法院作出生效判决之前，认为需要补充提供证据材料的，可以书面要求监察机关或者公安机关提供。"

② 《人民检察院刑事诉讼规则（2019）》第 341 条规定："人民检察院在审查起诉中发现有应当排除的非法证据，应当依法排除，同时可以要求监察机关或者公安机关另行指派调查人员或者侦查人员重新取证。必要时，人民检察院也可以自行调查取证。"

③ 《人民检察院刑事诉讼规则（2019）》第 342 条规定："人民检察院认为犯罪事实不清、证据不足或者存在遗漏罪行、遗漏同案犯罪嫌疑人等情形需要补充侦查的，应当制作补充侦查提纲，连同案卷材料一并退回公安机关补充侦查。人民检察院也可以自行侦查，必要时可以要求公安机关提供协助。"

事实未查清，是否有免予追究犯罪嫌疑人刑事责任的事实未查清，自首、立功等法定量刑情节未查清，等等。遗漏主要犯罪事实是指遗漏了对涉及定罪量刑的主要犯罪事实的侦查取证，以及遗漏同案犯等。

2. 证据方面的条件：主要证据不足

主要证据不足主要包括以下三种情形：第一，证实构成要件的证据缺失。第二，关系定罪量刑的主要证据之间存在矛盾。第三，遗漏对定罪量刑有影响的其他证据。

3. 程序方面的条件：侦查程序不正当

侦查程序不正当，指侦查人员在实施侦查行为过程中违反了法律规定的程序，具体包括以下情形：第一，违反了《刑事诉讼法》中对于侦查人员回避的规定。第二，侦查活动中存在刑讯逼供、威胁、引诱、欺骗等非法取证行为。第三，案件侦查人员实施了滥用职权、徇私舞弊等可能影响公正侦查的行为。第四，案件存在其他违反法定程序的行为。

此外，对于可能判处死刑的刑事案件的补充侦查期限也应进一步明确。笔者建议，《刑事诉讼法》中规定的审查起诉期限适用于一般的刑事案件，而对于重特大刑事案件，设置特殊的审查起诉期限，应将期限延长到两个月，如果需要补充侦查的，补侦期限设置一个半月，且自行补充侦查的期限也应重新计算。这样保证有足够的时间进行充分的审查，来确保死刑案件的质量关。

第十章　死刑案件一审程序

《中共中央关于全面推进依法治国若干重大问题的决定》指出，要推进诉讼制度改革、完善法院审级制度，并对一审程序进行明确的功能定位——重在解决事实认定与法律适用。① 从严格司法意义上讲，一审程序是整个审判程序的基础，在该诉讼程序中形成了对案件事实的首次认定，即使在一审之后存在再多的审级，也都是建立在一审基础上，对一审的裁判进行正义的修复。庭审实质化改革强调庭审是重点，其中一审更是重中之重。因此，构建死刑案件质量保障机制，一审是基础，必须格外重视一审程序，充分发挥一审程序的功能和作用。

一、关于死刑案件一审程序的法律规定

（一）庭前准备程序的立法规定

关于庭前准备程序的概念，有学者准确指出，"在正式开庭审判前，刑事案件一般需要经过一个预备性审查和准备阶段，其具有案件分流功能并且有利于保证庭审顺利进行"②。最高人民法院在《关于全面推进以审判为中心的刑事诉讼制度改革的实施意见》（法发〔2017〕5号）中也明确指出了庭前准备程序的功能定位，该意见规定指出，应规范庭前准备程序，确保法庭集中审理。

---

① 《中共中央关于全面推进依法治国若干重大问题的决定》指出，推进以审判为中心的诉讼制度改革，确保侦查、审查起诉的案件事实证据经得起法律的检验。完善法院审级制度，明确不同审级的各自功能，即一审重在解决事实认定和法律适用，二审重在解决事实法律争议、实现二审终审，再审重在解决依法纠错、维护裁判权威。

② 宋英辉、陈永生：《刑事案件庭前审查及准备程序研究》，载《政法论坛》2002年第2期。

1. 关于级别管辖的规定

刑事诉讼中的审判管辖，指的是各类、各级人民法院在对第一审刑事案件进行审判时的权限划分。① 管辖是刑事诉讼活动的前提和基础，立法关于级别管辖的划分依据主要是犯罪的严重程度、刑罚的轻重及案件涉及面的大小等。相对于普通刑事案件，死刑案件的社会危害性更大，社会影响更为恶劣，死刑案件被告人所犯的罪行往往极其严重，刑罚极端严厉且不可逆转。因此，为确保死刑案件的审判质量，应当由级别更高、审判条件更好、审判人员法律素养更高的法院予以审理。

关于级别管辖，我国《刑事诉讼法》第21—23条有明确规定。② 而就管辖死刑案件来讲，死刑案件级别管辖的最低要求是中级人民法院，而通过《刑事诉讼法》第24条③与《最高人民法院关于适用〈中华人民共和国刑事诉讼法〉的解释（2021）》第17条④的相关条文可知，能够在中级人民法院得到受理的死刑案件，包括人民检察院提起公诉的一审案件，还包括基层人民法院移送审判的一审案件。此外，高级人民法院和最高人民法院有权审理在全省或全国范围内有重大影响的死刑案件。

2. 关于对公诉案件进行审查的规定

关于对公诉案件的审查，根据《刑事诉讼法》第186条⑤的规定，庭前审查是一种形式审查，案件只要具有确定的指控的犯罪事实，便需要进行开

---

① 陈光中主编：《刑事诉讼法》（第2版），北京大学出版社2005年版，第114页。

② 《刑事诉讼法》第21条规定："中级人民法院管辖下列第一审刑事案件：（一）危害国家安全、恐怖活动案件；（二）可能判处无期徒刑、死刑的案件。"第22条规定："高级人民法院管辖的第一审刑事案件，是全省（自治区、直辖市）性的重大刑事案件。"第23条规定："最高人民法院管辖的第一审刑事案件，是全国性的重大刑事案件。"

③ 《刑事诉讼法》第24条规定："上级人民法院在必要的时候，可以审判下级人民法院管辖的第一审刑事案件；下级人民法院认为案情重大、复杂需要由上级人民法院审判的第一审刑事案件，可以请求移送上一级人民法院审判。"

④ 《最高人民法院关于适用〈中华人民共和国刑事诉讼法〉的解释（2021）》第17条规定："基层人民法院对可能判处无期徒刑、死刑的第一审刑事案件，应当移送中级人民法院审判……需要将案件移送中级人民法院审判的，应当在报请院长决定后，至迟于案件审理期限届满十五日前书面请求移送。中级人民法院应当在接到申请后十日以内作出决定。不同意移送的，应当下达不同意移送决定书，由请求移送的人民法院依法审判；同意移送的，应当下达同意移送决定书，并书面通知同级人民检察院。"

⑤ 《刑事诉讼法》第186条规定："人民法院对提起公诉的案件进行审查后，对于起诉书中有明确的指控犯罪事实的，应当决定开庭审判。"

庭审判，至于证据是否充分、确实等实质性事项，则应在法庭上通过控辩双方的共同参与进行实质上的审查判断。也就是说，法院在开庭前对提起公诉的案件一般只进行程序性审查，而不再进行实体方面的审查。

（二）关于审判组织的规定

1. 关于合议庭组成的规定

合议庭是法院的基本审判组织。《刑事诉讼法》第 183 条①对合议庭人员的组成作出了规定，在该规定中，合议庭组成的区别依据主要是审级的不同，而非案件性质的不同，故《刑事诉讼法》并未对死刑案件的合议庭组成作出专门的规定。在实践中，中级人民法院审理的死刑案件合议庭基本都是由审判员和人民陪审员三人组成。

2. 关于评议原则的规定

《刑事诉讼法》第 184 条对合议庭的评议原则作出规定，在合议庭评议过程中，当出现意见分歧时，需要依照多数人的意见作出决定，不过应当将少数人的意见记入笔录。评议笔录需要合议庭的所有人员签名。除此以外，《刑事诉讼法》第 185 条②更进一步对于特殊的案件进行了规定，当合议庭无法作出决定时，需要由法院院长将案件送交审判委员会讨论决定。《最高人民法院关于适用〈中华人民共和国刑事诉讼法〉的解释（2021）》第 216 条第 2 款③则对各个审级的法院审理或者复核死刑案件时，是否必须提交审判委员会决定作出规定。由上述规定可知，对于死刑案件，我国实行的是审委会评议原则。

---

① 《刑事诉讼法》第 183 条第 1—3 款规定："基层人民法院、中级人民法院审判第一审案件，应当由审判员三人或者由审判员和人民陪审员共三人或者七人组成合议庭进行，但是基层人民法院适用简易程序、速裁程序的案件可以由审判员一人独任审判。高级人民法院审判第一审案件，应当由审判员三人至七人或者由审判员和人民陪审员共三人或者七人组成合议庭进行。最高人民法院审判第一审案件，应当由审判员三人至七人组成合议庭进行。"

② 《刑事诉讼法》第 185 条规定："合议庭开庭审理并且评议后，应当作出判决。对于疑难、复杂、重大的案件，合议庭认为难以作出决定的，由合议庭提请院长决定提交审判委员会讨论决定。审判委员会的决定，合议庭应当执行。"

③ 《最高人民法院关于适用〈中华人民共和国刑事诉讼法〉的解释（2021）》第 216 条第 2 款规定："对下列案件，合议庭应当提请院长决定提交审判委员会讨论决定：（一）高级人民法院、中级人民法院拟判处死刑立即执行的案件，以及中级人民法院拟判处死刑缓期执行的案件……"

（三）关于审理期限的规定

关于死刑案件的审理期限，《刑事诉讼法》第 208 条①规定，法院在审理死刑案件时，如果需要延长审理期限的，经上级法院允许可延长 3 个月，如果情况特殊需要继续延长的，则需要最高人民法院的同意。《刑事诉讼法》第 204 条②主要规定了延期审理的情形，而第 205 条③则对因补充侦查而延期审理的案件的补充侦查期限作出规定。可见，我国《刑事诉讼法》并未对死刑案件规定专门的审理期限，但根据上述规定，再结合《刑事诉讼法》关于补充侦查以 2 次为限的规定，一般而言，普通死刑案件最长的审理期限应为 14 个月。

（四）关于量刑程序的规定

我国没有独立的死刑量刑程序，因此关于量刑程序的规定也是零散见于《刑事诉讼法》及相关司法解释的规定，如《刑事诉讼法》第 200 条④的规定，以及最高人民法院、最高人民检察院、公安部、司法部《关于进一步严格依法办案确保办理死刑案件质量的意见》第 35 条⑤的规定。从上述规定中

---

① 《刑事诉讼法》第 208 条规定："人民法院审理公诉案件，应当在受理后二个月以内宣判，至迟不得超过三个月。对于可能判处死刑的案件或者附带民事诉讼的案件，以及有本法第一百五十八条规定情形之一的，经上一级人民法院批准，可以延长三个月；因特殊情况还需要延长的，报请最高人民法院批准……人民检察院补充侦查的案件，补充侦查完毕移送人民法院后，人民法院重新计算审理期限。"

② 《刑事诉讼法》第 204 条规定："在法庭审判过程中，遇有下列情形之一，影响审判进行的，可以延期审理：（一）需要通知新的证人到庭，调取新的物证，重新鉴定或者勘验的；（二）检察人员发现提起公诉的案件需要补充侦查，提出建议的；（三）由于申请回避而不能进行审判的。"

③ 《刑事诉讼法》第 205 条规定："依照本法第二百零四条第二项的规定延期审理的案件，人民检察院应当在一个月以内补充侦查完毕。"

④ 《刑事诉讼法》第 200 条规定："在被告人最后陈述后，审判长宣布休庭，合议庭进行评议，根据已经查明的事实、证据和有关的法律规定，分别作出以下判决：（一）案件事实清楚，证据确实、充分，依据法律认定被告人有罪的，应当作出有罪判决；（二）依据法律认定被告人无罪的，应当作出无罪判决；（三）证据不足，不能认定被告人有罪的，应当作出证据不足、指控的犯罪不能成立的无罪判决。"

⑤ 最高人民法院、最高人民检察院、公安部、司法部《关于进一步严格依法办案确保办理死刑案件质量的意见》第 35 条规定："人民法院应当根据已经审理查明的事实、证据和有关的法律规定，依法作出裁判。对案件事实清楚，证据确实、充分，依据法律认定被告人有罪的，应当作出有罪判决；对依据法律认定被告人无罪的，应当作出无罪判决；证据不足，不能认定被告人有罪的，应当作出证据不足、指控的犯罪不能成立的无罪判决；定罪的证据确实，但影响量刑的证据存在疑点，处刑时应当留有余地。"

看出，量刑活动是在案件评议过程中完成的，且量刑结果已包含在有罪判决中。由于我国并无独立的死刑量刑程序，在司法实践中，死刑量刑程序与定罪程序是合一的。法庭调查过程中，公诉机关一并出示相关的定罪和量刑的事实、证据；在法庭辩论的过程中，控辩双方可以就定罪和量刑一并发表意见；在评议阶段，合议庭亦是对定罪和量刑一并评议，再加以宣告。

二、完善死刑案件一审程序

（一）健全庭前会议程序

庭前审查程序不仅能够实现法院对公诉的审查，为正式庭审作必要准备，也能达到分流案件、减轻审判压力的目的，为深入推进以审判为中心的庭审实质化改革，更好地发挥死刑案件一审庭审的功能，现阶段应当健全庭前审查程序。庭前审查程序的重头戏在庭前会议，庭前会议是整个庭前审查程序的核心。庭前会议应当在防止庭审法官预断、促进司法公正方面发挥重要的作用，当然效率也是庭前会议制度价值体系中不可或缺的组成部分。《刑事诉讼法》第 187 条第 2 款①对庭前会议程序进行规定，明确庭前会议是在正式的审判程序之前，审判人员召集各方相关人员，预先了解案件情况，听取意见的程序，颇具中国特色，之后的《最高人民法院关于适用〈中华人民共和国刑事诉讼法〉的解释（2021）》也对庭前会议程序的规定进行细化。2017 年最高人民法院出台《人民法院办理刑事案件庭前会议规程（试行）》，对庭前会议进一步规范。

1. 保证庭前会议程序的独立性

保证庭前会议程序的独立性，是指将庭前会议程序定位为预审程序，并作为与审判程序相并列的独立的诉讼程序。不仅要求作为审查主体的预审法官独立于庭审法官，而且庭前审查程序本身就是独立的，有自身的启动方式和运行流程，不依附于审判程序，从而最大限度地防止法官庭前"预断"，保证审判的公正性。

---

① 《刑事诉讼法》第 187 条第 2 款规定："在开庭以前，审判人员可以召集公诉人、当事人和辩护人、诉讼代理人，对回避、出庭证人名单、非法证据排除等与审判相关的问题，了解情况，听取意见。"

2. 引入当事人参与机制

庭前会议程序作为刑事案件进入庭审的最后一道"过滤"程序，应由控、辩、审三方共同组成和参与。在中立法官的主持下，着重审查控辩双方提供的证据，判断案件是否符合开庭的条件，并确定是否要将被告人交付法庭审判。引入当事人参与机制，保障辩方参与和行使辩护权，实现控辩双方在刑事诉讼中的地位平衡。正如有学者提出的，让控辩双方共同参与庭前审查程序，可防止法官单独接触控方的材料，且能明确案件的争议焦点，控辩双方均可以对不合理的证据提出异议，以防自身合法权益受到侵害。①

3. 赋予庭前会议程序多元化功能

（1）司法审查功能。庭前会议所具有的司法审查功能主要体现在以下两个方面：①对公诉机关指控的犯罪事实、证据和法律适用进行审查，避免不适当的追诉。②对侦查机关与公诉机关所采取的强制措施是否合法、是否正当进行审查，及时解除不当的强制措施。

（2）证据展示功能。实现控辩平衡，确保司法公正，首先要防止法官在庭前审查中单方面接触控方提供的证据，从而形成"先入为主"的预断，这对死刑案件来说尤为重要。因此，赋予庭前会议证据展示功能，可以确保律师在庭前程序中对证据的先悉权，从而在庭审中针对控诉展开更有效的辩护，达到控制死刑的最终目的。

（3）非法证据排除功能。为切实维护被告人的合法权益，在庭前审查程序中和正式的审判程序中都可以开展非法证据排除工作。两者中，在庭前会议中排除非法证据的效果更为理想。一方面，可以避免庭审法官受到非法证据的"污染"，进而影响公正裁判。另一方面，可以提高庭审效率，防止因证据调查和程序性裁判导致的庭审中断。

（4）庭审预备功能。庭前会议程序为控辩双方交换信息提供了良好的平台，从而使控方与辩方在案件事实、证据和法律适用上的争议明晰化，为正

---

① 汤景桢：《论刑事庭前审查程序的完善——以案卷移送制度的恢复为视角》，载《黑龙江省政法管理干部学院学报》2013 年第 3 期。

式审判阶段法官开展裁判工作厘清思路和重点，从而确保庭审能够顺利、高效进行。

（5）纠纷裁断功能。在司法实践中，由于死刑案件主要集中于贩卖毒品罪、故意杀人罪、抢劫罪、故意伤害罪等罪名，而后面的三种罪名往往涉及附带民事问题。死刑案件庭前审查程序的纠纷裁断功能主要体现为对附带民事诉讼的调解。在庭前审查程序中解决附带民事问题，一方面，能够提高诉讼效率。另一方面，在司法实践中，被告人能否积极退赔，在一定程度上可以反映被告人的认罪悔罪表现，对于能够积极退赔的案件，通常不会判处死刑立即执行。因此，若能在庭前审查程序或庭前会议程序中先行解决附带民事问题，可以对被告人的最终量刑产生重要影响。

（二）完善死刑案件一审程序的规定

1. 延长审理期限

在公正与效率的取舍上，对效率的追求应该让位于对公正的追求。死刑案件关乎性命，更应严格遵守各项证据规则和法定程序，审判更应仔细谨慎，相应地，审理期限应较之普通刑事案件更长。正所谓"慢工出细活"，我们应适当延长我国死刑案件的审理期限。笔者认为，现阶段可以将死刑案件的审理期限设置为普通刑事案件的2倍，即一般应在4个月内审结，案情复杂的可以延长2个月，以保证合议庭有足够的时间，慎重、稳妥地审理死刑案件，确保死刑案件质量。

2. 增设一审法院对死刑的退查权

1996年《刑事诉讼法》修改，取消了法院对刑事案件的退查权，并规定检察机关退回补充侦查以两次为限，这在很大程度上改善了以往犯罪追诉中久拖不决，导致犯罪嫌疑人超期羁押的问题。但是，由于实践中有的案件起诉到法院以后，仍然具有部分事实和证据需要进一步侦查的问题，影响了一审死刑案件的质量。笔者认为，基于死刑案件的特殊性，《刑事诉讼法》有必要赋予法院对一审死刑案件的退查权。退查权可以限定为一次，如果经退查后重新审理仍然认为证据不足的，应作出无罪判决。

（三）完善死刑案件一审程序的组织

1. 建立专门的一审死刑审判组织

可以将从事刑事审判工作的审判人员，按照死刑案件和普通刑事案件进行划分，选拔具有较长刑事审判工作经历、审判经验丰富、业务素质较高的审判人员，成立专门从事一审死刑案件审理的合议庭，并建立相应的选任标准、考核标准，使从事一审死刑案件审理的审判组织专业化、固定化，逐渐实现一审死刑案件事实认证、证据采信和刑罚裁量标准的相对稳定，确保一审死刑案件裁判标准的统一。

2. 实现一审死刑立审人员配置合理化

立审分离是为了能让法院内部机构相互监督制约，分清职责，这是实现法院现代化管理的必然要求。鉴于死刑案件较普通刑事案件要复杂，立案庭完成庭前审查工作后，要及时将案卷及证物移送刑庭。刑庭应为死刑案件合议庭配置专门的书记员和法警，协助死刑主审法官完成各项辅助性工作，为保障死刑案件质量提供必要的外部条件。

3. 完善一审死刑案件合议庭及评议程序

对于死刑案件，可以引入大合议庭制度，适当增加该类案件合议庭的组成人数，在第一审程序的死刑案件中，合议庭人数由 3 人增加到 5 人，人员上可以搭配多名人民陪审员组成，即法官与陪审员按照"1 + 4"或者"2 + 3"的比例，这样有利于集思广益，多名陪审员的参与相较 2 名审判员搭配 1 名陪审员或 1 名审判员搭配 2 名陪审员的审判组织而言，更利于调动陪审员的积极性，增加讨论案件的广度和深度，提高一审死刑案件的质量。

此外，合议庭评议案件不能走形式，每位合议庭成员均应全面阅卷，并在此基础上先对一审死刑案件的证据及事实进行评议，然后结合认定的事实对适用法律、定性进行评议，再对量刑情节逐一评议，最后对处理结果进行评议。鉴于死刑案件的特殊性和重要性，应实行"绝对一致"和"绝对多数"相结合的评议原则，即只有合议庭成员全体一致通过，且审委会全体委员绝对多数通过时，才可判处被告人死刑。

4. 推行一审死刑审委会听审制

"推行一审死刑审委会听审制"要求改变审委会只听取承办人书面汇报的间接审理模式，实行审委会委员直接参与旁听死刑案件庭审的直接听审模式。同时，对于特别重大的死刑案件，可以逐步探索实行由审委会委员直接组织合议庭进行审理的做法。最高人民法院《关于全面推进以审判为中心的刑事诉讼制度改革的实施意见》（法发〔2017〕5 号）第 4 条①有明确规定。近年来，Z 省 W 市中级人民法院对于死刑案件，已经开始推行审委会听审制，如范某故意杀人案，由审委会委员直接到庭听取控辩双方举证、质证和辩论意见，最后再作出决定。

（四）设立独立的死刑量刑程序

独立的死刑量刑程序是相对于定罪程序而言的，虽与定罪程序分离，但仍然是审判程序的一部分。

1. 设立独立的量刑调查、辩论程序

独立的死刑量刑程序要求将死刑审判分为两个阶段：第一个阶段是定罪阶段，即由法庭对被告人是否构罪以及构成何罪作出裁判；第二个阶段是量刑阶段，只有在法官认定被告人构罪的前提下，才能进入量刑阶段，在这个阶段，法庭可以对量刑证据进行单独调查，控诉方及辩护方也可以围绕量刑展开辩论，最后由法庭对被告人判处具体的刑罚。也就是说，定罪阶段是量刑阶段的前提，有关量刑的调查和辩论程序是在被告人构罪的基础上进行的。

2. 死刑量刑建议制度的确立

关于死刑量刑建议制度的概念，有学者指出，其指的是在对死刑案件量刑的过程中，公诉方全方位考虑被告人的犯罪情况之后，结合刑事政策，针对案件被告人按照法律需受到的刑罚的种类、期限、罚金数额等各个方面向法院提交量刑建议的制度。② 我国《刑事诉讼法》没有赋予检察机关量刑建

---

① 最高人民法院《关于全面推进以审判为中心的刑事诉讼制度改革的实施意见》第 4 条规定："坚持程序公正原则，通过法庭审判的程序公正实现案件裁判的实体公正。发挥庭审在查明事实、认定证据、保护诉权、公正裁判中的决定性作用，确保诉讼证据出示在法庭、案件事实查明在法庭、诉辩意见发表在法庭、裁判结果形成在法庭。"

② 杨宇冠主编：《死刑案件的程序控制》，中国人民公安大学出版社 2010 年版，第 284 页。

议权，但是死刑案件关乎被告人的生命权，检察机关在做好起诉监督的同时，应当发表是否判处死刑的量刑建议，从而监督法院更慎重地行使死刑裁判权，防止死刑冤错案件的产生。

3. 死刑量刑答辩制度的实行

有学者定义死刑量刑答辩制度如下：其是指在死刑案件的量刑中，赋予辩护方对量刑建议的答辩权，即在公诉方作出详细的量刑建议之后，被告人一方就是否同意控诉方建议进行答辩，从而使审判机关作出准确的裁判的制度。① 这个制度的产生，让辩方参与到死刑量刑程序中，可以强化控辩双方在法庭上的对抗性，为纠正控方提出的不当量刑建议提供机会，从而对死刑案件的量刑结果产生实质影响。此外，实行死刑量刑答辩制度，辩方在定罪阶段可以尽情发表无罪辩护意见，即便无罪辩护失败，在量刑阶段仍可提出减轻处罚或从轻处罚的辩护意见，而不会出现辩方既作无罪辩护又作罪轻辩护的尴尬情形。

（五）提高死刑判决书质量

关于判决书的重要性，有学者准确指出，判决书对推动整个司法改革都有重要的价值，一方面，判决书排解和解决纷争，执行和阐释法律，体现和培养法官素质；另一方面，判决书汇聚了各种司法制度与建立司法制度运行环境的各方面因素，所以通过判决书能够窥探到一个国家的司法制度和法律文化。② 最高人民法院《关于全面推进以审判为中心的刑事诉讼制度改革的实施意见》（法发〔2017〕5号）第20条③也对裁判文书作出要求。一份死刑判决书的布局包括三部分：第一部分是案件事实的描述，第二部分是判决理由的说明，第三部分是判决结果的公布。打造一份高质量的死刑判决书，事实表述是基础，判决说理是重点。

---

① 杨宇冠主编：《死刑案件的程序控制》，中国人民公安大学出版社2010年版，第286—287页。
② 傅郁林：《民事裁判文书的功能与风格》，载《中国社会科学》2000年第4期。
③ 最高人民法院《关于全面推进以审判为中心的刑事诉讼制度改革的实施意见》第20条规定："法庭应当加强裁判说理，通过裁判文书展现法庭审理过程。对控辩双方的意见和争议，应当说明采纳与否的理由。对证据采信、事实认定、定罪量刑等实质性问题，应当阐释裁判的理由和依据。"

1. 实现死刑判决事实部分制作的规范化

法学家拉伦茨在其《法学方法论》一书中指出，案件事实的陈述与法规范的评判之间密切联系，[①] 故判决书中对案件事实的陈述十分重要，是提高裁判文书质量的重要路径，相应地，提高死刑判决书质量，首先要实现死刑判决事实部分制作的规范化。

我国最高人民法院《法院刑事诉讼文书样式》（样本）对死刑案件判决书事实部分的规范化制作作了规定，具体而言，该类判决书的事实部分应包括人民检察院的指控，被告人的辩称及辩护人的辩护意见，法院审理查明的事实和证据三个部分。[②] 法官在制作死刑判决书的过程中，不仅应写明检察院指控的主要犯罪事实和证据、追诉的罪名和触犯的法条，还应完整地表述被告人及辩护人提出无罪、罪轻的事实和证据，以及相应的辩护意见。而法院审查查明的犯罪事实和证据是死刑判决的基础，应写明犯罪构成要件的事实，交代清楚死刑案件中的因果关系，对关键情节的叙述更应字斟句酌，避免歧义。

2. 增强死刑判决的说理性

说理是判决的灵魂。死刑判决的说理首先要围绕证据展开，从控辩双方举证、质证和法院认证的证据出发，围绕控辩双方争议的焦点，让案件事实在有理有据的推理和分析中展现出来，从而增强控辩双方对案件事实客观真实性的认同感。其次，准确引用法律条文，包括司法解释，并对此进行相应的法理分析是死刑判决说理的另一重要内容。我国《刑法》在具体罪名的规定中，死刑大多属于选择性罪名，虽然《刑法》总则将死刑限制适用于罪行

---

① 拉伦茨的具体阐述如下："陈述案件事实与评判其符合法定构成要件要素，两者是同时进行的，处理过程已经包含法的判断，最终被陈述的案件事实，是思想加工的成果。所有经法律判断的案件事实都有类似的结构：都不是单纯事实的陈述，而是在考量法律重要性的基础上，对事实所作的某些选择、解释以及联结的结果。"参见［德］卡尔·拉伦茨：《法学方法论》，陈爱娥译，商务印书馆2004年版，第182—183页。

② 《法院刑事诉讼文书样式》（样本）规定，死刑判决书的事实部分包括以下内容：（1）人民检察院的指控。概述人民检察院指控被告人犯罪的事实、证据和适用法律的意见。（2）被告人的辩称以及辩护人的辩护意见。概述被告人对指控的犯罪事实予以供述、辩解、自行辩护的意见和有关证据；辩护人的辩护意见和有关证据。（3）法院审理查明的事实和证据。写明经法庭审理的事实。

极其严重的犯罪分子，但法官应当详细论证被告人罪该处死的法律依据。有学者就指出，死刑判决的说理要做到：第一，判决中需要平衡好事实论证与说理间的内在联系，使它们有机结合，避免使两者脱节。第二，在说理部分，除了需要依法论理，还可根据相关案件情况来增加人情、公序良俗以及科学理论方面的论证。①

---

① 吴婉霞：《浅议刑事判决书的说理》，载《社科纵横》2004 年第 2 期。

第十一章　死刑案件二审程序

二审程序是指第二审人民法院根据案件上诉人的上诉或者检察机关的抗诉，审查尚未生效的判决或者裁定涉及的事实认定与法律适用的程序。[①] 尽管我国法律规定二审是对全案进行审查，但这种审查并非"另起炉灶"的重新审判，而是建立在一审裁判基础之上的审查。由于我国对死刑案件设置了复核程序，因此，死刑的二审程序实质上是一种承上启下的程序，一方面要对一审裁判认定的事实、适用的法律及一审程序的正当性进行审查，实现纠正错判、救济权利的功能，保障死刑案件质量；另一方面要严格把好案件事实关、证据关，为死刑复核程序的进行做好准备。

一、关于死刑二审程序的法律规定

（一）关于启动二审程序主体的规定

根据"不告不理"原则，审判程序不能自行启动，只能基于当事人或公诉机关的起诉才能得以启动，死刑二审程序的启动当然也不例外。

1. 上诉主体：被告方

被告人作为死刑案件的当事人，死刑的判决结果直接关系其生命权是否被剥夺，法律当然应赋予被告人独立的上诉权，因此，被告人是启动死刑二审程序的独立主体。《刑事诉讼法》第227条[②]对提起自诉的主体进行了明确界定。

---

① 陈光中主编：《刑事诉讼法》（第2版），北京大学出版社2005年版，第356—357页。
② 《刑事诉讼法》第227条规定："被告人、自诉人和他们的法定代理人，不服地方各级人民法院第一审的判决、裁定，有权用书状或者口头向上一级人民法院上诉。被告人的辩护人和近亲属，经被告人同意，可以提出上诉。附带民事诉讼的当事人和他们的法定代理人，可以对地方各级人民法院第一审的判决、裁定中的附带民事诉讼部分，提出上诉。对被告人的上诉权，不得以任何借口加以剥夺。"

2. 抗诉主体：检察机关

检察机关是我国的法律监督机关，行使对整个诉讼活动的监督职能，如果检察机关发现一审裁判存在错误或程序存在违法，可以通过提起抗诉进行监督。人民检察院提起抗诉的对象是确有错误但尚未生效的裁判，通过抗诉促使人民法院启动二审程序，纠正一审裁判的错误，防止冤错案件的产生，切实维护被告人和被害人的合法权益。《刑事诉讼法》第 228 条①与《人民检察院刑事诉讼规则（2019）》第 583 条②、第 584 条③对人民检察院作为公诉机关提起二审程序的职权进行了规定，并对提起第二审程序的具体情形进行列举式规定。2014 年《最高人民检察院关于加强和改进刑事抗诉工作的意见》（高检发诉字〔2014〕29 号）第 3 条④、第 4 条⑤、第 5 条⑥、第 6 条⑦

---

① 《刑事诉讼法》第 228 条规定："地方各级人民检察院认为本级人民法院第一审的判决、裁定确有错误的时候，应当向上一级人民法院提出抗诉。"

② 《人民检察院刑事诉讼规则（2019）》第 583 条规定："人民检察院依法对人民法院的判决、裁定是否正确实行法律监督，对人民法院确有错误的判决、裁定，应当依法提出抗诉。"

③ 《人民检察院刑事诉讼规则（2019）》第 584 条规定："人民检察院认为同级人民法院第一审判决、裁定具有下列情形之一的，应当提出抗诉：（一）认定的事实确有错误或者据以定罪量刑的证据不确实、不充分的；（二）有确实、充分证据证明有罪判无罪，或者无罪判有罪的；（三）重罪轻判，轻罪重判，适用刑罚明显不当的；（四）认定罪名不正确，一罪判数罪、数罪判一罪，影响量刑或者造成严重社会影响的；（五）免除刑事处罚或者适用缓刑、禁止令、限制减刑等错误的；（六）人民法院在审理过程中严重违反法律规定的诉讼程序的。"

④ 《最高人民检察院关于加强和改进刑事抗诉工作的意见》第 3 条规定："人民法院刑事判决、裁定在认定事实方面确有下列错误，导致定罪或者量刑明显不当的，人民检察院应当提出抗诉和支持抗诉：（1）刑事判决、裁定认定的事实与证据证明的事实不一致的；（2）认定的事实与裁判结论有矛盾的；（3）有新的证据证明原判决、裁定认定的事实确有错误的。"

⑤ 《最高人民检察院关于加强和改进刑事抗诉工作的意见》第 4 条规定："人民法院刑事判决、裁定在采信证据方面确有下列错误，导致定罪或者量刑明显不当的，人民检察院应当提出抗诉和支持抗诉：（1）刑事判决、裁定据以认定案件事实的证据不确实的；（2）据以定案的证据不足以认定案件事实，或者所证明的案件事实与裁判结论之间缺乏必然联系的；（3）据以定案的证据依法应当予以排除而未被排除的；（4）不应当排除的证据作为非法证据被排除或者不予采信……"

⑥ 《最高人民检察院关于加强和改进刑事抗诉工作的意见》第 5 条规定："人民法院刑事判决、裁定在适用法律方面确有下列错误的，人民检察院应当提出抗诉和支持抗诉：（1）定罪错误，即对案件事实进行评判时发生错误。主要包括：有罪判无罪，无罪判有罪；混淆此罪与彼罪、一罪与数罪的界限，造成罪刑不相适应，或者在司法实践中产生重大不良影响。（2）量刑错误，即适用刑罚与犯罪的事实、性质、情节和社会危害程度不相适应，重罪轻判或者轻罪重判……"

⑦ 《最高人民检察院关于加强和改进刑事抗诉工作的意见》第 6 条规定："人民法院在审判过程中有下列严重违反法定诉讼程序情形之一，可能影响公正裁判的，人民检察院应当提出抗诉和支持抗诉：（1）违反有关公开审判规定的；（2）违反有关回避规定的；（3）剥夺或者限制当事人法定诉讼权利的；（4）审判组织的组成不合法的……"

又分别就"人民检察院应当提起控诉或支持控诉"的情形进行了规定。

此外，根据《刑事诉讼法》第 229 条规定，被害人及其法定代理人可以向人民检察院提出抗诉请求，但是否提起抗诉由检察院把握。而在死刑案件中，被害人遭受的损害远重于普通刑事案件，可能涉及生命权、健康权益、性权益等各种重大权利，参与诉讼的意愿更加强烈，虽然我国《刑事诉讼法》未赋予被害人上诉权，但却规定被害人享有提请抗诉权，从而为被害人寻求法律救济提供途径。

（二）关于审理方式的规定

根据《刑事诉讼法》第 234 条的规定，实践中普通刑事案件的二审审理方式是以书面审理为常态，以开庭审理为例外。鉴于死刑案件属于可能剥夺被告人生命权的特殊性案件，2005 年 12 月最高人民法院发布了《关于进一步做好死刑第二审案件开庭审理工作的通知》（已失效），其第 2 条①明确了高级人民法院应重视死刑案件的二审审理程序，一律开庭审理。而在 2006 年 9 月，最高人民法院、最高人民检察院共同出台了《关于死刑第二审案件开庭审理程序若干问题的规定（试行）》（已失效），并第一次用文件的形式明确了死刑、死缓案件二审开庭审理的范围。目前，2005 年及 2006 年关于死刑二审程序的司法解释均已经失效，但它们在死刑二审程序的发展过程中也留下了痕迹。在 2007 年，另一指导性文件——最高人民法院、最高人民检察院、公安部、司法部《关于进一步严格依法办案确保办理死刑案件质量的意见》第 37 条再次对死刑案件的第二审程序应实行开庭审理予以明确。在 2012 年《最高人民法院关于适用〈中华人民共和国刑事诉讼法〉的解释（2021）》第 317 条②列举的应当开庭审理的案件中，包括死刑立即执行案件，2021 年

---

① 《关于进一步做好死刑第二审案件开庭审理工作的通知》（已失效）第 2 条规定："各高级法院在继续坚持对人民检察院抗诉的死刑第二审案件开庭审理的同时，自 2006 年 1 月 1 日起，对案件重要事实和证据问题提出上诉的死刑第二审案件，一律开庭审理，并积极创造条件，在 2006 年下半年对所有死刑第二审案件实行开庭审理。"

② 《最高人民法院关于适用〈中华人民共和国刑事诉讼法〉的解释（2021）》第 317 条规定："下列案件，根据刑事诉讼法第二百二十三条第一款的规定，应当开庭审理……（二）被告人被判处死刑立即执行的上诉案件；（三）人民检察院抗诉的案件；（四）应当开庭审理的其他案件。被判处死刑立即执行的被告人没有上诉，同案的其他被告人上诉的案件，第二审人民法院应当开庭审理。被告人被判处死刑缓期执行的上诉案件，虽不属于第一款第一项规定的情形，有条件的，也应当开庭审理。"

《最高人民法院关于适用〈中华人民共和国刑事诉讼法〉的解释（2021）》第393条①将死缓案件纳入应当开庭审理的范围。

（三）关于庭审程序的规定

1. 关于卷宗移送的规定

《刑事诉讼法》第231条②及第232条③是有关卷宗移送的规定。移送二审法院审查的案卷材料由三部分组成，即侦查卷、公诉卷、审判卷，呈现一种复合形态。

2. 关于庭前审查制度的规定

《最高人民法院关于适用〈中华人民共和国刑事诉讼法〉的解释（2021）》第387条④对刑事案件庭前审查制度进行了明确规定。在死刑二审案件实行开庭审理制度后，二审程序的庭前审查不再是确定"事实是否清楚，是否应当开庭"，而是了解控辩双方争点，确定案件中是否有了新证据，以及一审程序是否正当，从而为庭审作好准备工作。有学者准确地指出，二审中一方面需要审查一审实体裁判是否正确，另一方面也要审查一审程序中是否存在违法行为与瑕疵行为。⑤

---

① 《最高人民法院关于适用〈中华人民共和国刑事诉讼法〉的解释（2021）》第393条规定："下列案件，根据刑事诉讼法第二百三十四条的规定，应当开庭审理……（二）被告人被判处死刑的上诉案件……"

② 《刑事诉讼法》第231条规定："被告人、自诉人、附带民事诉讼的原告人和被告人通过原审人民法院提出上诉的，原审人民法院应当在三日以内将上诉状连同案卷、证据移送上一级人民法院，同时将上诉状副本送交同级人民检察院和对方当事人。被告人、自诉人、附带民事诉讼的原告人和被告人直接向第二审人民法院提出上诉的，第二审人民法院应当在三日以内将上诉状交原审人民法院送交同级人民检察院和对方当事人。"

③ 《刑事诉讼法》第232条规定："地方各级人民检察院对同级人民法院第一审判决、裁定的抗诉，应当通过原审人民法院提出抗诉书，并且将抗诉书抄送上一级人民检察院。原审人民法院应当将抗诉书连同案卷、证据移送上一级人民法院，并且将抗诉书副本送交当事人。上级人民检察院如果认为抗诉不当，可以向同级人民法院撤回抗诉，并且通知下级人民检察院。"

④ 《最高人民法院关于适用〈中华人民共和国刑事诉讼法〉的解释（2021）》第387条规定："第二审人民法院对第一审人民法院移送的上诉、抗诉案卷、证据，应当审查是否包括下列内容：（一）移送上诉、抗诉案件函；（二）上诉状或者抗诉书；（三）第一审判决书、裁定书八份（每增加一名被告人增加一份）及其电子文本；（四）全部案卷、证据，包括案件审理报告和其他应当移送的材料。前款所列材料齐全的，第二审人民法院应当收案；材料不全的，应当通知第一审人民法院及时补送。"

⑤ 陈瑞华：《侦查案卷裁判主义——对中国刑事第二审程序的重新考察》，载《政法论坛》2007年第5期。

此外，2010 年《最高人民法院、最高人民检察院关于对死刑判决提出上诉的被告人在上诉期满后宣判前提出撤回上诉人民法院是否准许的批复》（法释〔2010〕10 号）中指出了在第一审被判处死刑立即执行的案件中，被告人如果提起上诉或提起上诉之后撤回上诉时该如何处理。① 而在规制死刑二审程序的司法解释——《最高人民法院、最高人民检察院关于死刑第二审案件开庭审理程序若干问题的规定（试行）》（已失效）第 4 条亦对死刑判决案件中被告人的上诉请求及撤回请求的相关处理作出规定。对死刑案件申请撤回上诉的审查不同于普通刑事案件的审查方式，不仅能防止案件实体上和程序上存在的问题，还能保障被告人的合法权益，同时在一定程度上也节约了司法资源。

3. 关于全面审查原则的规定

我国《刑事诉讼法》规定，在二审程序中应对案件进行全面审查，此即全面审查原则。② 此外，《最高人民法院关于适用〈中华人民共和国刑事诉讼法〉的解释（2021）》第 388 条③、第 389 条④、第 391 条⑤均对全面审查原

---

① 《最高人民法院、最高人民检察院关于对死刑判决提出上诉的被告人在上诉期满后宣判前提出撤回上诉人民法院是否准许的批复》指出："第一审被判处死刑立即执行的被告人提出上诉，在上诉期满后第二审开庭以前申请撤回上诉的，依照《最高人民法院、最高人民检察院关于死刑第二审案件开庭审理程序若干问题的规定（试行）》第四条的规定处理。在第二审开庭以后宣告裁判前申请撤回上诉的，第二审人民法院应当不准许撤回上诉，继续按照上诉程序审理……"

② 《刑事诉讼法》第 233 条规定："第二审人民法院应当就第一审判决认定的事实和适用法律进行全面审查，不受上诉或者抗诉范围的限制。共同犯罪的案件只有部分被告人上诉的，应当对全案进行审查，一并处理。"

③ 《最高人民法院关于适用〈中华人民共和国刑事诉讼法〉的解释（2021）》第 388 条规定："第二审人民法院审理上诉、抗诉案件，应当就第一审判决、裁定认定的事实和适用法律进行全面审查，不受上诉、抗诉范围的限制。"

④ 《最高人民法院关于适用〈中华人民共和国刑事诉讼法〉的解释（2021）》第 389 条规定："共同犯罪案件，只有部分被告人提出上诉，或者自诉人只对部分被告人的判决提出上诉，或者人民检察院只对部分被告人的判决提出抗诉的，第二审人民法院应当对全案进行审查，一并处理。"

⑤ 《最高人民法院关于适用〈中华人民共和国刑事诉讼法〉的解释（2021）》第 391 条规定："对上诉、抗诉案件，应当着重审查下列内容：（一）第一审判决认定的事实是否清楚，证据是否确实、充分；（二）第一审判决适用法律是否正确，量刑是否适当；（三）在调查、侦查、审查起诉、第一审程序中，有无违反法定程序的情形；（四）上诉、抗诉是否提出新的事实、证据；（五）被告人的供述和辩解情况；（六）辩护人的辩护意见及采纳情况；（七）附带民事部分的判决、裁定是否合法、适当；（八）对涉案财物的处理是否正确；（九）第一审人民法院合议庭、审判委员会讨论的意见。"

则作了细化规定。

（四）关于上诉不加刑原则的规定

上诉不加刑原则是指第二审人民法院在审判被告人一方上诉的案件时，不得在二审判决中加重被告人的刑罚。[①] 这一基本原则当然也适用于死刑上诉案件。关于上诉不加刑原则在我国《刑事诉讼法》上的依据，有《刑事诉讼法》第237条[②]及《最高人民法院关于适用〈中华人民共和国刑事诉讼法〉的解释（2021）》第401条[③]。其中，《最高人民法院关于适用〈中华人民共和国刑事诉讼法〉的解释（2021）》第401条第1款第7项实际上为上诉不加刑原则的贯彻落实打开了一道口子，即对于控诉或者自诉人提起上诉的案件，对被告人可以不适用该原则，而是可以加刑，这属于上诉不加刑原则的例外规定。

二、完善死刑二审程序

（一）建立强制上诉制度

根据相关学者的定义，强制上诉，或称自动上诉、直接上诉，是指案件中，如果案件被告人在一审判决中被判处死刑，即便没有上诉，检察机关也没有提出抗诉，二审程序也当然启动。[④] 因在这种情形下，二审程序的启动不根据被告人或者检察机关的意愿，故是一种强制性的上诉制度。

---

① 陈光中主编：《刑事诉讼法》（第2版），北京大学出版社2005年版，第366页。

② 《刑事诉讼法》第237条规定："第二审人民法院审理被告人或者他的法定代理人、辩护人、近亲属上诉的案件，不得加重被告人的刑罚。第二审人民法院发回原审人民法院重新审判的案件，除有新的犯罪事实，人民检察院补充起诉的以外，原审人民法院也不得加重被告人的刑罚。人民检察院提出抗诉或者自诉人提出上诉的，不受前款规定的限制。"

③ 《最高人民法院关于适用〈中华人民共和国刑事诉讼法〉的解释（2021）》第401条规定："审理被告人或者其法定代理人、辩护人、近亲属提出上诉的案件，不得对被告人的刑罚作出实质不利的改判，并应当执行下列规定：（一）同案审理的案件，只有部分被告人上诉的，既不得加重上诉人的刑罚，也不得加重其他同案被告人的刑罚……（七）原判判处的刑罚不当、应当适用附加刑而没有适用的，不得直接加重刑罚、适用附加刑。原判判处的刑罚畸轻，必须依法改判的，应当在第二审判决、裁定生效后，依照审判监督程序重新审判。人民检察院抗诉或者自诉人上诉的案件，不受前款规定的限制。"

④ 韩红：《我国死刑案件审判程序研究》，中国社会科学出版社2009年版，第107页。

1. 建立强制上诉制度的必要性

对于死刑案件，公诉机关的意见基本上能够被法院采纳，因此，在我国的司法实践中，死刑案件的二审程序启动方式主要是被告人提起上诉。若被告人不提起上诉，则死刑案件直接进入复核程序，虽然复核程序在保障死刑案件质量方面具有不可替代的作用，但作为纠错程序的二审程序具有自身的优势和功能，若缺失二审程序，会导致一审判决中某些错误难以在复核程序中被发现。在传统观念中，服判息诉是一种理想的司法状态，但笔者认为，死刑案件的上诉率，不是死刑案件一审裁判合理性、正确性的唯一衡量标准。鉴于死刑案件是重大的刑事案件，可能剥夺被告人生命权，具有特殊性，因此，我国可考虑建立对于死刑案件特殊适用的强制上诉制度，来作为"不告不理原则"的例外，为死刑的正确适用提供时间上和程序上的保障，从程序上更好地控制死刑的适用。有学者指出，强制上诉制度的设立将具有重要的价值，其能对一审死刑判决进行强制性把关和过滤，更重要的是它将一审判处被告人死刑的案件自动引入二审程序中，一定程度上延迟了死刑执行的时间，为可能存在的错判案件留下纠正的时间和机会。① 在这一点上，更好地保障了案件被追诉人的权益，是值得肯定的。

2. 强制上诉制度的实施方案

强制上诉制度的具体实施方案有两种：第一，不设上诉期的强制上诉制度，在这种制度设置方式下，一审死刑判决作出之后，不需要征询被告人是否上诉的意见，一审法院直接将案件呈报二审法院，启动上诉程序。按照这种方案，启动上诉程序的主体是一审法院。第二，设有上诉期的强制上诉制度，即一审死刑判决作出后，若被告人在上诉期内提出上诉，上诉程序自然启动，就没有强制上诉制度适用的问题，如果规定的上诉期届满，但被告人自己没有提出上诉请求，那么适用强制上诉制度，将被告人作为法定上诉人，使上诉程序强制启动。按照这种方案，启动二审的均是被告人，但其是主动成为上诉人还是被动成为上诉人存在差异。笔者认为第二种方案更具合理性，具体理由如下：

---

① 杨宇冠主编：《死刑案件的程序控制》，中国人民公安大学出版社 2010 年版，第 308 页。

（1）在一定程度上调和了"强制上诉制度"和"不告不理原则"的冲突。给被告人的上诉设立一定的上诉期限，鼓励被告人主动提起上诉以维护自身的合法权益，只有在被告人上诉期满后仍未提起上诉的，出于对死刑适用的慎重，将被告人强制作为上诉人启动上诉程序，是对被告人行使上诉权的补充。

（2）在一定程度上调和了"审判权"和"处分权"的冲突。强制上诉制度从实质意义上说，是国家对被告人处分权实施一定程度上的干预，说明国家对判处死刑的这类特殊案件适用《刑法》的慎重，体现了对公民生命权的尊重，对正确适用死刑、限制死刑有重要意义。① 第二种方案既保证了上诉程序的必然启动，又通过设立上诉期，给被告人自行提起上诉的机会，体现了对被告人诉讼地位和处分权最大程度上的尊重。

（二）将死缓纳入死刑上诉审必须开庭范围②

对于二审程序，有开庭审理与不开庭审理两种审理方式，在不同的案件中适用不同的审理方式，有利于充分发挥二审程序的纠错功能和权利救济功能，同时对二审审理的结果也具有重要影响。严格限制死刑适用，提高死刑案件质量，需要增强死刑二审程序的公开性和透明性，笔者认为，应将一审判决死刑缓期执行的案件也纳入第二审程序必须开庭审理的范围，从而保证对所有死刑案件的开庭审理。为保证二审开庭的实效，应当明确死刑案件二审开庭审理的价值与目标。

1. 实现死刑审判程序的正当化，保障死刑案件质量

将所有一审中被告人被判处死刑的案件均纳入二审开庭审理的范畴，提高控诉方与辩护方参与庭审的积极性，增加庭审的对抗性，是确保死刑案件质量的重要途径。对于检察机关而言，通过参与二审庭审，掌握更多的案件详细信息，有助于其在履行自己的监督职责时更准确地作出判断。有学者就

① 彭越林：《死刑案件诉讼程序研究》，中国政法大学出版社 2011 年版，第 234 页。
② 本部分写作时，《最高人民法院关于适用〈中华人民共和国刑事诉讼法〉的解释（2021）》尚未出台。为维持原书的体例完整，逻辑自洽，此处保留了原文内容。2021 年 3 月 1 日，我国已将死刑缓期二年执行案件纳入二审开庭范围。

准确指出，在死刑案件的二审程序中，代表检察机关的检察员不仅仅是为了对犯罪嫌疑人进行指控，更重要的是对司法活动实施过程中的公平正义的实现进行监督及推动。"首推法律监督，必要时继续支持公诉"应当是检察机关在办理第二审案件时遵循的职责定位。① 在第二审程序中，检察官一是要审查一审认定的事实与证据的情况，以及一审判决中适用法律的情况，二是要审查取证行为的合法性及审判活动本身的合法性。严把死刑案件事实关、证据关，利用好检察工作一体化的机制优势，切实保证死刑案件质量。对于审判机关而言，通过二审开庭审理，裁判者直接聆听被告人的供述和辩解，倾听控辩双方的质证意见和辩论意见，更能查清案件事实，确保裁判结论的正确性。有学者指出，通过开庭审理方式形成的二审裁判结论不仅更容易为人所信服，最关键的是在开庭审理的过程中，控辩双方在法庭上能进行充分的理性争辩，各方积极举证、质证、认证，更有助于发现一审裁判的错误和不足，更有助于形成正确的裁判结论。②

2. 保障被告人的权利，提升司法文明程度

生命权是最基本、最重要的人权，作为一个法治国家，必然肩负着保护公民权利的重担。有学者指出，不论在何种刑事案件中，如果行为人的行为还没有达到罪行极其严重、情节极其恶劣，那么对其不能适用死刑。而对于依照法律应当适用死刑的行为人，也应当经过严格的程序，即一审、二审程序以及死刑复核程序，并最终决定是否对其适用死刑。总体而言，对于死刑的适用应慎之又慎。③ 通过二审开庭审理，保障被告人各项诉讼权利的充分行使，及时对被告人被侵害的权利进行救济，有利于进一步提升我国司法的文明程度。在现代法治国家，被告人权利的保障程度在一定意义上是一国司法文明的衡量标准。而确保审判的公开，不仅有利于公民基本权利的保障，同时也有利于司法公正的实现。

---

① 刘仁文：《死刑的全球视野与中国语境》，中国社会科学出版社 2013 年版，第 153 页。
② 胡常龙：《死刑案件程序问题研究》，中国人民公安大学出版社 2003 年版，第 246 页。
③ 李忠诚：《二审程序与死刑复核程序合并适用问题分析》，载《国家检察官学院学报》2004 年第 5 期。

（三）贯彻有重点的全面审查原则

陈光中认为，目前在我国刑事诉讼程序中，不能废除全面审查原则，否则整个刑事诉讼审判程序都可能失去了司法审查和司法救济的作用。① 笔者认为，在废除全面审查原则条件尚不成熟的现阶段，对于死刑案件，必须贯彻全面审查原则。具体而言，如有学者提出的，应在保留全面审查原则的前提下，上诉审法院在具体案件的审理过程中对上诉理由予以重点审查，而非全盘审查，以保证一定程度上的办案效率。② 在刑事诉讼中实行有重点的全面审查原则，主要保障案件处理的公正，在此基础上提高诉讼效率。

具体而言，二审法院在对死刑案件实行全面审查的基础上，可以重点审查上诉、抗诉所涉及的内容。在开庭审理时，可以重点围绕上诉、抗诉理由，控辩双方争议的问题和法院认为应当审查的问题进行审理。在法庭调查阶段，将控辩双方对原判决提出异议的事实、证据及二审新证据作为重点，对于控辩双方均无异议的事实、证据可以不当庭调查，对于无异议的原审判决罗列的证据，可以不再举证、质证，在确保查清案件事实的前提下，提高庭审效率。在第二审程序中，为了平衡诉讼与效率间的关系，第二审法院可将工作重点放在审查上诉请求或者抗诉请求上，并对一些重要案件材料特别是有利于被告人的事实和法律问题进行全面审查。③

---

① 陈光中主编：《刑事诉讼法实施问题研究》，中国法制出版社 2000 年版，第 259—260 页。
② 孙长永：《探索正当程序——比较刑事诉讼法专论》，中国法制出版社 2005 年版，第664 页。
③ 陈光中、曾新华：《刑事诉讼法再修改视野下的二审程序改革》，载《中国法学》2011 年第5 期。

第十二章　死刑案件复核程序

死刑复核制度是我国独有的一种诉讼制度，是指对没有死刑最后决定权的审判机关所作出的死刑裁判文书进一步复审核准的审判程序，是一种仅针对死刑案件适用的在两审终审制的前提下所增加的特别审判程序。[1] 死刑复核程序是死刑案件诉讼程序的最后一个阶段，也是防止死刑冤错案件的最后一道"控制闸"。"我国刑事诉讼程序中设置死刑复核程序的目的正是统一死刑规格、统一执法尺度，确保适用死刑的正确性；控制死刑数量，贯彻'少杀、慎杀'的刑事政策；防止死刑的滥用，保障人权，保证死刑案件的质量。"[2]

一、关于死刑复核程序的法律规定

（一）关于死刑复核主体的规定

死刑复核主体即在死刑复核程序中享有死刑核准权的机关。有学者指出，死刑核准权关乎案件被告人的生命权，因此是整个司法权力体系中一种很重要的职权。它的行使正当性、行使效果，直接关系到国家刑事司法文明的程度以及人权保障的水平，故应规范对死刑核准权的行使。[3] 在我国，立法上以及在司法实践中对死刑复核主体的选择经历了一个较长的历史阶段，随着2007年1月1日死刑复核权收归最高人民法院，我国结束了部分死刑核准权下放的历史，死刑复核程序的运行日渐规范，在保证死刑案件质量方面发挥了不可替代的作用。

---

[1] 陈光中主编：《中国刑事诉讼程序研究》，法律出版社1993年版，第302页。
[2] 彭越林：《死刑案件诉讼程序研究》，中国政法大学出版社2011年版，第247页。
[3] 胡常龙：《死刑案件程序问题研究》，中国人民公安大学出版社2003年版，第258页。

　　关于死刑复核权由哪个国家机关行使，我国《刑事诉讼法》第246条给出了明确规定："死刑由最高人民法院核准。"而第247条①对具体的报请机关和程序等内容作出了规定。相应地，在《人民法院组织法》（2018修订）中，也出现对死刑复核主体进行规定的条文。② 可见，目前我国死刑案件的复核主体是最高人民法院。其拥有大批精通法律、审判经验丰富的法官，最高人民法院从对全国刑事审判形势总体把握的高度统一行使死刑核准权，可以保证死刑适用标准的统一掌握，确保死刑案件的质量。而最高人民法院、最高人民检察院、公安部、司法部《关于进一步严格依法办案确保办理死刑案件质量的意见》也明确，死刑作为我国刑罚体系中最严厉的一种刑罚，适用上需要严格把握，适用主体及适用的程序要明确而合理，并对死刑案件核准权归属目的和意义进行阐述。③

　　可见，在我国，对死刑复核权的收回表明了国家对适用死刑这一严厉刑种的重视，而在刑事法学界，也不断有限制死刑甚至废除死刑的声音，虽然在现行的法律体系中，死刑一直存续，但在适用上，将会越来越严格，而作为仅适用于死刑案件的死刑复核程序也将越来越规范。

（二）关于合议庭成员的规定

　　死刑复核程序在性质上属于审判程序，当然需要一定的审判组织来完成这一程序。我国《刑事诉讼法》第249条④就对死刑复核程序的人员组成进

---

　　① 《刑事诉讼法》第247条规定："中级人民法院判处死刑的第一审案件，被告人不上诉的，应当由高级人民法院复核后，报请最高人民法院核准。高级人民法院不同意判处死刑的，可以提审或者发回重新审判。高级人民法院判处死刑的第一审案件被告人不上诉的，和判处死刑的第二审案件，都应当报请最高人民法院核准。"

　　② 《人民法院组织法》（2018修订）第17条规定："死刑除依法由最高人民法院判决的以外，应当报请最高人民法院核准。"

　　③ 最高人民法院、最高人民检察院、公安部、司法部《关于进一步严格依法办案确保办理死刑案件质量的意见》第1条规定："死刑是剥夺犯罪分子生命的最严厉的刑罚。中央决定将死刑案件核准权统一收归最高人民法院行使，是构建社会主义和谐社会，落实依法治国基本方略，尊重和保障人权的重大举措，有利于维护社会政治稳定，有利于国家法制统一，有利于从制度上保证死刑裁判的慎重和公正，对于保障在全社会实现公平和正义，巩固人民民主专政的政权，全面建设小康社会，具有十分重要的意义。"

　　④ 《刑事诉讼法》第249条规定："最高人民法院复核死刑案件，高级人民法院复核死刑缓期执行的案件，应当由审判员3人组成合议庭进行。"

行了明确规定。对于这一条文的具体内容，可以作以下解读：

第一，死刑案件合议庭的组成成员均是审判员，不应该包括陪审员。因为死刑复核程序是死刑案件的最后一道关口，由具有更强法律素养的职业法官进行最后把关，有利于真正起到对死刑案件质量的保证。

第二，三人组成合议庭，实行少数服从多数的合议原则。由于《刑事诉讼法》未对死刑复核程序规定特殊的合议原则，按照普通刑事案件的合议原则，当合议庭在合议中出现意见分歧，应当按照多数人的意见作出决定。对于合议庭意见严重分歧的重大复杂案件，则提交审委会讨论决定。

（三）关于复核方式的规定

死刑复核方式主要是指对于死刑案件，在复核程序中究竟是采取书面审还是开庭审的方式，对此，我国法律并未作出明确规定，但在司法实践中，死刑复核采取的一般是书面审理的方式。至于该程序具体审理过程中应该注意的事项，我国《刑事诉讼法》第 251 条①对其予以明确。《最高人民法院关于适用〈中华人民共和国刑事诉讼法〉的解释（2021）》第 427 条②在上述规定的基础上对此进一步细化，明确了在死刑复核程序中应该审查的具体内容。

（四）关于检察监督的规定

正如有学者提出的，死刑复核是一个综合性的工程，死刑复核程序的完善，不能仅依靠人民法院这一主体，还需要死刑案件相关的各方主体的共同参与和配合，而人民检察院作为我国的法律监督机关，在死刑案件中关乎被告人生死命运的最后阶段，通过适当的程序介入，履行其法律监督职责，具有重要的意义。③《最高人民法院关于适用〈中华人民共和国刑事诉讼法〉的

---

① 《刑事诉讼法》第 251 条规定："最高人民法院复核死刑案件，应当讯问被告人，辩护律师提出要求的，应当听取辩护律师的意见。在复核死刑案件过程中，最高人民检察院可以向最高人民法院提出意见。最高人民法院应当将死刑复核结果通报最高人民检察院。"

② 《最高人民法院关于适用〈中华人民共和国刑事诉讼法〉的解释（2021）》第 427 条规定："复核死刑、死刑缓期执行案件，应当全面审查以下内容：（一）被告人的年龄，被告人有无刑事责任能力、是否系怀孕的妇女；（二）原判认定的事实是否清楚，证据是否确实、充分；（三）犯罪情节、后果及危害程度；（四）原判适用法律是否正确，是否必须判处死刑，是否必须立即执行；（五）有无法定、酌定从重、从轻或者减轻处罚情节……"

③ 刘仁文：《死刑的全球视野与中国语境》，中国社会科学出版社 2013 年版，第 118 页。

解释》第 435 条、第 436 条①均明确了死刑复核阶段检察机关的监督职责。《人民检察院刑事诉讼规则（2019）》第 602 条第 1 款规定："最高人民检察院依法对最高人民法院的死刑复核活动实行法律监督。"而第 611 条则规定了最高人民检察院应向最高人民法院提出意见具体包括的情形。②

二、推行死刑复核程序的诉讼化改造

作为死刑案件的最后一道屏障，死刑复核程序不仅会涉及实体性的问题，可能决定着被告人的生命权的存续或消亡，而且会涉及程序问题。面对当前死刑复核程序在运行中存在的不足，应尽快完善死刑复核程序，推进死刑复核程序的诉讼化进程，使之更好地发挥在控制死刑、保障人权方面应有的功能和作用。

（一）完善死刑复核审理方式

关于我国死刑复核审理方式的完善，主要存在两种观点：一种观点，是主张对所有案件都要以开庭的方式进行复核。换言之，就是要保证所有进入死刑复核程序的案件审理开放化，以开庭审理取代传统的书面审理模式，使诉讼的各方主体都能有机会参与到程序中来，通过程序的逐步过渡改造，发展成为针对死刑程序的三审终审制。③ 另一种观点，是主张将死刑复核是否采取开庭审理方式的选择权交由检察机关、被告人、辩护人来行使。之所以不允许法院参与选择权的行使，这主要考虑到法院的中立性，防止其滥用自由裁量权，保障诉讼各方的诉讼权利。其中最好的方式是赋予被告人（及其

---

① 《最高人民法院关于适用〈中华人民共和国刑事诉讼法〉的解释（2021）》第 435 条规定："死刑复核期间，最高人民检察院提出意见的，最高人民法院应当审查，并将采纳情况及理由反馈最高人民检察院。第 436 条规定：最高人民法院应当根据有关规定向最高人民检察院通报死刑案件复核结果。"
② 《人民检察院刑事诉讼规则（2019）》第 611 条规定："最高人民检察院经审查发现死刑复核案件具有下列情形之一的，应当经检察长决定，依法向最高人民法院提出检察意见：（一）认为适用死刑不当，或者案件事实不清、证据不足，依法不应当核准死刑的；（二）认为不予核准死刑的理由不成立，依法应当核准死刑的；（三）发现新的事实和证据，可能影响被告人定罪量刑的；（四）严重违反法律规定的诉讼程序，可能影响公正审判的；（五）司法工作人员在办理案件时，有贪污受贿，徇私舞弊，枉法裁判等行为的……"
③ 陈卫东：《死刑案件实行三审终审制改造的构想》，载《现代法学》2004 年第 4 期。

辩护人）自由选择复核程序的审理方式，换言之，基于自己意志自由选择书面方式即应当视作对开庭审理的放弃。①

死刑复核程序走向诉讼化是必然的发展趋势。虽然针对死刑案件采用三审终审的模式被认为是一种较为理想的方案，但结合司法实践的情况，这一设想在现阶段不具备现实条件。从我国现有的司法资源来看，最高人民法院不仅要指导全国各级法院的工作，还要为司法体制改革承担重大的理论研究和制定司法解释的任务，同时还要负责全国死刑案件的复核工作，若对全部死刑复核案件都实行开庭审理，无疑会大幅度增加最高人民法院的工作量，从而导致复核期限的延长，这显然违背了该制度改革的初衷。而将死刑复核是否开庭审理交由检察机关、被告人、辩护人来决定，从一定意义上体现了对控辩双方尤其是被告人法律地位的尊重，但从人的求生本能来看，几乎所有死刑案件的被追诉人都会选择开庭审理，也不利于树立司法权威。因此，笔者认为，对死刑复核审理方式的改革不应操之过急，应当遵循渐进式的思路，在现阶段可以构建以"听审"为主，以开庭审理为辅的审理方式。

1. 对大部分死刑复核案件实行"听审"审理

听审程序，是指在死刑复核机关的主持下，在诉讼各方充分有效的参与下，一同进行死刑案件复核的程序。② 听审要求具备控、辩、审三方结构，具有诉讼性，同时无须公开审理，也无须进行法庭质证，或通知证人、鉴定人等出庭作证。听审程序是从平衡效率和公平两大价值的目标出发的准审判程序，最大的特点就是能够保障控辩双方充分参与诉讼程序，发表意见，最终对案件的结果发挥作用。

2. 对某些特殊的死刑复核案件实行开庭审理

对于应当开庭审理的死刑复核案件的具体范围，笔者认为，可以借鉴相关实务观点，考虑以下情形：第一，在复核前的审理过程中，事实认定或者法律适用有较大分歧。第二，有关诉讼参与人提交了新的证据。第三，检察机关在履行监督职责的过程中发现了审判机关办理案件中存在违法事项。第

---

① 陈瑞华：《最高法院统一行使死刑复核权专家笔谈》，载《中国司法》2005年第12期。
② 彭越林：《死刑案件诉讼程序研究》，中国政法大学出版社2011年版，第280页。

四，具有较大社会影响的案件。①

（二）保障控辩双方的充分参与

死刑复核程序是面临死刑者的最后一次司法救济机会，在本质上应当属于司法程序。而司法权作为一种裁判权，应当遵守诉讼规则，确保控辩双方同时参与其中，充分发表意见。因此，推行死刑复核程序的诉讼化，需要保障控辩双方能够充分参与到死刑复核程序中。

1. 保障被告人的程序主体地位

死刑复核的被告人是处于生死边缘，随时可能被执行死刑的被追诉者，因此，只有保障被告人的程序主体地位，赋予被告人充分的诉讼权利，方能发挥死刑复核程序的预期功能，体现对生命的特殊保护。

（1）保障被告人辩护权的充分行使。首先，要保障被告人自我辩护权的行使。承办法官不仅应亲自提审被告人，认真听取被告人的意见，同时，还应建立被告人向承办法官提供书面意见的平台。其次，还应保障被告人获得律师辩护的权利。限于被告人的认知水平，其对法律的了解远不如辩护律师，在死刑复核阶段应告知被告人可以自行委托或申请法律援助律师。相关机关对被告人提出的申请，符合法律规定的条件的，应予以满足。

（2）赋予被告人执行死刑前的最后一次申诉权。应当为被告人穷尽最后救济手段提供必要的保障条件，明确被告人在收到死刑复核裁定书的一定期限内可以提出申诉，在申诉成立的情形下先延期执行死刑，从而决定是否启动审判监督程序。为杜绝案件久拖不决的消极后果发生，现阶段可以将提出申诉的期限设置为 10 天，次数为 1 次。

（3）赋予被告人申请减刑、赦免的权利。应当规定其在收到复核裁定文书之日起 10 日内有权提出减刑或赦免的权利，对于被告人因客观原因无法提出的，其近亲属或辩护律师也可代为提出申请。若申请成立，应延期执行死刑。

---

① 万春、高景峰、陈旭文：《改革与完善死刑复核及其法律监督制度初探》，载《人民检察》2006 年第 2 期。

2. 保障辩护律师的充分参与

保障辩护律师充分有效地参与，是在刑事诉讼活动中推进死刑复核程序的诉讼化进程的关键因素。辩护律师的有效参与是实现诉讼平衡的前提，也是实现"慎杀"根本目标的要求。辩护律师在死刑复核程序中为保存生命而辩护，无疑有利于法院在核准死刑上从严掌握，减少死刑的实际适用。① 为保障辩护律师顺利、有效地参与到复核阶段之中，我们应当细化具体参与程序的操作细则，具体如下：

（1）要严格告知义务。最高人民法院受理案件后，应告知被告人和他的家属有权委托律师。对于没有委托律师的，及时由法律援助机构指派律师参与。同时，应及时将案号、合议庭组成人员等与案件有关的信息告知辩护律师。

（2）要规范沟通机制。最高人民法院应设立律师接待室，作为律师阅卷、交流的场所。律师也可以书面申请的方式约见承办法官反映意见。

（3）要严格裁判说理。在死刑复核裁定书中应当列明律师提出的辩护意见，对于采纳的意见应当充分说明，对于不采纳的意见，更应从事实、证据、法律、逻辑等方面进行充分论证说理。

（4）要严格送达义务。应当及时向辩护律师送达死刑复核裁定书，尤其是核准死刑的裁定书应确保在死刑执行前送达。

3. 加强检察机关对死刑复核的法律监督

人民检察院是我国《刑事诉讼法》明确规定的监督机关，在死刑案件领域，保证死刑复核程序的合法、公正，保障正确适用死刑是其应有职责。检察机关对死刑复核实行法律监督，其性质不是一种公诉活动，而应当以法律监督者的角色，保持其客观、公正的立场，及时发现和纠正法院审判过程中的违法行为、错误的刑事死刑判决。②

（1）建立健全与最高人民法院的工作协调机制。最高人民法院应将负责

---

① 熊秋红：《刑事辩护论》，法律出版社 1998 年版，第 349—350 页。
② 万春、高景峰、陈旭文：《改革与完善死刑复核及其法律监督制度初探》，载《人民检察》2006 年第 2 期。

复核的合议庭人员名单、提审被告人的时间、举行听审或开庭的时间、合议的时间或审委会讨论的时间等信息及时通知最高人民检察院，以便最高人民检察院能够及时有效地参与到死刑复核程序中。

（2）赋予检察机关提出抗诉或申请复议的权力。最高人民法院作出死刑复核裁定后，应及时将裁定书送达最高人民检察院，同时设置一定的期限，在此期限内，最高人民检察院认为复核裁定有误的，可以报请检察长或检委会决定提起抗诉或申请复议。最高人民法院应另行组成合议庭进行审查，并作出书面答复。可以将上述期限设置为10日。在最高人民检察院提起抗诉或申请复议期间，死刑复核裁定尚未生效，最高人民法院不得签发执行死刑命令。

（三）完善合议庭组成

裁判主体是法院开展审判活动的主体，裁判主体的人员组成及人数、运作机制、合议原则与复核程序的公正性息息相关，因此应当完善合议庭的组成。

1. 增加合议庭的人数

死刑案件往往系重大、疑难、复杂案件，死刑复核作为最后一道关口，在合议庭的组成上应比死刑一审、二审程序更为严格。笔者认为，可以将死刑复核合议庭的组成人员增加到由审判员5人至7人组成，让死刑案件经过更多审判人员的审查，在有限的司法资源中实现对案件最大限度地公正审理。

2. 改革合议原则

死刑是关乎人的生命的极刑，应实行比普通刑事案件更为严格的合议原则。具体而言，对于不同意核准死刑的，合议庭可以继续采取现行少数服从多数的合议原则；但对于核准死刑的，应采取全体一致通过的合议原则。因为，只要合议庭成员存在不同意核准死刑的意见，就说明案件在事实、证据的认定或法律适用上是存在争议的，就有继续审理的必要。对于合议庭无法达成一致意见的，应提请院长决定提交审委会讨论决定。若审委会经讨论后，亦无法就核准死刑达成一致意见的，则应裁定不予核准或发回重审。为防止程序回溯，应将发回重审的次数限定为两次。若经两次重审后，合议庭或审委会仍无法一致同意核准死刑的，则应直接裁定不予核准。

（四）设置死刑复核期限

我国并未对死刑复核的期限作出详细规定，仅在相关文件中对期限作出了原则性的规定，强调公正与效率必须兼顾。[①] 尽管死刑是对人生命权的剥夺，因此需要更加谨慎，应将公正作为死刑复核的首要价值和根本目的，但是，"迟到的正义非正义"，死刑复核在追求公正的基础上也应注重效率。缺少审理期限规定的诉讼程序是不完备的诉讼程序形态，而这在一定程度上会导致办案拖沓的消极后果。"这也影响了案件公正处理和法律权威的树立。因此，在死刑复核程序中要规定科学合理的复核期限，保障复核程序的正常运行，维护程序的正当性。"[②]

在设置死刑复核期限时，应坚持公正优先原则和及时原则相结合，既要坚持公正优先于效率，同时也要坚持及时办案，避免办案拖沓。考虑到死刑案件的特殊性，再结合最高人民法院的工作情况，笔者认为，现阶段可以将死刑复核期限设置为 1 年，对于特别重大复杂的案件，经院长批准，可以再延长 1 年。这样既能够保证死刑复核承办法官有足够的时间对案件进行审查，保证办案质量；同时，避免被告人长时间被羁押，保障被告人的合法权益不受侵害。

---

① 最高人民法院、最高人民检察院、公安部、司法部《关于进一步严格依法办案确保办理死刑案件质量的意见》第 43 条规定："人民法院在保证办案质量的前提下，要进一步提高办理死刑复核案件的效率，公正、及时地审理死刑复核案件。"

② 杨宇冠主编：《死刑案件的程序控制》，中国人民公安大学出版社 2010 年版，第 364 页。

第十三章　死刑的审判监督程序

审判监督程序是为纠正已经生效的错误裁判而专门设立的特殊救济程序。审判监督程序对死刑案件的纠错，尤其是死缓的纠错具有不可替代的作用。因此，构建完善的死刑审判监督程序属于死刑质量保障机制的重要内容之一，具有重要的刑事诉讼价值。

一、关于死刑审判监督的法律规定

（一）关于启动审判监督程序主体的规定

从审判监督程序的纠错功能来讲，有权提起审判监督程序的主体应当是与死刑判决有利害关系的人或有法律联系的法定机关。《刑事诉讼法》第252条对有权提出申诉的主体作出规定。① 第254条规定了有权提起审判监督程序的主体。② 对上述法律规定进行概括，有权提起审判监督程序的主体包括三类：（1）当事人及其法定代理人、近亲属。这里的当事人应当包括死刑案件的被告人和被害人，其中附带民事诉讼当事人只能就附带民事部分提出申诉。（2）各级人民法院院长、上级人民法院和最高人民法院，这是依

---

① 《刑事诉讼法》第252条规定："当事人及其法定代理人、近亲属，对已经发生法律效力的判决、裁定，可以向人民法院或者人民检察院提出申诉，但是不能停止判决、裁定的执行。"

② 《刑事诉讼法》第254条规定："各级人民法院院长对本院已经发生法律效力的判决和裁定，如果发现在认定事实上或者适用法律上确有错误，必须提交审判委员会处理。最高人民法院对各级人民法院已经发生法律效力的判决和裁定，上级人民法院对下级人民法院已经发生法律效力的判决和裁定，如果发现确有错误，有权提审或者指令下级人民法院再审。最高人民检察院对各级人民法院已经发生法律效力的判决和裁定，上级人民检察院对下级人民法院已经发生法律效力的判决和裁定，如果发现确有错误，有权按照审判监督程序向同级人民法院提出抗诉。人民检察院抗诉的案件，接受抗诉的人民法院应当另组成合议庭重新审理，对于原判决事实不清楚或者证据不足的，可以指令下级人民法院再审。"

职权主动启动审判监督程序的主体。（3）最高人民检察院和上级人民检察院。这是检察机关通过提起审判监督程序对生效裁判履行法律监督的一种方式。

（二）关于启动审判监督程序理由的规定

我国《刑事诉讼法》对启动审判监督程序的理由的规定分为两大类，对当事人提出申诉而启动审判监督程序的理由作出了较为详细的规定，但对法院、检察院依职权启动审判监督程序的理由规定得较为简略。有学者就提出："我国《刑事诉讼法》对再审理由采用的是列举式的当事人申诉理由与概括式的司法机关提起再审的理由相分立的模式。"①

1. 因申诉而启动审判监督程序的理由

《刑事诉讼法》第253条对因申诉而重新审判的情形作出了总体上的规定，并就具体情形进行了列举，即明确只有具备法定理由的，申诉才有可能成立，申诉成立之后才可启动再审程序。② 同时，《最高人民法院关于适用〈中华人民共和国刑事诉讼法〉的解释（2021）》第457条第2款规定对前述条文进一步进行解释，在法律规定的情形之外作了一些必要扩充。③ 另外，为了使法律规定的含义更加明确，《最高人民法院关于适用〈中华人民共和国刑事诉讼法〉的解释（2021）》第458条又对《刑事诉讼法》中"新的证

---

① 陈传胜：《刑事再审理由的重构》，载《安徽教育学院学报》2001年第1期。

② 《刑事诉讼法》第253条规定："当事人及其法定代理人、近亲属的申诉符合下列情形之一的，人民法院应当重新审判：（一）有新的证据证明原判决、裁定认定的事实确有错误，可能影响定罪量刑的；（二）据以定罪量刑的证据不确实、不充分、依法应当予以排除，或者证明案件事实的主要证据之间存在矛盾的；（三）原判决、裁定适用法律确有错误的；（四）违反法律规定的诉讼程序，可能影响公正审判的；（五）审判人员在审理该案件的时候，有贪污受贿，徇私舞弊，枉法裁判行为的。"

③ 《最高人民法院关于适用〈中华人民共和国刑事诉讼法〉的解释（2021）》第457条第2款规定："经审查，具有下列情形之一的，应当根据刑事诉讼法第二百五十三条的规定，决定重新审判：（一）有新的证据证明原判决、裁定认定的事实确有错误，可能影响定罪量刑的；（二）据以定罪量刑的证据不确实、不充分、依法应当排除的；（三）证明案件事实的主要证据之间存在矛盾的；（四）主要事实依据被依法变更或者撤销的；（五）认定罪名错误的；（六）量刑明显不当的；（七）对违法所得或者其他涉案财物的处理确有明显错误的；（八）违反法律关于溯及力规定的；（九）违反法定诉讼程序，可能影响公正审判的；（十）审判人员在审理该案件时有贪污受贿、徇私舞弊、枉法裁判行为的。"

据"作出了更加具体的解释。① 由以上条文观之，当事人及其法定代理人等个人并不属于该程序的启动主体，而只有当他们提出的申诉经审查认定具备法定的理由，法院才会启动审判监督程序，这是通过对当事人诉权的限制来实现司法的稳定性，防止程序被随意启动。

2. 法院、检察院依职权启动审判监督程序的理由

根据《刑事诉讼法》第 254 条规定，相关机关依据自己所具有的职权来启动审判监督程序，所具备的理由应该是"在认定事实上或者在适用法律上确有错误"。但对于何为认定事实错误或适用法律错误，相关法律并未作出具体的规定。

（三）关于再审结果的规定

我国相关法律并未直接对再审的结果作出规定，只是在《最高人民法院关于适用〈中华人民共和国刑事诉讼法〉的解释（2021）》第 401 条第 1 款第 7 项规定，在二审程序中，法院发现应当作出加重刑事处罚的不利于被告人的刑事判决时，基于"上诉不加刑"原则的限制，不得直接作出不利于被追诉行为人的判决，也不能因为事实不清或者证据不足发回下级法院进行重审，而要在维持原审判决之后启动审判监督程序改正生效的错误判决。② 按此规定，可以必然推论出无论是因当事人及其法定代理人、近亲属的申诉而启动该程序，还是具有启动权的司法机关依照自己的职权启动该程序，通过该程序均可作出不利于被告人的加重刑事处罚的刑事判决。在这种情况下，死刑案件中，通过再审程序可能将原本是死缓的判决改为死刑立即执行。

---

① 《最高人民法院关于适用〈中华人民共和国刑事诉讼法〉的解释（2021）》第 458 条规定："具有下列情形之一，可能改变原判决、裁定据以定罪量刑的事实的证据，应当认定为刑事诉讼法第二百五十三条第一项规定的'新的证据'：（一）原判决、裁定生效后新发现的证据；（二）原判决、裁定生效前已经发现，但未予收集的证据；（三）原判决、裁定生效前已经收集，但未经质证的证据；（四）原判决、裁定所依据的鉴定意见，勘验、检查等笔录被改变或者否定的；（五）原判决、裁定所依据的被告人供述、证人证言等证据发生变化，影响定罪量刑，且有合理理由的。"

② 《最高人民法院关于适用〈中华人民共和国刑事诉讼法〉的解释（2021）》第 401 条第 1 款第 7 项规定："（七）原判判处的刑罚不当、应当适用附加刑而没有适用的，不得直接加重刑罚、适用附加刑。原判判处的刑罚畸轻，必须依法改判的，应当在第二审判决、裁定生效后，依照审判监督程序重新审判。"

（四）关于再审管辖的规定

对于因审判监督程序而启动的死刑再审案件，我国相关法律并未就管辖问题作出特别规定。为保证审判的公正性，我国法律作出了一些必要尝试。第一，依据《刑事诉讼法》第 256 条规定，要求另行组成合议庭审理。① 第二，依据《刑事诉讼法》第 255 条规定，上级法院指定下级法院再审的，一般以"异院再审"为原则，只有在原审法院审理更为合适的，才交由原审法院审理。② 《最高人民法院关于适用〈中华人民共和国刑事诉讼法〉的解释（2021）》第 454 条规定，最高人民法院或者上级人民法院可以指定终审人民法院以外的人民法院对申诉进行审查。被指定的人民法院审查后，应当制作审查报告，提出处理意见，层报最高人民法院或者上级人民法院审查处理。对指定异地审理再次予以明确。

二、完善死刑审判监督程序

死刑审判监督程序作为纠正错误的生效死刑裁判的一种非常救济手段，对于最大限度地恢复因错判而被破坏的司法权威性，弥补裁判错误给司法的社会评价带来的消极后果，消除因错判而给被告人及其近亲属带来的创伤具有不可替代的作用。针对死刑案件适用再审程序有一些问题，有必要对其进行完善，以期更好地对犯罪嫌疑人与被告人实施法律保护，并且通过各项制度的完善和调整，更好地贯彻刑事诉讼中人权保障的理念。

（一）确立相对的再审不加刑原则

再审不加刑原则，又称禁止不利再审原则，是指在刑事审判监督程序中，不得作出比原终审裁判更加不利于被告人的裁判结论，其目的在于保护刑事诉讼被告人的人权，确保原审裁判的既判力和确定力，它是"一事不再理"

---

① 《刑事诉讼法》第 256 条第 1 款规定："人民法院按照审判监督程序重新审判的案件，由原审人民法院审理的，应当另行组成合议庭进行。如果原来是第一审案件，应当依照第一审程序进行审判，所作的判决、裁定，可以上诉、抗诉；如果原来是第二审案件，或者是上级人民法院提审的案件，应当依照第二审程序进行审判，所作的判决、裁定，是终审的判决、裁定。"

② 《刑事诉讼法》第 255 条规定："上级人民法院指令下级人民法院再审的，应当指令原审人民法院以外的下级人民法院审理；由原审人民法院审理更为适宜的，也可以指令原审人民法院审理。"

原则或称"禁止双重危险"原则在再审程序中的延伸和必要体现，也是人权保障价值在再审程序的基本要求。[①] 对于被判处死刑立即执行的被告人，不存在再审作出更加不利于被告人的裁判的余地，因此，再审不加刑原则针对的主要是被判处死缓的被告人。对于被判处死缓的被告人通过再审程序能否改为死刑立即执行的问题，在实务界一直存有争议，有通过再审程序改死缓为死刑立即执行的先例。理论界则以"一事不再理原则"为基础，呼吁我国立法确立"再审不加刑原则"。

再审不加刑原则已经成为全球立法的趋势。正如有学者所言，该原则能适当抑制刑事实体价值来保证整个诉讼过程中诸多价值的平衡。[②] 就各大法系具体对再审不加刑原则的体现而言，又有区别。第一，在英美法系中，确立"禁止双重危险原则"[③]，在无特殊情况下，对生效的裁判不能重新审理。第二，在大陆法系中，关于再审程序中是否能对被追诉人加重刑罚，有绝对不加刑与相对不加刑两种立法的模式。前者如《法国刑事诉讼法典》的规定[④]，后者如《德国刑事诉讼法典》的规定。[⑤]

在我国，法律未明确规定再审不加刑原则，然而在《最高人民法院关于适用〈中华人民共和国刑事诉讼法〉的解释（2021）》第 469 条[⑥]中有初步的规定。但该条对此原则的规定不够明确与彻底，即如果再审程序是因为检察机关提起的，那么案件被追诉人可能在该程序中被加重刑罚，在这种情况下，

---

① 胡常龙：《死刑案件程序问题研究》，中国人民公安大学出版社 2003 年版，第 350—351 页。

② 王玉洁：《浅析我国刑事审判监督程序之不足及其完善》，载《渭南师范学院学报》2007 年第 4 期。

③ 联合国《公民权利和政治权利国际公约》第 14 条第 7 款规定，任何人已依一国的法律及刑事程序被最后定罪或宣告无罪者，不得就同一罪名再予审判或惩罚。这是禁止双重危险原则在国际立法上的体现。

④ ［法］卡斯东·斯特法尼：《中国刑事诉讼法精义》，中国政法大学出版社 1998 年版，第 866 页。

⑤ 《德国刑事诉讼法典》规定，在重新审判中，应当是或者维持原来判决，或者撤销原判对案件另作裁决；仅由受有罪判决人，或者为了他的利益由检察院或者他的法定代理人提请再审的时候，对于原判决在法律对行为的处分种类，刑度方面，不允许作不利于受有罪判决人的变更。参见《德国刑事诉讼法典》，李昌珂译，中国政法大学出版社 1995 年版，第 136 页。

⑥ 《最高人民法院关于适用〈中华人民共和国刑事诉讼法〉的解释（2021）》第 469 条规定："除人民检察院抗诉的以外，再审一般不得加重原审被告人的刑罚。再审决定书或者抗诉书只针对部分原审被告人的，不得加重其他同案原审被告人的刑罚。"

是不受再审不加刑原则限制的。笔者赞同我国现行刑事诉讼规范规定的精神，即先设置"相对的再审不加刑原则"。对于一般案件，进入再审程序以后，审判机关不能加重被追诉人的刑罚，但是存在例外的情况，即不包括检察机关抗诉以及案件被害人一方通过申诉启动再审程序的情况。而如此确立"相对的再审不加刑原则"之后，对于相关问题阐述如下：

第一，从一定意义上说，再审不加刑原则属于上诉不加刑原则的引申，因此在无特殊情况下，再审程序中也对被追诉人适用不加刑原则。

第二，如果法院主动提起再审程序，也不能对被追诉人加重刑罚。倘若法院可以提起再审程序，并且不受该原则的限制，那么之前二审程序中的上诉不加刑原则会被虚置。一些案件中，二审对一审的判决不加刑，但如果在判决生效之后，法院认为量刑不当就自己启动再审，并在再审程序中加重被告人的刑罚，这将对已决案件被追诉一方产生很大的不确定性，是不利于被追诉一方的。这也与法院所应秉持的功能定位不相吻合。而此时，贯彻"相对的再审不加刑原则"，让法院不能在自己提起的再审程序中加重被告人的刑罚，那么作出的几乎都是对被告人有利的判决，也会提高被追诉一方寻求权利救济的积极性。一方面，能够排除被追诉方因再审面临不利判决的可能；另一方面，也能在一定程度上抑制实践中的"变相加刑"情况。死缓案件作为一类特殊案件，在刑罚体系和刑事诉讼的量刑环节中都具有自身的特殊性，死缓案件的裁判一经确定，就应当保障司法裁判的权威、稳定，不能随意改判为死刑立即执行，再审程序的启动更应该慎之又慎。①

第三，"相对的再审不加刑原则"中，对再审被告人加刑的情况是由检察院抗诉或被害人申诉而启动再审的案件，正如上述对被告人的权利进行保障一般，也不能过分忽略刑事诉讼过程中被害人一方的权益保障，故在再审中，为了维护实体公正和保护被害人的利益，对于这类案件，经审理认为被告人的已判刑罚确实过于轻的可以加重刑罚。

（二）明确再审程序的启动主体

再审启动模式会影响哪些机关或者个人能成为再审程序的启动主体。通

---

① 胡常龙：《死刑案件程序问题研究》，中国人民公安大学出版社 2003 年版，第 357 页。

观各国规定，再审启动模式主要有三种：（1）法院启动型。在这种模式下，无论是检察机关，还是当事人或其近亲属，若认为生效裁判存在错误，只能向法院提出申诉。法院经审查后认为符合再审条件的，则由其决定启动再审程序。采取这种模式的国家主要有法国、德国、日本等。以法国为例，刑事再审程序启动的唯一理由是"为被告人的利益"，并且有权为被告人利益而提起再审申请的主体范围较为宽泛，包括被告人、被告人的法定或实际继承人、司法部部长、被告人委托的人等。根据《法国刑事诉讼法典》的规定，启动再审程序只能由该国最高法院来决定，任何其他国家机关都无权干涉。因此，所有上述人员只能向该国最高法院提出启动再审的申请。[①]（2）法院、检察院并行启动型。在这种模式下，若权利人认为生效的刑事裁判存在严重错误而损害其自身利益，存在向法院申诉或者向检察机关申请抗诉这两种路径选择，受理申请的机关经审查后认为具备法定再审条件的，均可启动再审程序重新审判已具生效判决的案件。如《俄罗斯联邦刑事诉讼法典》采取的模式就与此相一致。[②] 我国采取的也是这种模式，因为根据我国《刑事诉讼法》的规定，对于检察机关按照审判监督程序提起的抗诉，法院应当重新审理。（3）特殊机构启动型。英国是这一模式的典型代表，英国专门设立了一种特殊机构[③]，这种特殊机构的职责即专门对法院的生效刑事裁判的公正性进行法律监督，负责刑事再审的启动。

针对我国再审程序启动存在的问题，笔者认为，从我国的实际情况出发，应当在明确再审程序的启动主体的基础上进一步完善我国的再审启动程序。

1. 确立上级法院为再审程序的启动主体

由原审法院作为再审程序的启动主体存在无法克服的弊端，从再审程序启动主体的客观中立性和再审程序的公正性出发，不再赋予原审法院启动的

[①] 参见余叔通、谢朝华：《法国刑事诉讼法典》，中国政法大学出版社 1997 年版，第 207 页。

[②] 《俄罗斯联邦刑事诉讼法典》第 371 条规定，依照监督审程序重审发生法律效力的法院刑事判决、裁定和决定，只有根据苏联和苏俄法律所授权的检察长和副检察长、法院院长和副院长的抗诉，才能被准许。

[③] 这一特殊机构即英国议会设立的刑事案件审查委员会（Criminal Cases Review Commission, CCRC）。参见邓思清：《完善我国刑事再审启动程序之构想》，载《当代法学》2004 年第 3 期。

权力，换言之，就是只有上级法院才有权对下级法院作出的判决启动再审程序。

2. 保留并完善检察机关的再审启动权

作为宪法规定的法律监督机关，赋予检察机关以刑事案件的再审启动权具备科学性。检察机关若发现生效的刑事裁判存在错误，其通过启动再审程序不仅可以有效行使刑事审判监督权，也是维护社会正义的有效保障，因此，应当对检察机关启动再审程序的权力予以保留。同时，为了防止检察机关片面追求不利于被告人的再审启动，对于检察机关启动的再审程序应分情况处理：

（1）对于不利被告人的抗诉应进行必要的再审立案审查。从控辩平等、诉讼中立的角度出发，应平等对待检察机关的抗诉和当事人的申诉，为保障被告人的权利，针对检察机关提出的，但对于被追诉人一方不利的抗诉，应经过一定的审查程序，由相关法院来确定是否符合提起再审的条件并作出决定，而非检察机关一提出抗诉，审判机关就予以配合启动再审。

（2）针对那些有利于被追诉人的抗诉，一经检察机关提起，法院便应作出启动再审的决定，这样能更有效地保障被追诉人一方的利益，且与检察机关的法律监督机关之法律定位相符。此外，如此设置也能督促检察机关更重视那些对被告人量刑过重的判决的监督，尤其是死刑判决，一旦发现存在错误，应及时启动审判监督程序，确保错误死刑判决得到及时纠正。

3. 设立中立的再审审查委员会

虽然确立上级法院为启动主体可以避免将原审法院作为程序启动主体之一所带来的弊端，但仍然无法完全避免上下级法院的特殊关系给再审公正性带来的影响。在司法实践中，为保障相关主体申诉权的顺利实现，且确保再审启动具有公正性，有必要设立一个中立的再审审查委员会。中立再审审查委员会可以由资深的刑事法官、检察官、专家学者、刑辩律师等组成人才库，随机抽取组成。建议以最高人民法院六个巡回法庭辖区为单位，在全国设立六个死刑再审审查委员会。如此将申诉受理的主体扩大，使得相关主体有更多的渠道进行申诉，不再局限于法院与检察院，甚至可能影响申诉的成功率。再审审查委员会经审查后认为当事人的申诉成立，生效裁判存在错误，则应建议法院重新审判案件。而相关法院也应高度重视再审审查委员会的建议，直接启动再审程序，甚至对于再审的结果，虽然应当由法院依法审查决定，但审查过程中也要听取中立再审审查委员会的意见。

（三）细化提起再审的理由

完善死刑审判监督程序，应对各方当事人申请再审的理由与法院决定启动再审的理由予以细化。

1. 细化"认定事实存在错误"的规定

"认定事实存在错误"包括事实不清和证据不确实、充分两方面。事实不清，是指影响定罪量刑的主要犯罪事实存在问题，一罪名和数罪名区分不清、共同犯罪中主从犯区分不清，等等。证据不确实、充分，是指证据存疑、证据之间无法形成锁链、证据之间的矛盾无法得到合理解释，等等。具体包括以下几方面：

（1）出现新的事实或新的证据，可能影响定罪量刑的。这里需要明确两点：一是出现的新事实或新证据是不为原审法官所掌握的；二是出现的新事实或新证据对定罪量刑能够产生实质性影响，存在原审裁判错误的可能性。

（2）原审裁判认定的证据被证明是伪造或变造的，或原审裁判认定的证人证言存在证人作伪证情形的。这是对证据不确实、充分的进一步细化，改变了《刑事诉讼法》中"证据不确实"的表达，同时将"证据不充分"这一主观性说法取消，这恰恰增强了再审事由的可操作性，同时统一了实践中对再审理由的理解，一定程度上限制了法院的自由裁量权。①

（3）审判人员存在贪污受贿等违法行为的情形。学界有观点认为，审判人员有法律规定的违法行为，就已经对裁判的公正性造成了影响，应当无条件启动审判监督程序。笔者认为，综合考虑裁判的稳定性和司法的公正性，应将"可能影响公正裁判"作为限制性条件。

（4）原审裁判所依据的另案裁判依法被变更或撤销。这种情形会导致原审裁判认定的事实发生变化，直接影响裁判结果。

---

① 焦悦勤：《大陆法系国家刑事再审理由对中国之借鉴》，载《甘肃政法学院学报》2009 年第 1 期。

2. 细化"适用法律存在错误"的规定

"适用法律存在错误"包括两个方面：一是适用实体法错误；二是适用程序法错误。

（1）适用实体法错误。"即认定罪名错误混淆罪与非罪、此罪与彼罪，分不同情节的犯罪情节认定错误导致量刑失衡。"[①] 具体有以下几种情形：①引用的法律条文违反了位阶规则。如上位法与下位法出现不一致时，错误引用了下位法，导致法律适用错误。②引用了已经失效或尚未生效的法律条文。③引用法律条文违反溯及力原则的。这主要是指新旧法规定不一致时，未按照从旧兼从轻原则适用法律。④错误认定被告人的法律责任。主要是指混淆了罪与非罪，认定的罪名错误，未正确认定一罪还是数罪，等等。⑤错误适用法定刑导致量刑明显不当。主要是指未正确认定法定加重情节或法定减轻情节，导致量刑畸轻或畸重。

（2）适用程序法错误。即原审判法院存在违背法定诉讼程序的各种情形。包括违反回避原则、审判公开原则，对被告人等诉讼参与人的诉讼权利予以非法剥夺或限制等其他可能导致审判不公的情形。

---

① 彭越林：《死刑案件诉讼程序研究》，中国政法大学出版社 2011 年版，第 291 页。

第十四章　死刑的执行程序

对被追诉人判处死缓或者死刑立即执行均属于死刑案件，但两者在执行程序方面差异巨大，本章讨论的执行程序针对的仅是死刑的立即执行，不包括死缓的执行。由于死刑的立即执行程序将构成对被追诉人生命权这一基本权的剥夺，因此比普通刑事案件的执行程序更为严格、谨慎，也更为复杂；此外，死刑案件的执行程序没有漫长的刑期，执行的过程一般只包括宣判后至死刑执行的一系列步骤和行为。

一、关于死刑执行的法律规定

（一）关于执行依据的规定

执行必须以生效执行依据的存在为前提。死刑案件执行依据，是指死刑执行所必备的根据，也即死刑执行的具体内容所赖以存在的载体。根据我国法律的相关规定，死刑执行的依据是已经生效的含有死刑内容的判决和裁定。① 另外，《刑事诉讼法》第 261 条对死刑执行的依据以及死刑缓期执行的转换情形作出了规定。② 因此，综上所述，死刑案件的执行依据包括：（1）最高人民法院判处和核准的死刑立即执行的判决、裁定。（2）死刑执行命令。执行死刑命令的签发是死刑程序正式启动的重要标志、直接依据，如果执行

---

① 《刑事诉讼法》第 259 条规定："判决和裁定在发生法律效力后执行。下列判决和裁定是发生法律效力的判决和裁定：（一）已过法定期限没有上诉、抗诉的判决和裁定；（二）终审的判决和裁定；（三）最高人民法院核准的死刑的判决和高级人民法院核准的死刑缓期二年执行的判决。"

② 《刑事诉讼法》第 261 条规定："最高人民法院判处和核准的死刑立即执行的判决，应当由最高人民法院院长签发执行死刑的命令。被判处死刑缓期二年执行的罪犯，在死刑缓期执行期间，如果没有故意犯罪，死刑缓期执行期满，应当予以减刑的，由执行机关提出书面意见，报请高级人民法院裁定；如果故意犯罪，情节恶劣，查证属实，应当执行死刑的，由高级人民法院报请最高人民法院核准；对于故意犯罪未执行死刑的，死刑缓期执行的期间重新计算，并报最高人民法院备案。"

死刑命令没有签发，则即使死刑案件的裁判文书已经送达并且发生法律效力，也不得执行死刑。

（二）关于执行主体的规定

区别于普通刑事案件将罪犯交由监狱管理机关来执行，我国相关法律对死刑案件的执行主体作出了特别的规定。根据《最高人民法院关于适用〈中华人民共和国刑事诉讼法〉的解释（2021）》第499条的规定，一审法院为死刑执行主体，中级人民法院是我国死刑案件的主要执行主体。另外，对于死刑缓期执行转化为死刑立即执行的，在罪犯服刑中级人民法院执行。①

（三）关于死刑停止执行和暂停执行的规定

为防止死刑冤错案件的产生，我国相关法律特别规定了死刑停止执行制度和死刑暂停执行制度。死刑停止执行制度和死刑暂停执行制度都是附条件的死刑执行中止制度，也是一种纠错程序。但暂停执行的发生更具急迫性和突发性，是在刑场上发生的突然停止执行的特殊情况。质言之，有权"停止执行"的应该是原审人民法院；有权决定"暂停执行"的是临场指挥执行的法院审判人员。

1. 关于死刑停止执行制度的规定

死刑停止执行制度要求有证据证明存在法律规定的法定情形，才可停止执行。《刑事诉讼法》第262条对此作出了规定，并列举了3种停止执行的法定情形，主要包括裁判可能错误的、重大立功可能改判的和妇女正在怀孕的。② 另外，《最高人民法院关于适用〈中华人民共和国刑事诉讼法〉的解释

---

① 《最高人民法院关于适用〈中华人民共和国刑事诉讼法〉的解释（2021）》第499条规定："最高人民法院的执行死刑命令，由高级人民法院交付第一审人民法院执行。第一审人民法院接到执行死刑命令后，应当在七日内执行。在死刑缓期执行期间故意犯罪，最高人民法院核准执行死刑的，由罪犯服刑地的中级人民法院执行。"

② 《刑事诉讼法》第262条第1款规定："下级人民法院接到最高人民法院执行死刑的命令后，应当在七日以内交付执行。但是发现有下列情形之一的，应当停止执行，并且立即报告最高人民法院，由最高人民法院作出裁定：（一）在执行前发现判决可能有错误的；（二）在执行前罪犯揭发重大犯罪事实或者有其他重大立功表现，可能需要改判的；（三）罪犯正在怀孕的。"

（2021）》第 500 条对此作出了详细的解释，对涉及的情形进行细化和扩充。①《最高人民法院关于适用〈中华人民共和国刑事诉讼法〉的解释（2021）》第 501 条规定了停止执行死刑应遵循的程序。②《最高人民法院关于适用〈中华人民共和国刑事诉讼法〉的解释》第 504 条规定了停止执行死刑之后各种情形的处理方式，对此进行了详细列举。③

2. 关于死刑暂停执行制度的规定

由于死刑暂停执行适用于刑场上出现突发情况，因此，法律只作出原则性规定，以便于实践中能够灵活适用该制度。《刑事诉讼法》第 263 条第 4 款对此作出了原则性的规定，即如果发现裁判存在错误的可能性，就要暂停执行并报最高人民法院裁定，在最高人民法院裁定之前先行暂停死刑的执行。④

（四）关于死刑执行监督的规定

检察机关是宪法确立的法定监督机关，其监督范围包括对刑事诉讼全程的监督，自然也就包括对死刑的执行履行法律监督职能。因此，检察机关是我国死刑执行的法定监督主体。《刑事诉讼法》第 263 条、《最高人民法院关于适用〈中华人民共和国刑事诉讼法〉的解释（2021）》第 506 条都规定了

---

① 《最高人民法院关于适用〈中华人民共和国刑事诉讼法〉的解释（2021）》第 500 条规定："下级人民法院在接到执行死刑命令后人民法院在接到执行死刑命令后、执行前，发现有下列情形之一的，应当暂停执行，并立即将请求停止执行死刑的报告和相关材料层报最高人民法院：（一）罪犯可能有其他犯罪的；（二）共同犯罪的其他犯罪嫌疑人到案，可能影响罪犯量刑的；（三）共同犯罪的其他罪犯被暂停或者停止执行死刑，可能影响罪犯量刑的；（四）罪犯揭发重大犯罪事实或者有其他重大立功表现，可能需要改判的；（五）罪犯怀孕的；（六）判决、裁定可能有影响定罪量刑的其他错误的。最高人民法院经审查，认为可能影响罪犯定罪量刑的，应当裁定停止执行死刑；认为不影响的，应当决定继续执行死刑。"

② 《最高人民法院关于适用〈中华人民共和国刑事诉讼法〉的解释（2021）》第 501 条规定："最高人民法院在执行死刑命令签发后、执行前，发现有前条第一款规定情形的，应当立即裁定停止执行死刑，并将有关材料移交下级人民法院。"

③ 《最高人民法院关于适用〈中华人民共和国刑事诉讼法〉的解释（2021）》第 504 条规定："最高人民法院对停止执行死刑的案件，应当按照下列情形分别处理：（一）确认罪犯怀孕的，应当改判；（二）确认罪犯有其他犯罪，依法应当追诉的，应当裁定不予核准死刑，撤销原判，发回重新审判；（三）确认原判决、裁定有错误或者罪犯有重大立功表现，需要改判的，应当裁定不予核准死刑，撤销原判，发回重新审判；（四）确认原判决、裁定没有错误，罪犯没有重大立功表现，或者重大立功表现不影响原判决、裁定执行的，应当裁定继续执行死刑，并由院长重新签发执行死刑的命令。"

④ 《刑事诉讼法》第 263 条第 4 款规定："在执行前，如果发现可能有错误，应当暂停执行，报请最高人民法院裁定。"

执行死刑前法院通知检察院派员监督的义务。① 最高人民法院、最高人民检察院、公安部、司法部《关于进一步严格依法办案确保办理死刑案件质量的意见》第47条第2款规定了临场监督的检察人员的义务，即发现法定情形建议停止的义务。②《人民检察院刑事诉讼规则（2019）》第647—649条对人民检察院进行死刑监督的具体程序和义务进行了详细规定。其中第647条规定了检察机关具体负责死刑监督的部门和内部的工作安排，以及临场监督的检察人员监督的具体方法和办理程序。③ 第648条规定了检察院核实死刑执行根据的形式要求。④ 第649条规定了临场监督的检察人员应当建议立即停止执行的法定情形。⑤

（五）关于死刑犯权利保障的规定

保障死刑犯临刑前会见亲属，通过留遗言、遗书的方式对私人事务进行处理等基本权利，是刑罚人道主义和现代法治思想的重要体现。

1. 有权会见近亲属

最高人民法院、最高人民检察院、公安部、司法部《关于进一步严格依

---

① 《刑事诉讼法》第263条第1款规定："人民法院在交付执行死刑前，应当通知同级人民检察院派员临场监督。"《最高人民法院关于适用〈中华人民共和国刑事诉讼法〉的解释（2021）》第506条规定："第一审人民法院在执行死刑三日前，应当通知同级人民检察院派员临场监督。"

② 最高人民法院、最高人民检察院、公安部、司法部《关于进一步严格依法办案确保办理死刑案件质量的意见》第47条第2款规定："临场监督执行死刑的检察人员在执行死刑前，发现有刑事诉讼法第二百一十一条规定的情形的，应当建议人民法院停止执行。"

③ 《人民检察院刑事诉讼规则（2019）》第647条规定："被判处死刑立即执行的罪犯在被执行死刑时，人民检察院应当指派检察官临场监督。死刑执行临场监督由人民检察院负责刑事执行检察的部门承担。人民检察院派驻看守所、监狱的检察人员应当予以协助，负责捕诉的部门应当提供有关情况。执行死刑过程中，人民检察院临场监督人员根据需要可以进行拍照、录像。执行死刑后，人民检察院临场监督人员应当检查罪犯是否确已死亡，并填写死刑执行临场监督笔录，签名后入卷归档。"

④ 《人民检察院刑事诉讼规则（2019）》第648条第3款规定："人民检察院收到同级人民法院执行死刑临场监督通知后，应当查明同级人民法院是否收到最高人民法院核准死刑的裁定或者作出的死刑判决、裁定和执行死刑的命令。"

⑤ 《人民检察院刑事诉讼规则（2019）》第649条规定："执行死刑前，人民检察院发现具有下列情形之一的，应当建议人民法院立即停止执行，并层报最高人民检察院负责死刑复核监督的部门：（一）被执行人并非应当执行死刑的罪犯的；（二）罪犯犯罪时不满十八周岁，或者审判的时候已满七十五周岁，依法不应当适用死刑的；（三）罪犯正在怀孕的；（四）共同犯罪的其他犯罪嫌疑人到案，共同犯罪的其他罪犯被暂停或者停止执行死刑，可能影响罪犯量刑的；（五）罪犯可能有其他犯罪的；（六）罪犯揭发他人重大犯罪事实或者有其他重大立功表现，可能需要改判的；（七）判决、裁定可能有影响定罪量刑的其他错误的。"

法办案确保办理死刑案件质量的意见》第 45 条明确了死刑执行前罪犯有申请会见近亲属的权利。[①] 另外，《最高人民法院关于适用〈中华人民共和国刑事诉讼法〉的解释（2021）》第 505 条也对此加以明确规定。[②] 从以上规定可以看出，在我国，死刑犯在执行死刑前会见近亲属的权利已经得以明确。

2. 有权留遗言、遗书

《刑事诉讼法》第 263 条第 4 款规定了负责指挥的审判人员应当在讯问有无遗言和信札之后才能交付执行。[③]《最高人民法院关于适用〈中华人民共和国刑事诉讼法〉的解释（2021）》第 508 条对此进行了重新明确。[④]《最高人民法院关于适用〈中华人民共和国刑事诉讼法〉的解释（2021）》第 510 条第 1 项对被执行人留下的遗言、遗书等处理方式的规定，使前述权利的实现变得更加具有可操作性。[⑤]

3. 保障人格尊严

随着法治文明程度和人权保障意识的不断提高，尊重死刑犯的人格尊严日益成为国际司法界的共识，也成为我国死刑执行过程中程序正义价值的基本要求。《刑事诉讼法》第 263 条第 3 款规定了死刑的执行场所，即在刑场或

---

① 最高人民法院、最高人民检察院、公安部、司法部《关于进一步严格依法办案确保办理死刑案件质量的意见》第 45 条规定："人民法院向罪犯送达核准死刑的裁判文书时，应当告知罪犯有权申请会见其近亲属。罪犯提出会见申请并提供具体地址和联系方式的，人民法院应当准许；原审人民法院应当通知罪犯的近亲属。罪犯近亲属提出会见申请的，人民法院应当准许，并及时安排会见。"

② 《最高人民法院关于适用〈中华人民共和国刑事诉讼法〉的解释（2021）》第 505 条第 1—2 款规定："第一审人民法院在执行死刑前，应当告知罪犯有权会见其近亲属。罪犯申请会见并提供具体联系方式的，人民法院应当通知其近亲属。确实无法与罪犯近亲属取得联系，或者其近亲属拒绝会见的，应当告知罪犯。罪犯申请通过录音录像等方式留下遗言的，人民法院可以准许。罪犯近亲属申请会见的，人民法院应当准许并及时安排，但罪犯拒绝会见的除外。罪犯拒绝会见的，应当记录在案并及时告知其近亲属；必要时，应当录音录像。"

③ 《刑事诉讼法》第 263 条第 4 款规定："指挥执行的审判人员，对罪犯应当验明正身，讯问有无遗言、信札，然后交付执行人员执行死刑……"

④ 《最高人民法院关于适用〈中华人民共和国刑事诉讼法〉的解释（2021）》第 508 条第 1 款规定："执行死刑前，指挥执行的审判人员应对罪犯验明正身，讯问有无遗言、信札，并制作笔录，再交执行人员执行死刑。"

⑤ 《最高人民法院关于适用〈中华人民共和国刑事诉讼法〉的解释（2021）》第 510 条第 1 项规定："（一）对罪犯的遗书、遗言笔录，应当及时审查；涉及财产继承、债务清偿、家事嘱托等内容的，将遗书、遗言笔录交给家属，同时复制附卷备查；涉及案件线索等问题的，抄送有关机关。"

者指定的羁押场所。① 该条第 5 款规定了死刑应该及时公之于众，但执行死刑的时候不能示众，体现了人权保障的思想。② 最高人民法院、最高人民检察院、公安部、司法部《关于进一步严格依法办案确保办理死刑案件质量的意见》第 48 条对死者人格尊严的保障有更加具体的规定，禁止侮辱尸体等侮辱死者人格的各种行为。③《最高人民法院关于适用〈中华人民共和国刑事诉讼法〉的解释（2021）》第 508 条第 2 款也作出了类似的规定。④ 以上种种规定，都体现了我国死刑执行的现代化，体现了对死者人格的最基本的尊重。

二、完善死刑执行程序

在刑事诉讼程序中，死刑执行程序是对死刑案件实施程序上控制的最后关卡，也是死刑案件质量保障机制的关键组成部分。因此，完善死刑执行程序，对于确保死刑案件的质量，保障死刑案件被告人、犯罪嫌疑人的合法权益，以及避免在司法实务中产生冤错案件意义重大。

（一）适度延长死刑执行期限

这里的死刑执行期限指的是从死刑执行命令下发到最终对死刑犯行刑的期限。笔者认为，应当适度延长死刑执行期限，设立死刑执行犹豫期，在此期间对其不执行死刑，由相关机关对死刑案件从实体上和程序上进行各方面的审查，在确保死刑判决确定无误的情况下，在犹豫期满后，对死刑犯执行死刑。对于这个犹豫期，笔者认为，可以设定为 3 个月，一方面给予相关机关审查案件足够的时间保障，另一方面也防止长时间等待执行给死刑犯造成的煎熬。此外，应当从死刑复核裁定下达 3 个月之后起在 1 个月内签发执行死刑的命令，这个缓冲期，将利于防止死刑冤错案件的发生。

---

① 《刑事诉讼法》第 263 条第 3 款规定："死刑可以在刑场或者指定的羁押场所内执行。"
② 《刑事诉讼法》第 263 条第 5 款规定："执行死刑应当公布，不应示众。"
③ 最高人民法院、最高人民检察院、公安部、司法部《关于进一步严格依法办案确保办理死刑案件质量的意见》第 48 条规定："执行死刑应当公布。禁止游街示众或者其他有辱被执行人人格的行为。禁止侮辱尸体。"
④ 《最高人民法院关于适用〈中华人民共和国刑事诉讼法〉的解释（2021）》第 508 条第 2 款规定："执行死刑应当公布，禁止游街示众或者其他有辱罪犯人格的行为。"

（二）完善执行中止制度

在死刑案件的执行过程中，出现特殊情况时，存在适用执行中止制度的空间。该制度主要要求承担死刑执行职责的法官和临场监督的检察官要重视死刑犯临刑前的喊冤，尤其是死刑犯在行刑前声称自己不是真正的罪犯的，应暂停执行死刑，将此情况记入死刑执行笔录和临场监督执行笔录，并及时向所在法院和上级法院报告。为防止死刑犯假借喊冤延迟死刑执行，可以将喊冤限定为1次。对于经审查认定不存在喊冤情形的，应当重新执行死刑，死刑犯再次喊冤的，可以不停止执行。

此外，为及时发现是否存在停止死刑执行的法定事由，在行刑前应当再次听取死刑犯及其家属、辩护律师的意见，并进行认真审查，对于符合停止执行条件的，应及时层报最高人民法院。

（三）增设死刑赦免程序

根据相关学者的观点，死刑赦免制度是指国家对被判处死刑的被追诉人实行免除或减轻刑罚的一种制度。在保留死刑的国家，一般都设有死刑赦免制度。实践表明，这一制度有着限制、减少死刑的执行，最大限度减少死刑的裁判错误等效果。[1] 增设死刑赦免程序是完善我国死刑执行救济制度的一个主要内容，但死刑赦免制度的构建需要建立在我国的具体国情之上。

1. 适用的对象

由于死刑赦免程序是对特殊死刑案件或特殊时期对死刑案件的一种灵活处理，因此，笔者认为在适用对象上不应作过多的限制，所有死刑犯在执行程序中均可提出赦免申请，作为最后的救济途径。

2. 具体程序

（1）有权提出赦免申请的主体。死刑犯作为赦免的直接受益人当然享有死刑赦免申请权，考虑到死刑犯的人身自由受限，可能会影响其赦免申请权的行使，因此，还应将死刑犯的近亲属及辩护人纳入赦免申请主体。而刑罚执行机关对死刑犯在关押期间的表现最为了解，赋予刑罚执行机关死刑赦免

---

[1] 蒋娜：《宽严相济刑事政策下的死刑赦免制度研究》，载《法学杂志》2009年第9期。

申请权能有效提高死刑赦免的效率。"依据我国刑法的规定,监狱、看守所、未成年犯管教所、公安派出所、法院、犯罪人所在单位或基层组织根据刑罚种类和期限的不同对犯罪人负有监管责任,因此他们都享有依职权提出死刑个别赦免建议的权利。"[①]

(2)赦免决定主体。死刑赦免权的行使关系到国家利益的取舍。笔者认为,应当设专门的死刑赦免委员会,可以考虑这一机构设立在立法机关下,如全国人大常委会。委员会负责审议死刑赦免申请,对于通过审议的申请,再由国家主席颁布死刑特赦令。

3. 赦免考察的范围

关于死刑案件赦免考察的范围,有学者提出,死刑赦免权有"正义性赦免""工具性赦免""和解性赦免"几种情形。[②] 这是意大利刑法学界的通说。笔者认为,对于提交的赦免申请,死刑赦免委员会不仅应对上述情形进行考察,还应重点考察死刑犯自身的悔罪表现、再犯危险性,原审司法机关工作人员的意见、被害人及其家属的意见等。

(四) 健全执行环节的监督机制

死刑执行监督是检察机关履行法律监督职能的重要体现,健全监督机制有利于防范死刑执行过程中的不规范行为,防止错误执行的发生。

1. 确保检察监督覆盖死刑执行全过程

有学者认为,在死刑执行环节,对于执行监督的范围界定,应当将"临场监督前的必要准备工作""罪犯死亡后检察机关监所检察部门跟进监督工作"纳入死刑执行临场监督范畴之内,这不仅是检察机关履行好监督职能的必需,也是保障死刑犯及其家属合法权利的必需。[③] 所以,健全执行环节的监督机制,应当确保检察监督能够覆盖死刑执行的全过程。

(1)行刑前的监督。将执行监督的时间节点适当向前延伸,让检察机关尽早介入死刑执行程序,可以为执行监督更好履行打下坚实的基础。行刑前

---

① 杨宇冠主编:《死刑案件的程序控制》,中国人民公安大学出版社 2010 年版,第 548 页。

② 阴建峰:《现代赦免制度论衡》,中国人民公安大学出版社 2006 年版,第 390 页。

③ 杨辉明、李培昌:《死刑执行临场监督制度之立法完善》,载《人民检察》2014 年第 18 期。

的监督内容主要包括：①对死刑犯的会见权是否得以保障予以监督。临刑会见权是死刑犯作为人的尊严的体现，是人的基本情感的需求，也是执行阶段被执行人最基本的诉讼权利，故检察机关应当监督法院充分保障死刑犯临刑会见权能够得以实现。②审查执行依据是否齐备。齐备的执行依据是执行程序正当化的基础和前提，对该项内容进行监督也是保障死刑正确执行的重要举措。③审查是否存在死刑执行中止的事由。检察机关应及时向死刑案件承办法官、死刑犯了解案情，充分阅卷，发现存在死刑执行终止事由，要及时向法院提出。

（2）行刑中的监督。也就是我们通常所称的临场监督，这是执行监督最重要的环节。监督内容包括查明执行主体是否适格，对执行对象验明正身，以及对执行场所是否合法、执行方式是否合法、执行结果是否正确等事项进行法律监督。

（3）行刑后的监督。死刑执行监督不仅只存在于派员的临场监督中，也应当顺延到被执行人死亡之后。换言之，被执行人的遗体处理等善后事宜也直接体现了国家对被执行人的人格保障，并且与刑事诉讼的人权保障的目的相吻合。① 具体的监督内容包括是否妥善处理了尸体及死刑犯的遗书、遗言、遗物，是否及时通知了相关人员和单位。

2. 赋予检察机关单方停止执行死刑的紧急处分权

检察机关在执行监督过程中，发现可能存在死刑执行中止事由的，不仅享有要求法院停止执行死刑的建议权，在法院不采纳检察机关建议的情况下，还应享有单方停止执行死刑的紧急处分权，防止"错杀"。为了使检察机关有充分的时间履行监督职能，有必要为检察机关设置死刑的紧急处分权。因为这样做可以有效地避免错误的刑事司法裁判酿成无法挽回的后果，特别是在死刑执行的过程中，生命权一旦被剥夺，一旦死刑裁判存在错误根本无法挽回。总而言之，该紧急处分权实质上就是检察机关法定监督权的合法延伸，

---

① 汪长青、杜巍：《论我国死刑执行的检察监督》，载《昆明理工大学学报（社会科学版）》2009 年第 11 期。

具有科学合理性。①

　　综上所述，构建死刑案件质量保障机制要求适度延长死刑案件的执行期限、完善执行中止制度、增设赦免程序、健全各环节的监督机制。完善死刑执行程序，对于确保死刑案件的质量，避免在司法实务中产生冤错案件，保护死刑案件被告人、犯罪嫌疑人的合法权益，实现法律的正当程序有十分重要的作用。

---

① 杨辉明、李培昌：《死刑执行临场监督制度之立法完善》，载《人民检察》2014 年第 18 期。

第十五章 影响死刑适用的其他因素

死刑不仅不可逆转、事关性命，也事关国家稳定、繁荣、发展的大局。人命关天，审理死刑案件应当慎之又慎。21世纪，我国学者开始将研究的重心转移至程序方面，建立死刑案件质量程序保障机制，确保案件的质量、保证案件正确适用刑事法律、尽力避免冤错案件的产生已迫在眉睫。死刑司法程序备受关注，当前随着社会观念的转变，公众对于死刑的看法和认识也产生了相应的转变，对死刑的适用产生了更多理性思考。程序的正当性成为切实需要，刑事司法应当准确、公正实现死刑，并且对死刑的适用应当保持谦抑，并逐步减少乃至废除死刑。

新时代以来，特别是党的十八届四中全会提出了进行以审判为中心的诉讼制度改革，为确保死刑案件质量提供了强有力的制度保障；现阶段，在实体法仍然存在一些死刑罪名并在短期内难以根本改变的情况下，通过建立以死刑正当程序为主要内容的死刑案件质量保障机制，控制死刑的适用，保证案件适用的准确性和科学性，以防范刑事冤错案件的发生实属当务之急。但在当前，除了机制、制度方面仍然存在一些影响死刑正确适用的因素需要改进之外，影响死刑正确适用的其他因素仍然存在。

一、社会舆论与死刑适用

社会舆论，又称公众舆论、民意，社会舆论具有非理性、易变化的特点。随着新兴媒体的日益发达，民众参与司法的意识不断增强，尤其是具有较大社会影响的死刑案件，法院的判决容易引起广泛关注。

（一）社会舆论对抗死刑判决的模式

从理想状态来讲，作为正义化身的死刑判决结果与社会舆论的期待应是一致的，但实践中，存在死刑判决结果与社会舆论期待相违背的情况，有学者提出，在许多焦点性死刑案件中，舆论一般会与法院的判决结果之间产生矛盾，表现出冲突乃至对抗的表象：民愤——抵抗模式，民怜——顺应模式，民冤——纠错模式。①

第一，民愤——抵抗模式。该种模式主要是针对那些作案手段残忍、社会影响极其恶劣的案件，如行凶杀人、强奸、抢劫等，社会舆论强烈要求严惩行为人以伸张正义，不杀不足以平民愤，若法院的判决结果达不到舆论的期望，容易引起社会公众对判决结果的抵抗。

第二，民怜——顺应模式。这种模式主要针对的是行为人的罪行虽然极其恶劣，但犯罪动机、情节等却能获得社会公众的同情，本应该根据法律规定判处死刑却被要求不判处死刑，甚至会出现很多人"联名上书"请求法院"刀下留人"，对该类行为人顺应民意，从轻处罚，更符合民众朴素的日常价值判断。

第三，民冤——纠错模式。这是近年来死刑冤错案件得以平反最常见的模式，该模式中，法院通过纠正错误的判决来恢复被扭曲的正义，主要原因在于判决所认定的事实、证据或适用的法律存在错误导致死刑冤错案件的出现。

（二）正确处理社会舆论与死刑判决的关系

我们既不能一味地站在舆论的对立面，指责民众；也不能一味地迎合舆论，放任舆论绑架审判。笔者认为，正确处理社会舆论与死刑判决的关系，应学会倾听社会舆论，并正确引导社会舆论。

首先，倾听社会舆论。从社会性来说，法官的生活离不开社会，因此社会舆论难免会对法官的观念产生影响，从而对判决的结果产生一定的影响，正如苏力所指出的："法院的判决无法不受民情的影响。"② 在信息社会的当今，法院要学会倾听社会舆论。

其次，以审判公开引导舆论正确走向。审判公开是保持司法权威和获得

---

① 王勇：《超越复仇：公众舆论、法院与死刑的司法控制》，载《吉林大学社会科学学报》2015 年第 4 期。

② 苏力：《送法下乡：中国基层司法制度研究》，中国政法大学出版社 2006 年版，第 130 页。

社会公众信任的基础。即使人们暂时对判决不够理解，但是在司法与民意关系较为完善的司法实践背景下，司法最终也会赢得民众的拥护和尊重。"流丸止于瓯臾，流言止于智者"，通过审判公开，将正确的信息公布于众，是引导舆论正确走向，防范"舆情风险"的最佳途径。

最后，人民法院应当保持定力，坚定公正司法。虽然受诸舆论影响，但作为国家审判机关必须保持定力，既要倾听、采纳正确的意见，更要以事实为根据，以法律为准绳，绝不能人云亦云，亦步亦趋，枉杀无辜或放纵行为人。

二、涉诉信访与死刑适用

信访是指人民群众通过来信来访的方式向有关部门反映情况，并要求解决其问题的行为，主要起着权利救济和监督作用。信访作为一种"亲民"制度，在亲民的同时也造成当今社会部分民众信"访"不信"法"的现象，也就产生了涉诉信访。在死刑案件的审理中，经常出现的情况是因具有法定或酌定的情节，从而致使不能判处被告人死刑，被害人家属无法实现追求被告人死刑的愿望；多数严重刑事犯罪被告人是低收入群体，被害人及其家属难以通过刑事附带民事诉讼获得应有的赔偿；由于犯罪分子的财力欠缺及慈善救助系统不完善，也难以通过司法救助机制获得充分的救助；有的当事人（被害人亲属）坚决不要赔偿而要求判处死刑，对一些具备从轻、减轻处罚情节的被告人也强烈要求判处死刑。这就导致一些当事人的家属采取信访、缠访等非常规手段来表达自己的主张。而法院为了社会效果的实现，也会在一定程度上考量民意因素。在我国司法实践中，民意往往一定程度上影响着死刑案件的判决结果，而法官作出判决后，往往也有很大的信访压力。

笔者认为，在当前情况下，应当结合司法体制改革进一步完善相关制度设计，调整制度构成，尤其是在死刑案件中，被害人家属是关键对象，应完善信访工作机制。当前，我们需要进一步树立司法权威，通过公正司法来促进社会的和谐稳定，努力贯彻依法治国的政策需求，让人民法院及法官在人民的心目中树立良好的形象，让人们信得过法官。其实，人民群众对司法信任与否，多数情况下与司法能否满足其利益需求息息相关。因此，不可否认的是，认真、正确、务实地处理好被害人家属的信访问题具有不言而喻的重大意义。为此，我们需要构建人民信得过的，科学、合理的信访制度体系。从现阶段信访工作的特殊性出发，综合考虑目前具备的各类社会条件等基础性资源，可以从以下角度进行制度的完善和调整。

（一）要建立和完善信访案件登记受理制度

在死刑案件的信访过程中，我们应当建立专门的死刑信访登记、受理制度。当这些案件的被害人家属通过信访反映案件的问题、表达自己的诉求之时，必须建立起相关制度，及时予以登记、受理。因为登记受理作为信访工作的开端，如果没有了这个开端，信访工作将无从展开。设计这样的制度，一方面，能为上访者理性表达自己诉求提供合法的机会和渠道。过去的司法实践已经表明，如果信访渠道受阻，个别上访者很有可能会采取过激行为，这样将对社会造成十分恶劣的影响，也会严重损害司法的权威性；另一方面，也能够落实信访工作的责任控制，使信访的每一个环节都能落实到个人或者某个部门。首问责任制要求第一时间接受信访的法院工作人员要认真对待每一个信访者，在第一时间就应当做好信访的工作。具体到程序安排，要做好案件受理工作，在案件受理之后，负责受理登记的工作人员或者部门就应当区分信访的情况，立刻告知相关的信访部门或者相关业务部门，请求其予以处理。当然，信访登记工作也需要过硬的专业素养和办案经验，那么也就需要由熟悉审判业务、法院或者司法机关的专门人员承办信访登记的工作；完善信息备案制度，条件允许的地区要利用计算机建立信息化的办理系统，全程跟踪信访案件的办理，做到有案必办。另外，对于一些重要和敏感的信息，为防止不可预测情形的发生，负责办理登记的人员应当及时向领导或者上级机关汇报，避免突发情况的发生。

（二）要建立和完善信访案件风险评估与应急处理机制

一方面，建立风险评估机制是第一要务。对可能存在的各种风险要了如指掌，以个案的当事人的"点"为基础，强化预防，形成风险预防的网络机制。采取提前的预防措施是很关键的，也是很有效的。对于可能发生的突发情况，负责办理案件的法官或者法院领导应当及时与被害人家属沟通，及时解答被害人家属的各种疑惑，甚至可以为被害人家属解决各种困难，目的在于使被害人家属感受到法院的深切关怀，同时达到让被害人家属接受裁判的最终目的。风险评估机制最为基础的功效在于，通过实践的不断总结和归纳，掌握各种案件的特征和规律，建立起"大数据"，这样有助于我们有效地识别高风险的案件。另一方面，仅仅有风险评估机制还远远不够，我们应该预料到各种可能发生的风险，提前做好各种应急处置的预案。应当在内部明确职责分工，落实相关部门的各项义务，按照分级管理的原则，对不同类型、不同危险等级的风险加以分类，提前做好对不同类型的风险应急处理的预案。其中的重中之重，当然是对社会、司法体系有重大影响的各种风险的应急处理，应当做好周密的部署安排。例如，突发性的重大恶性事件、重大的群体性案件可能出现的群体性矛盾等影响社会和谐稳定的各类情形。唯有风险评估机制和应急处理预案两手抓，才能真正构建起维护司法权威，维护社会公众对司法信任的保护墙。

（三）要建立和完善信访案件管理制度

信访案件的特殊性体现在对死刑案件的管理不同于一般案件。管理的特殊性需要我们做到以下几点：一是进一步对领导机制进行完善。死刑案件被害人家属往往情绪比较激动，在接待这类信访案件时，法院领导应高度重视。院长可以在院长接待室接访，或者接待与适时下访相结合来接待他们。院长或其他院领导应约谈这些家属，并且及时将约谈的情况通报相关部门，和相关部门一起协调解决，及时组织集合各个相关部门的智慧对此进行处理，这对矛盾的缓解会更为有效，更容易让信访的家属们息诉服判，达到事半功倍的效果。二是要考虑方式方法，做到依法、有理有节。这就要求我们提高相关工作人员的专业能力，防止因为部分人员的态度不好等导致涉诉信访案件的产生或增加。对于被害人家属的信访，更应重视工作方式方法，要向被害人家属辨法析理，学会换位思考。对于被害人家属反复提及的、关心的问题，法院的工作人员应耐心解决。但这不等于对所有的信访请求都一视同仁。在处理信访案件时，同样也要适用特殊与一般关系的方法论，特别情况特殊处理。对于那些无理取闹的信访请求，司法机关也不应该纵容，而应作出恰当的处理，否则将影响法院的正常工作。对于那些已经阐明法理、劝说到位的信访群众，如果他们依旧坚持观点，甚至出现过激行为，以至于法院工作秩序和工作人员人身安全受到影响，在必要时应及时请求公安机关协助处理。同时，对这些过激行为还应注意进行录像，方便证据的固定，避免后期更多的麻烦及方便后期可能会有的举证。

总之，人民法院必须保持应有定力，尤其在人命关天的问题上，必须以舍我其谁、敢于担当的精神坚持不懈严格依法办案，促进公平正义的法律环境的新常态形成，全面树立司法权威。

三、被害人过错与死刑适用

在死刑案件中，被告人与被害人相互之间交往的特点，以及在犯罪行为实施的过程中，加害人与被害人的互动和联系，这些都是正确适用死刑的重要前提。特别是被害人在死刑案件中有无过错，会直接影响对被告人是否适用死刑。被害人的过错程度如何，与加害人的刑事责任程度直接相关。一方面，当被害人因为自己的过错行为负完全的责任时，根据刑法的基本理论，加害人理所当然就不负刑事责任，如正当防卫；另一方面，如果被害人在具体的案件中对案件结果的发生负很大的个人责任时，这将会大大减轻加害人对结果的个人责任，如"大义灭亲"；顺言之，当被害人对案件后果的发生负有一定责任时，那么加害人的刑事责任就可以得到一定减缓，如长期受到丈夫虐待的妇女，在忍无可忍的情况下杀夫。由此看来，被害人的过错是刑事案件中量刑的重要考量因素，这对于在司法实践中正确适用死刑，提高死刑案件的质量等能够发挥重大作用。对此，最高人民法院在《全国法院维护农村稳定刑事审判工作座谈会纪要》中就上述主要观点作出了明确要求，其中，直接强调了被害人过错这一因素应当在刑事审判中着重进行考虑，且被害人过错能够构成不判处死刑的合理依据。[①] 被害人的过错，在死刑案件

---

① 《全国法院维护农村稳定刑事审判工作座谈会纪要》指出，对故意杀人犯罪是否判处死刑，不仅要看是否造成了被害人死亡结果，还要综合考虑案件的全部情况。对于因婚姻家庭、邻里纠纷等民间矛盾激化引发的故意杀人犯罪，适用死刑一定要十分慎重，应当与发生在社会上的严重危害社会治安的其他故意杀人犯罪案件有所区别。对于被害人一方有明显过错或对矛盾激化负有直接责任，或者被告人有法定从轻处罚情节的，一般不应判处死刑立即执行。

中的通常理解是被害人和犯罪人之间存在必然联系，这一联系的内容是被害人存在某种程度上的过错行为，被害人在被告人犯罪行为的产生发展过程中负有不可推卸的责任，并且需要强调的是，这种责任必须达到一定的程度才能被称为被害人的过错。如何认定被害人有明显过错或对矛盾激化负有直接责任，在司法实践中并不容易把握。"从形式上看，被害人的过错似乎应理解为被害时的心理状态，其实则不然，它实指被害人行为，是指被害人主观上的故意或过失所外化的被害人应受非难的客观行为，并且非难或责难性要达到一定程度，这种行为在死刑案件中对犯罪的发生或恶化起到负面的作用。"① 被害人的过错主要反映了犯罪人的主观恶性，是分析考察被告人主观恶性大小的重要依据；同时在一定程度上也说明了被告人社会危害性和人身危险性的降低。如果要对被害人的过错进行划分，在理论上，被害人过错的程度划分，可分为：罪错，严重过错，一般过错，轻微过错。最好理解的即轻微过错。轻微过错，是指行为极其轻微，仅对行为人的犯罪行为之发生与否产生特别轻微的影响，而过错的存在与否对于犯罪行为的发生来说不具有必然作用，即不是犯罪发生的充分必要条件，甚至连诱因都算不上，对犯罪人的定罪量刑不产生实际影响。罪错，是指被害人的过错行为十分严重，并且已经构成违法犯罪，其已符合《刑法》规定的某个罪名的构成要件，在此情形下引起了被告人的犯罪行为。被告人的行为如果是在这样的情况下产生的，其实具有防卫性质，反而具有正当性。严重过错，是指过错达到了非常严重的地步，单单就过错本身而言足以达到违法但未构成犯罪的程度，如果因为这样的严重过错引发被告人实施犯罪行为，这样的过错就被称为严重的过错。一般过错，是指被害人的行为虽然存在过错，但没有达到前述的严重程度，不违法而只是一种违反道德规范的不良行为，这样的过错只能被称为一般过错。我们认为刑事意义上的过错，必须是一种对引发犯罪具有直接或间接作用的行为，这种过错与犯罪行为的发生具有一定关联性，按一般人的常理分析，这种过错对犯罪人犯罪动机的产生、意图的形成、犯罪行为的实施、危害结果的发生具有诱发、指引和强化等推动作用，具体应该指的是被

---

① 于同志：《死刑裁量》，法律出版社 2009 年版，第 226 页。

害人的一般过错与严重过错。

然而，有些情形下对被害人过错的界定并不容易，如被害人无理责骂被告人，被告人忍无可忍，实施了持刀杀害被害人的行为，且既遂。在这种情况下，被害人无理责骂是否属于过错？从广义上理解，该责骂属于被害人过错，但从刑事意义上说，只有被害人的责骂达到一定程度，才真正属于刑事意义上的被害人过错，这种程度要以一般人的常理论定。因此，不适宜将被害人的一些不恰当的行为认定为存在过错，同时这也不是刑事意义上的被害人过错。

另外，被害人一方有过错不仅指被害人个人有过错，有时还指与被害人一同的其他人有过错的情形。司法实践中，我们往往理解被害人有过错，是指犯罪侵害的对象直接有过错，但有的时候，犯罪侵害的对象并不直接有过错，而是与被害人相关联的人员有过错，这时我们要分析实际被杀害的对象与被害一方的关系，若被害人属于被害方产生过错的起因者或推动者，则属于被害人方的范畴。如果被害人不是被害人方产生过错的起因者或推动者，则不属于被害人。如 A 与 B 有矛盾，其中 B 是有过错的，但 B 的子女不是 B 产生过错的起因者或推动者，若 A 杀害该子女，不能认定 B 的子女有过错。若 B 的过错是在其子女起因或推动下产生的，在认定 B 有过错的同时，可认定 B 的子女有过错，其子女就是被害一方。这时就会对 A 的量刑产生影响。

四、刑事和解与死刑适用

刑事和解，是指公检法机关最终达到一种不再追究被告人的刑事责任，或者对其从轻、减轻处罚的处理结果。而要实现上述结果，就要求加害方必须在刑事诉讼的进程中，积极地通过各种方式（如自认其罪、赔偿损失、诚恳道歉等）促成被害方对自己的最终谅解，以被害人和加害人达成书面契约为最终目的，以此来促使不再追究刑事责任，或者能够达到从轻处罚的一种制度安排。① 根据该定义，在刑事案件的附带民事诉讼中，被告人对被害人

---

① 陈光中：《刑事和解的理论基础与司法适用》，载《人民检察》2006 年第 10 期。

进行积极赔偿以获得从轻或减轻处罚就是审判阶段的刑事和解。由于死刑案件的特殊性和敏感性，以及死刑案件往往给被害人造成严重的伤害，因此，如何处理刑事和解与死刑适用的关系意义重大。一方面，从附带民事诉讼原告人的角度考虑，处理好二者关系的主要作用在于，能够使附带民事诉讼原告人尽快获得物质赔偿。同时，也有利于减缓被害方及其家属的抵抗情绪，形成双赢的局面，能够促进社会的和谐发展，这恰好契合了恢复性司法的理念要求，意义重大。另一方面，更为重要的是，刑事和解与死刑的关系对于正义的实现至关重要，一旦把握不好，则会加大社会上的不公平，而这将是对司法制度的严重破坏，社会公众对司法裁判、司法系统的信赖也将逐渐丧失。①

当然，一个不容忽视的问题是，刑事和解将会造成平等化与个别化的冲突，会在一定程度上造成形式上的不公平，如涉及同样严重的犯罪，是否存在刑事和解可能会导致对被告人的刑事处罚存在较大差异，而且，即使同样存在刑事和解，因为每个被告人经济状况的不同，也会产生区别。这应当是我们完善死刑案件和解必须着重关注的问题。我国《刑法》明文规定了所有人在适用法律上的平等，不能对某些犯罪加以随意减轻和加以放纵。另外，这一法律适用上的平等实则显示出司法公正、公平的最基本要求。而刑罚个别化是起源于西方的学说观念，是功利刑法的直接反映。刑法个别化理论强调，对犯人视不同情况区别对待才符合公平正义的要求，只要刑罚与改造罪犯的需求相一致，就被认为是合理合法的刑罚。可以看到，关于刑事和解究竟能否成为减少死刑适用的手段之一，至少在理论上还没有形成统一。

虽然刑事和解必然带来平等化与个别化的冲突，但笔者认为，刑事和解在死刑案件中的适用依旧有其正当性，我们要做的只是如何更好地克服各种因素对司法的不良影响，化解平等化与个别化的冲突，更好地实现公平正义。刑事和解在死刑案件中的适用正当性主要包括以下几方面：首先，从刑事和

---

①　彭越林：《死刑案件诉讼程序研究》，中国政法大学出版社 2011 年版，第 310 页。

解制度的发端来看，其源于20世纪中后期的英美国家，其目的是关注被害人的权利保障，因为和解将有助于自己获得更加及时、更加客观的经济赔偿来弥补被害人受到的创伤。从东方文化来看，冤家宜解不宜结的"和合"文化历史则更为悠久。从这一角度来看，刑事和解在死刑中的适用对于被害人及其家属也是大有裨益的，同时这也是恢复性司法的要求。其次，笔者在大量的司法实践中发现，死刑案件的刑事和解早已被广泛运用，因此，探讨刑事和解在死刑案件中的规范运用正好回应了司法实践的迫切需求。最后，刑事和解正好也契合了严格控制死刑适用的刑事政策、理念，让案件的被追诉人对被害者家庭进行积极的经济赔偿，并获取他们的原谅，这样一来，其实也就意味着加害人自己的人身危害性降低，再犯可能性也就随即降低，对社会的危害也就不大，因此完全可以考虑对其不适用死刑。综上所述，在我国，刑事和解在刑事死刑案件中的运用不存在理论或者实践上的障碍，相反，我们应当加强对死刑案件和解的研究，使其更加规范化、科学化。

笔者认为，在死刑案件中，被告方积极赔偿，取得被害方谅解，对社会的和谐、对恢复性司法无疑产生重大影响。这有两层意思，包括不同的两个量刑要素：

第一层意思是被追诉人的家属积极赔偿损失。这对被害方而言，其精神和物质上的创伤能够得到一定程度上的经济弥补，心理创伤因此得到安抚，对抗情绪减少，犯罪人的行为社会危害性相对降低，故在对被告人量刑时可酌情从轻处罚，死刑案件也不例外。但在死刑案件中，被告人亲自赔偿往往不可能，因为其被羁押在看守所，无法亲自履行赔偿义务，只能委托亲属或律师代其履行赔偿义务，这种赔偿可称为被告人赔偿或被告人亲属受被告人之托代为赔偿。实践中，还存在一种情形是被告人自己并不愿意赔偿，但被告人的亲属出于各种因素考虑，积极赔偿被害方的经济损失，这种赔偿是被告人亲属的赔偿。仔细分析，被告人亲属的赔偿与被告人的赔偿是有所区别的。严格意义上讲，被告人亲属的赔偿并不完全等同于被告人的赔偿，不能表明被告人有悔罪表现。而被告人赔偿或被告人亲属受被告人之托代为赔偿则表明被告人有悔罪表现，针对这种赔偿情形，对被告人酌情从宽幅度要大。当然在司法实践中，被告人的赔偿往往是通过其亲属实现，被告人可以委托其亲属进行赔偿，赔偿的款项可以是被告人的财产，也可以是被告人亲属的财产，但被告人亲属必须是受被告人委托代为赔偿，如果被告人没有委托其亲属赔偿或者根本不愿意赔偿，这种情况与被告人的赔偿或被告人亲属的代为赔偿还是应有所区别。

第二层意思是被告人亲属赔偿被害方损失后，被害方的表现也是不同的，有的被害方坚决不予谅解，双方对抗情绪或者说被害方的对抗情绪还是较大，这时对被告人处罚的酌情从轻幅度要谨慎；有的被害方在得到赔偿后予以谅解，也就是我们所称的"达成刑事和解"，在这种情况下被害方的对抗情绪较弱，这时从宽幅度可稍大。一般情况下，被告人亲属赔偿被害方损失后，会取得被害方的谅解，在取得被害方谅解的情况下对死刑的适用可予以控制。

此外，被告人亲属的赔偿可能是部分赔偿，也可能是全部赔偿，这两种情形下，对死刑适用也是有区别的。部分赔偿但被害方坚持不予谅解的，对死刑适用的影响并不大；但被告人亲属尽了最大努力作出部分赔偿的，被害方也表示谅解，在死刑适用时，要充分予以考虑。在大多数判处死刑的裁判中，如果能在案件办理过程中，做到充分展现被告人与被害人的自由意志，促成基于自由意志的刑事和解，就能够契合宽严相济刑事司法理念中"济"的含义；另外，更为重要的是，这同时也是严中有宽的直接表象，对于提高死刑案件的质量大有裨益。当然，我们要警惕和杜绝"花钱买刑（命）"的错误做法，这是不言而喻的，不再赘述。总而言之，我们如果能够在案件中不断挖掘各种可能存在的酌定从宽情节，并使它们产生应有的功效，也就能限制对死刑立即执行的适用。[①]

综上所述，余论中的几个问题想要说明的就是影响死刑正确适用的因素，除了诉讼程序的正当性、机制性、制度性的因素外，还有诸多其他因素。由于本书主要是从程序角度论述死刑案件质量保障机制问题，所以对这些问题仅在余论中论及一二。正因为影响死刑公正、正确适用的法外因素诸多，上述讨论更从侧面说明了建立正当、严密而完整的刑事诉讼程序，确保死刑案

---

① 马松建：《试论刑事和解在死刑案件中适用的正当性》，载《郑州大学学报（哲学社会科学版）》2011 年第 1 期。

件质量的重要性和必要性，毕竟人命关天。

死刑作为最为严厉的刑罚，是依法对人的生命权进行剥夺，但生命是不可逆转的，因此，必须万分慎重对待死刑，构建行之有效机制确保死刑案件零差错，质言之，我们必须百分之百地保障无罪的人不受死刑的刑事追究。这就要求我们必须建立健全死刑案件质量程序保障机制，实现死刑程序的正当化，确保死刑案件实体和程序的正确适用。

死刑案件质量保障机制的核心是死刑正当程序，内容上包括实体和程序两方面。实体方面，就我国当前国情而言，废止死刑的条件尚不成熟，所以我们应当坚持"宽严相济，保留死刑但严格限制死刑"的死刑政策，同时严格贯彻落实"少杀、慎杀"原则；程序方面，要求从侦查开始，审查起诉、一审、二审、死刑复核、再审、执行整个诉讼过程的程序都是正当的，能公正、公平、公开、独立、文明、及时地进行，尤其是要深入贯彻党的十八届四中全会以审判为中心诉讼制度改革的要求，充分发挥审判程序正当化在死刑案件质量保障机制中的核心作用，通过法庭审判程序公正实现案件裁判的实体公正。为此，第一，我们应当遵循人的认识活动规律和刑事诉讼证明活动规律，建立独立的死刑案件证明标准——递进型的死刑案件证明标准，将"合理根据"作为侦查阶段死刑案件的证明标准，"充分确信"作为审查起诉阶段所遵循的证明标准，而"确定无疑"则作为法院在审判过程中应该遵循的标准。第二，要推进以审判为中心的刑事诉讼制度改革和要求庭审实质化，完善证据认定规则，健全证明责任体系，加强非法证据排除，切实防范冤错案件。第三，要把死刑案件的辩护贯穿于死刑案件正当程序的全过程。通过加强死刑案件的辩护，充分保障被告人的合法权利，并对司法人员形成直接的监督和制约。提高死刑案件辩护律师的准入条件，保障死刑案件辩护律师的诉讼地位，设立死刑复核阶段的强制辩护权，增设死刑执行阶段的辩护权，确保死刑案件辩护的完整性和有效性。第四，要打好基础——完善死刑案件的侦查程序。侦查阶段是死刑案件整个诉讼程序运行的基础，因此，要杜绝刑讯逼供，避免指证暗示，完善未决羁押制度，加大检察官、法官对侦查权的控制。第五，要改进审查起诉程序。审查起诉程序作为连接侦查和审判程序的桥梁，对监督侦查、保障起诉与审判的质量都起到了极为重要的作用。

必须加强对公诉权的监督，严格把握审查起诉标准；扩大侦查监督权，严格推行公诉引导侦查机制；进一步细化退回补充侦查和自行补充侦查的条件。第六，要完善死刑一审程序。对整个死刑案件质量的把关，一审是基础，也是关键。构建死刑案件质量程序保障机制要求认真贯彻以审判为中心、庭审实质化，健全庭前审查程序、延长一审审理期限、增设一审法院对死刑的退查权、建立专门的一审死刑审判组织、推行一审死刑审委会听审制、设立独立的死刑量刑程序、提高死刑判决书质量等。第七，要完善死刑二审、复核、审判监督和执行程序。为保障死刑案件质量，要求必须建立死刑二审的强制上诉制度，将死缓纳入死刑上诉审必须开庭范围，并贯彻有重点的全面审查原则。对死刑复核制度进行诉讼化改造，完善死刑复核审理方式及合议庭组成，设置死刑复核期限，对死刑复核案件实行"听审"审理方式，但对某些特殊的死刑复核案件实行开庭审理，确保控辩双方都能充分参与到死刑复核程序中。要充分发挥审判监督程序对死刑案件的纠错功能，确立有限的再审不加刑原则、明确再审程序的启动主体、细化提起再审的理由。针对死刑立即执行程序的不完善之处，要适度延长死刑执行期限、完善执行中止制度、增设死刑赦免程序并健全执行环节的监督机制。

现阶段，在我国的刑罚体系中，死刑仍占有不可或缺的重要地位。在废除死刑条件尚不具备，各种影响死刑裁判的因素、不利于死刑正确适用的因素依然存在的情况下，我们唯有通过构建以死刑正当程序为主要内容的死刑案件质量程序保障机制，在司法政策层面严格控制死刑适用，公正司法，确保死刑适用的准确性，才能有效地防止死刑冤错案件的发生，切实发挥刑事诉讼全面保障人权的功能和作用，促进习近平新时代中国特色社会主义的构建。

下篇：分论

第十六章　新时代刑事错案防范机制实施与完善[*]

　　刑事错案，俗称冤错案件或冤假错案，因假案、冤案一定属于错案，故冤假错案可统称为刑事错案。刑事错案有多种定义方式，通常意义上有广义和狭义两种：其广义层面是指事实认定错误的案件和法律适用错误的案件；其狭义层面仅指对不应认定有罪的人而认定有罪的事实认定错误案件，也即"冤案"。

　　本文的研究对象是通常意义上的狭义错案，即对不应认定有罪的人而认定有罪的事实认定错误案件。具体又分为被告人没有实施犯罪（事实无罪）和不能证明被告人实施了犯罪（法律无罪）而被认为有罪的错案两类。"完善有效防范和及时发现、纠正冤假错案工作机制"是《法治中国建设规划（2020—2025年）》的明确要求，也是实现习近平总书记提出的"努力让人民群众在每一个司法案件中都感受到公平正义"目标[①]的具体措施之一。

　　刑事错案虽然在整体刑事案件中所占比例极微，但是每一例错案都会产生巨大社会影响，并对国家公信力、司法权威造成难以弥补的损失；如应对不当，将严重损害刑事司法公信力，因此是我国社会主义法治发展过程中应当着力解决的重大问题。我国进入新时代后，党中央越来越重视防范和及时发现、纠正刑事错案。近年来，随着党和国家一系列法律政策的出台，最高人民法院防范刑事错案的一系列规定及修改后的《刑事诉讼法》相关司法解释的

　　[*]　本部分系2017年国家社会科学基金重大项目"十一届三中全会以来我国刑事诉讼重大改革实施效果的实证研究"的阶段性成果，课题组成员为梁健、阮铁军、冯喜恒、杨治、高杰、方彬微，收入本书后题目略有变动。原载《中国法律评论》2022年第6期。为阅读方便，脚注从略，如需引用，可参阅原文。

　　①　参见习近平总书记2020年在中央全面依法治国工作会议上的重要讲话。

相继实施，我国在防范刑事错案方面建立了较为严密的制度体系。本文在梳理刑事错案防范机制及其取得成效和存在不足的基础上，提出相关完善建议。

一、党的十八大以来刑事错案防范机制构建总体情况

（一）刑事错案防范机制构建的历史背景

在现代刑事司法过程中，裁判据以作出的事实皆形成于特定的程序空间内，经由证据规则"剪裁"而成：程序为事实的形成提供外在空间，公正合理的程序安排是事实形成的最佳场所；证据规则"剪裁"事实的内容，明晰、健全的证据规则体系直接塑造事实本身。现代刑事司法的这一套程序及证据规则的安排具有防范错案的功能。

1978 年 12 月，中国共产党召开十一届三中全会，决定通过立法建立程序制度来防范和纠正刑事错案。1979 年，我国颁布实施的《刑事诉讼法》，建立了刑事案件程序规范，将刑事错案的预防和纠正工作纳入规范的刑事诉讼程序之中。1996 年，我国《刑事诉讼法》通过了第一次修正，吸收了无罪推定原则的基本精神，规定未经人民法院依法判决，对任何人都不得确定有罪；证据不足、不能认定被告人有罪的，应当作出证据不足、指控的犯罪不能成立的无罪判决。由此对错案的防范划出底线。2000 年前后至党的十八大之前，司法机关陆续发现并纠正了佘祥林案、赵作海案等一批在全社会有较大影响的案件，引起司法机关和法律界对于错案防范的高度重视。最高人民法院、最高人民检察院于 2005 年 7 月至 9 月召开会议或者专门发文，对刑事错案的成因进行剖析，研究预防刑事错案的措施。

2010 年，由最高人民法院牵头，最高人民法院、最高人民检察院、公安部、国家安全部、司法部（以下简称"两高三部"）联合出台《关于办理死刑案件审查判断证据若干问题的规定》《关于办理刑事案件排除非法证据若干问题的规定》（以下简称"两个证据规定"）。"两个证据规定"进一步完善了证据制度，对办案人员提高证据意识，坚持证据裁判原则，防范刑事错案产生积极影响。直到 2012 年 11 月党的十八大召开以前，我国刑事错案防范的有关规定仍然比较零散，没有形成系统的错案防范机制，社会各界对国

家构建系统有效的刑事错案防范机制的呼声日益高涨。

（二）刑事错案防范机制构建概况

党的十八大后，党和国家开始着手构建系统有效的刑事错案防范机制。2013 年 8 月，中央政法委出台了《中央政法委关于切实防止冤假错案的规定》。随后，最高人民法院于同年公布了《关于建立健全防范刑事冤假错案工作机制的意见》，最高人民检察院出台了《关于切实履行检察职能防止和纠正冤假错案的若干意见》。同年 11 月召开的党的十八届三中全会通过的《中共中央关于全面深化改革若干重大问题的决定》又着重指出要健全错案防止、纠正、责任追究机制。同年，最高人民法院召开第六次全国刑事审判工作会议，强调要坚决贯彻疑罪从无原则，坚决守住防止冤假错案的底线。"疑罪从无"为此后法院对大量证据不足案件的再审改判奠定了思想基础。

2014 年 10 月，党的十八届四中全会通过的《中共中央关于全面推进依法治国若干重大问题的决定》明确提出，要"推进以审判为中心的诉讼制度改革，确保侦查、审查起诉的案件事实证据经得起法律的检验"，"实行办案质量终身负责制和错案责任倒查问责制"。这也标志着我国以"以审判为中心"理念引领各项刑事诉讼制度改革、司法责任、错案追责、切实防范刑事错案时代的来临。此后出台的防范刑事错案的各项制度、规定，均能追根溯源至我党的这一正确决定。

由侦查中心主义到审判中心主义的诉讼制度改革直指冤错案件的防范与救济，旨在借助刑事诉讼程序构造的转变，彻底改变刑事诉讼中的事实形成机理，达到防范冤错案件的目的。2015 年 2 月，《最高人民法院关于全面深化人民法院改革的意见——人民法院第四个五年改革纲要（2014—2018）》重申，"健全冤假错案的有效防范、及时纠正机制"。同年 4 月 1 日，中央全面深化改革领导小组第十一次会议审议通过了《关于人民法院推行立案登记制改革的意见》，要求从立案环节封堵冤错案件发生可能。最高人民法院、最高人民检察院也先后下发文件，就完善和落实司法责任制、冤错案件追责标准、冤错案件赔偿制度等作了明确规定。

同时，为了强化和规范对司法工作的内外监督机制、保证案件办理质量，杜绝"关系案""金钱案""人情案",最高人民法院下发《人民法院落实〈领导干部干预司法活动、插手具体案件处理的记录、通报和责任追究规定〉的实施办法》（法发〔2015〕10号）、《人民法院落实〈司法机关内部人员过问案件的记录和责任追究规定〉的实施办法》（法发〔2015〕11号）两个通知，落实"让审理者裁判，由裁判者负责"的司法精神，斩断干预司法的绳索，防止案外因素对司法公正的干扰，防范错案的发生。2016年6月，中央深化改革领导小组第二十五次会议强调，推进以审判为中心的诉讼制度改革，通过法庭审判的程序公正实现案件裁判的实体公正，防范冤错案件发生，促进司法公正。2017年4月，中央深化改革领导小组第三十四次会议再次指出，严格排除非法证据，有效防范冤错案件产生。同年6月15日，最高人民法院为推进以审判为中心的刑事诉讼制度改革，确定了河北等16个省市高院以及17个中级人民法院作为"三项规程"试点法院。经过三个月的试点，"三项规程"正式实施，成为此后指导全国法院推进庭审实质化、防范冤错案件的重要依据，并被吸收进2021年3月1日起正式实施的《最高人民法院关于适用〈中华人民共和国刑事诉讼法〉的解释（2021）》。

为了通过有效辩护来防范冤错案件，国家从制度层面强化对被告人辩护权的保障。2017年10月11日，最高人民法院、司法部联合发布《关于开展刑事案件律师辩护全覆盖试点工作的办法》。之后，又决定将试点期限延长，工作范围扩大到全国，律师辩护率得到有效提升。2021年8月20日，十三届全国人大常委会第三十次会议表决通过的《中华人民共和国法律援助法》将适用普通程序审理的刑事案件被告人纳入可以通知辩护的范围，为进一步推进刑事辩护全覆盖提供了法律依据，力求避免被告人不经辩护律师参与就被定罪。

（三）刑事错案防范机制的核心内容

党的十八大以来，党中央以对人民和历史高度负责的态度，持续加强刑事错案防范机制构建。综观修改的法律以及出台的相关政策文件和司法解释，刑事错案防范机制的构建主要围绕着"一条主线、两项抓手、一项责任"而展开。

"一条主线"是推进以审判为中心的刑事诉讼制度改革。在对已发现、纠正的重大刑事错案进行深入剖析、深刻反思的过程中，普遍发现刑事错案的发生与审判权对侦查权、公诉权的制约不足，与刑事诉讼存在的"以侦查为中心的诉讼制度"有关。为强化审判权对侦查权、公诉权的制约，加强对刑讯逼供和非法取证的源头预防，构建防范刑事错案工作机制，其核心均在于遵从刑事诉讼客观规律，推动刑事诉讼从"侦查中心主义"向"审判中心主义"转变。

"两项抓手"，一是推动建立中国特色的轻罪诉讼体系。不同刑事案件的诉讼程序繁简不同，不同被告人可能被判处的刑罚轻重有别，而司法资源有限，必须把有限的司法资源主要用在重大、疑难、复杂的刑事案件上，推动刑事诉讼繁简分流、轻重分离、快慢分道，一方面，促成简单刑事案件快速审结，让正义尽快实现；另一方面，通过繁案精审，提高重大、疑难、复杂刑事案件办理质量，有效防范和及时发现、纠正刑事错案。为此，从2014年6月开始，经过两年的刑事速裁程序试点，又经过两年的认罪认罚从宽制度改革试点后，全国人大常委会于2018年10月作出修改《刑事诉讼法》的决定，正式将刑事速裁程序和认罪认罚从宽制度吸收入法，初步建立起中国特色的轻罪诉讼制度体系。

二是推动全面落实庭审实质化。推动刑事诉讼由"侦查中心主义"向"审判中心主义"转变，强化审判权对侦查权、公诉权的制约，必须全面落实庭审实质化，严格落实直接言词、证据裁判等原则，完善非法证据排除程序，确保诉讼证据出示在法庭、案件事实查明在法庭、诉辩意见发表在法庭、裁判结果形成在法庭，充分实现司法证明实质化、控辩对抗实质化、依法裁判实质化，有效发挥庭审在查明事实、认定证据、保护诉权、公正裁判中的决定性作用，避免庭审虚化和"走过场"。为此，"两高三部"于2017年6月20日发布《关于办理刑事案件严格排除非法证据若干问题的规定》。五个月后，最高人民法院发布了"三项规程"，目的均在于提高证人、鉴定人、侦查人员出庭率及非法证据排除程序启动率，推动全面落实庭审实质化。尤其"三项规程"，是人民法院落实中央以审判为中心的刑事诉讼制度改革和严格实行非法证据排除规则改革的关键抓手，是将中央改革精神具体化为法庭审判规程的重要载体，对构建更加精密化、规范化、实质化的刑事审判制度具有重要意义，对推进我国刑事法治发展进步具有深远影响。①

"一项责任"，即司法责任制改革，自党的十八大以来，国家先后出台十多个文件来推动司法责任制改革，厘清各种审判主体之间的审判权限，实现"让审理者裁判，由裁判者负责"，明确了错案问责和免责的条件。

围绕"一条主线、两项抓手、一项责任"而展开，我国构建的刑事错案防范机制主要有：

一是树立科学司法理念，包括罪刑法定、疑罪从无、程序与实体并重、证据裁判、公开审判等原则和理念，指引司法人员做出正确适当的司法行为。

二是办案机关互相制约机制，包括后续程序对前序程序的监督制约机制、检察机关提前介入疑难案件侦查机制、检察机关对犯罪嫌疑人羁押必要性审查机制、对事实不清案件的退补机制、犯罪嫌疑人供述合法性的核查机制，保障以审判为中心刑事诉讼制度的落地落实。

三是犯罪嫌疑人、被告人权利保障机制，包括职务犯罪与重大犯罪讯问录音录像机制，入所健康体检、重大疾病保外就医机制，避免犯罪嫌疑人违背意志作出虚假供述。

四是辩护保障机制，包括辩护人的阅卷权、会见权、调查权、辩论权保障机制，指定辩护制度，值班律师制度，辩护全覆盖机制，最大限度避免被告人被草率定罪。

五是证据审查机制，包括证人出庭作证机制、非法证据排除机制、证据的全面移送机制、技术侦查证据质证机制，确保定案的依据可靠，防范冤错案件的发生。

六是案件审理机制，包括庭前会议机制，证据出示质证认证机制，证据补查补正机制，合议庭、专业法官会议、审委会讨论案件机制，审核监督机制，层层防范、发现和纠正冤错案件。

七是法官绩效考评机制，包括案件评查机制、考核奖惩机制、错案追究

---

① 戴长林、刘静坤：《让以审判为中心的刑事诉讼制度改革落地见效——对"三项规程"重点内容的解读》，载《人民法院报》2017年6月28日。

机制，督促法官守住防范冤错案件的底线。

八是认罪认罚从宽机制，通过提高简易案件办案效率来保障疑难复杂案件的办理时间，以此来保障疑难复杂案件的办理质量。

九是申诉和社会力量监督机制，保障错案及时被发现和得以纠正。

二、刑事错案防范机制在司法实践中的重要作用与显著成效

（一）坚守公平正义底线，切实纠正刑事错案

党的十八大以来，全国法院切实加强刑事错案防范和纠正工作，坚守法治信仰和法治定力，坚持法治思维和法治方式，勇于担当，敢于负责，不回避、不遮掩、不护短，对刑事错案发现一起、查实一起、纠正一起，取得较好的政治效果、法律效果和社会效果。从 2014 年到 2019 年 10 月的近六年中，全国法院共再审改判刑事案件 8051 件，其中，依法纠正呼格吉勒图案、聂树斌案、陈满案等重大冤错案件 42 件 63 人，并依法予以国家赔偿，让正义最终得以实现，以纠正错案推动法治进步。①

（二）确立证据裁判原则，切实有效防范刑事错案

近年来，全国各级司法机关陆续防范了一大批刑事错案的发生，其中影响较大的有贵州陶某故意杀人案，陕西范某某故意杀人案，云南卢某某故意杀人、强奸案等，这些错案的防范表明，司法理念已从过去的"口供为王"转变为"证据裁判"。在陶某案中，贵州省遵义市中级人民法院在一审期间发现案件证据存在被告人的有罪供述与现场情况存有重大矛盾、杀人动机无法解释等众多疑点，认为认定被告人陶某故意杀人的证据不足，遂依法宣告被告人无罪。后来，真凶被抓获并最终得以确认。在范某某案中，陕西省延安市中级人民法院在一审期间发现案件证据存在毒物来源不清、被告人供述的作案经过和投毒方式存疑等问题，以证据不足、不能排除合理怀疑为由，依法宣判被告人无罪。后真凶出现。

---

① 时任最高人民法院院长周强 2019 年 10 月 23 日在第十三届全国人大常委会第十四次会议上所作的《最高人民法院关于加强刑事审判工作情况的报告》。

上述两起案件出现的问题在一审环节就被及时发现并有效防止，避免了不可挽回的后果，充分彰显了近年来防范冤错案件工作的成效。在云南卢某某案中，云南省高级人民法院二审认为该案不排除他人作案的可能，遂发回重审。重审一审再次判处卢某某死缓后，云南省高级人民法院坚守证据裁判底线，经补充鉴定发现被害人体内及内裤上提取的斑迹系同一第三人即卢某某同村17岁男子洪某某所留，二审遂依法宣告卢某某无罪。该案的审理过程，突出了证据裁判原则在防范刑事错案中的基础性地位，为依法防范冤错案件树立了典范。

（三）审前羁押率逐年下降，权利保障力度明显增强

为了遏制侦查权侵害审判权的情形发生，进一步保障人权，降低审前羁押率和提高非监禁刑适用率成为防范刑事错案的手段之一。

一是决定不批捕人数总体逐年增多，不捕率逐年提升，对不需要继续羁押的犯罪嫌疑人建议释放或者变更强制措施的人数总体逐年增加。以浙江省为例，2014年至2019年，浙江省检察机关对刑事案件犯罪嫌疑人的整体批捕率为77.8%，较2010年至2013年下降13.4%。

二是非监禁刑率大幅上升。以浙江省为例，2014年至2019年，在醉驾案件上升至刑事案件第二位，且全省从严把握缓刑适用的情况下，全省刑事案件平均非监禁刑为34.35%，较2010年至2013年的平均值23.93%，提高了10.42%。

三是辩护权保障力度明显增强。作为第一批律师辩护全覆盖试点省份的浙江省，全面深化从2011年开始推广的"三年以上辩护率"工作经验，犯罪嫌疑人、被告人的辩护权保障不断得到强化。浙江省审查起诉阶段的犯罪嫌疑人辩护率，2017年为1.5%，2018年实现翻倍，到2019年更是大幅提升至8.6%。律师参与刑事案件广度的提升，对于司法公正的保证和错案的防范无疑具有重要意义。2022年1月1日起施行的《法律援助法》进一步扩大了法律援助范围，系统构建了法律援助案件质量管理体系，为防范刑事错案奠定了坚实的制度基础。

（四）庭审实质化不断落实，刑事审判质量明显提升

全国法院均将推进落实庭审实质化作为全面推进以审判为中心的刑事诉

讼制度改革、构建防范刑事错案科学工作机制的重要抓手，并以提高证人、鉴定人、侦查人员出庭率，创新证人出庭作证方式，落实证人、鉴定人、侦查人员出庭配套制度，强化非法证据审查排除、强化对技侦证据的法庭审查作为主要工作举措，推动庭审实质化不断得到落实，刑事审判质量明显提升。

一是刑事案件庭审直播率大幅提升。以浙江省法院系统为例，2016 年刑事案件庭审直播率仅为 0.08%，2017 年为 12.40%，2018 年为 37.75%，2019 年为 51.76%，过半刑事案件庭审已实现直播。阳光是最好的防腐剂，通过公开促公正，让正义以看得见的形式得以实现。

二是证人、鉴定人、侦查人员出庭率大幅提高。以浙江省法院系统为例，2017 年 3 月至 12 月，刑事一审普通程序案件的三类人员出庭率为 3.96%，2018 年上升至 19.23%，2019 年进一步上升至 20.88%。三类人员出庭可以有效补正瑕疵证据，帮助法庭分析和采信专业意见，有效帮助法庭认定争议事实，并促进司法人员提升控庭能力、审查评判证据等方面的业务能力。

三是当庭宣判率大幅提高。以浙江省法院系统为例，2017 年刑事案件当庭宣判率为 67.82%，2018 年为 68.63%，2019 年大幅上升至 82.55%。效率是公正的组成部分，当庭宣判使得公正不打折。

四是有效排除非法证据。启动非法证据排除程序案件数和最终排除非法证据案件数量明显增加。2017 年至 2019 年，浙江省法院系统共有 285 件案件启动非法证据排除程序，有 60 件案件排除非法证据，其中又有 8 件案件因排除非法证据而宣告被告人无罪。

（五）办案机关互相监督、互相制约机制日益完善

审判对侦查、起诉的制约作用日益凸显，促进司法制度不断完善。刑事证据的收集、固定、保管、移送工作日益规范，侦查、公诉机关对审判机关提出的补查补证工作日益配合，非法证据排除日益普遍，对技术侦查证据的审查日益到位，侦查、审查起诉对证明标准的认定与审判日益趋同。

一是宣告无罪案件数量总体呈逐年上升态势。2014 年以来，全国法院宣告无罪的公诉案件和自诉案件总数总体呈逐年上升态势。2014 年至 2019 年 10 月，全国各级法院共宣告 3246 名公诉案件被告人和 1986 名自诉案件被告

人无罪。公诉案件被宣告无罪人数从 2014 年的 518 人提高到 2020 年的 656 人，自诉案件被宣告无罪人数从 2014 年的 260 人提高到 2020 年的 384 人。无罪率也在 2012 年之后 5 年呈上行态势，2017 年全国法院的无罪判决率达到 9‰。

2017 年以后，无罪判决率开始下降，2019 年以来呈逐年下降趋势。这可能与起诉标准严格向审判标准看齐存在密切关联，部分没有达到起诉标准的案件，检察机关已作了不起诉处理。从无罪案件的组成方面看，2014 年之前无罪判决案件中自诉案件总体多于公诉案件，而在 2014 年之后，总体而言已变为以公诉案件为主，反映出审判机关对于公诉案件质量关的把控日益严格。

二是撤回起诉率提高。以浙江省为例，2014 年至 2019 年，全省检察机关共对 595 名被告人撤回起诉，撤回起诉率达 8.5‰，较 2010 年至 2013 年上升 2.9‰。撤回起诉率的提高在司法实践中意味着实质无罪率的提高。

三是不捕不诉数和不捕不诉率总体逐年上升。2019 年，不捕不诉数和不捕不诉率较 5 年前分别上升 62.8% 和 74.6%。浙江省的相关数据与全国数据保持同步，2014 年至 2019 年的整体不起诉率也是逐年提高。

四是侦查监督力度不断强化。在对侦查机关不当立案而督促撤案方面，2013 年至 2017 年，全国检察机关督促侦查机关撤销案件 7.7 万件。在对侦查机关侦查活动违法情形提出纠正意见方面，2012 年至 2017 年，全国检察机关提出纠正意见 35 万件次。在退回补侦率方面，以浙江省为例，2014 年至 2019 年，检察机关审查起诉阶段的平均退回补充侦查率为 27.7%，较 2010 年至 2013 年上升 9.8%。检察机关审查起诉阶段的平均自行补充侦查率为 1.8‰，较 2010 年至 2013 年上升 0.7‰。

（六）疑罪从无理念逐步贯彻到位

刑事错案的发现与纠正，警示全国各级司法机关及其工作人员，只有严格执行罪刑法定、无罪推定、疑罪从无等现代刑事诉讼基本原则，树立科学刑事司法理念，坚持惩罚犯罪和保障人权并重，坚持程序公正和实体公正并重，坚持证据裁判和法定证明标准，坚决杜绝以内心确信代替法定证明标准，才能最大限度防范刑事错案的发生。

2014 年以后纠正的重大冤错案件中，虽然仍不乏因真凶出现而纠正的案件，但适用疑罪从无原则而纠正的案件比例明显提高。如呼格吉勒图案、聂树斌案、徐辉案、张光祥案等重大冤错案件的纠正，都是因证明原审被告人犯罪的证据不足，而改判原审被告人无罪。2014 年纠正的重大冤错案件中，仅贵州王某某案等两件案件系因真凶出现而纠正，其余全部系适用疑罪从无原则而纠正。

三、冤错案件防范存在的困难和不足

虽然目前运行的刑事错案防范机制在司法实践中发挥了积极作用，取得了显著成效，但在司法实践中仍存在困难和不足。

（一）刑事错案发现难

及时发现错案是防范错案的应有之义，但发现错案并非易事。若错案已生效并正在申诉，相关办案人员虽发现了原生效裁判可能存在错误，但提出的纠错意见可能得不到有权启动纠错程序的组织采纳，导致错案纠正程序难以正式启动。若错案尚未生效而在正常办理过程中，办案人员要甄别案件是否属于错案仍存在难度。侦查机关、检察机关、一审法院、二审法院在对犯罪事实的层层把关过程中难免存在疏漏，后续办案机关要慧眼识别前序程序存在的错误仍然不易。

（二）刑事错案的纠正仍存阻力

有的刑事错案在发现、纠正过程中，前序程序中的个别司法人员有抵触情绪。司法实践中对于认定被告人犯罪事实不清、证据不足的疑罪案件，纠正改判无罪的压力仍然存在。个别司法人员对疑罪案件改判无罪仍难以理解。

（三）证人出庭作证机制运作还不够畅通

司法实践中，部分证人、鉴定人、侦查人员将出庭视为一种负担，出庭意愿不强，证人通知出庭率与实际到庭率之间仍存在一定差距。各级法院对采用措施强制证人出庭较为谨慎，强制证人出庭制度适用率不高。证人出庭的相关经费保障、证人出庭作证的保护措施、证人出庭作证的配套制度有待完善。

（四）非法证据排除机制运行尚未到位

有的司法人员对"排非"的认识尚不够到位，对参与"排非"程序的积极性不高。有的侦查人员、检察人员对启动"排非"程序缺乏积极性，有的法官也因启动"排非"程序而增加证据调取、庭前沟通、庭审调查、庭后合议等方面的工作量而不太愿意启动"排非"程序；有的辩护人存在滥用"排非"申请的现象，在无法提供非法取证线索或材料的情况下，提出"排非"申请，脱离非法证据排除程序设置的本来目的。"排非"程序要落实到位，离不开公检法互相配合，也离不开辩护人合理行使权利。

（五）认罪认罚从宽制度的效用没有完全发挥

对于认罪认罚从宽制度中检察机关的量刑建议权是否侵入审判权，在理论上存在争议，与此相应，对于司法实践中检察机关的量刑建议"一般应当采纳"是否使量刑建议变成了一项权力，以及这项权力究竟属于检察权还是审判权同样存在争议。理论上的争议导致司法实践中部分检察机关对于审判机关没有采纳量刑建议的情形往往提出抗诉，使认罪认罚从宽制度提高办案质效的作用未得到充分发挥。

（六）辩护权保障有待强化

目前犯罪嫌疑人、被告人整体辩护率大幅度提高，但辩护质量偏低。辩护率的提高主要是通过法律援助而达到，而法律援助律师中部分为手头缺乏案源又没有丰富刑事辩护经验的年轻律师，即使辩护律师经验丰富，也因援助辩护所获得的经济报酬较低而不大愿意耗费时间精心准备辩护，法律援助的辩护质量有待提高。

（七）追责机制在执行中存在偏差

刑事错案追责的前提是案件经办人员存在故意或者重大过失。但目前存在对办案过程中不能认定存在故意或者重大过失的承办人员也予以追责的情况。之所以出现这种情况，根本原因在于将错案追究制中的"错"片面理解为判决结果的对错。

四、完善刑事错案防范机制的建议

针对冤错案件防范机制存在的不足，采取相应措施进行完善是非常必要的。笔者认为，要从进一步转变司法理念、完善庭审实质化机制、认罪认罚制度、有效辩护机制、证据审查机制、借用外力机制、容错机制及刑事审判力量的保障机制等方面，对我国刑事错案防范机制进行完善。

（一）以习近平法治思想武装头脑，实现司法理念转变到位，强化权利保障和正当程序

防范刑事错案发生的关键在于有先进的执法司法理念武装头脑，运用法治思维和法治方式把握评判客观事实和证据，推动法律共同体的职业养成，从源头上防范刑事错案。只有在先进的思想理念支配下，刑事错案防范机制才能完善并有效运行。习近平法治思想是全面依法治国的根本遵循和行动指南。

防范刑事错案要以习近平法治思想武装头脑，坚持公平正义，坚守内心良知，落实落地疑罪从无原则，强化权利保障和正当程序。一要坚守良知。不能为了破案而搞逼供、诱供，不能为了定罪而不收集无罪证据，不能为了起诉而不移送无罪证据，不能为了定案而明知案件存在问题而放任不管，更不能为了定案而捏造有罪证据。二要强化权利保障。预防、发现和纠正刑事错案是服务人民、保障人权的最低要求。三要强化正当程序。程序公正作为"看得见的正义"具有独立的价值和法治意义，要用正当程序理念指导司法实践。

（二）完善庭审实质化相关机制

完善庭审实质化，要做好以下工作：

一是要充分发挥各自职能，确保互相有效制约。侦查机关要充分实现侦查模式的转变，从"由人到案、由供到证"的模式转变为"由证到供"的侦查模式。检察机关要充分发挥法律监督职能，加强对侦查机关取证活动的监督，在起诉前与辩护律师充分沟通交流。审判机关要严格依法履行职责，对前序程序的合法性进行严格审查，对违法诉讼行为坚决予以纠正。

二是要完善庭审实质化相关制度机制。对出庭的证人要从事前、事中、事后全方位进行安全保护，出庭作证的经费应该得到切实保障。对于被告人及其辩护人在开庭前申请排除非法证据的，一般应当召开庭前会议，启动"排非"程序。控方的举证要达到确实、充分的程度，使法庭确信该证据系合法取得；控方如果不举证，或者已提供的证据不够确实、充分，则没有达到证明标准，应承担不能以该证据证明指控犯罪事实的法律后果。对于要经审判委员会讨论的案件，审委会委员一般应参与旁听案件庭审。对于特别重大的刑事案件，可以逐步探索实行由审委会委员直接组成合议庭进行审理。

（三）完善认罪认罚从宽制度中法检权力冲突的消解机制

完善认罪认罚从宽制度，是要建立认罪认罚从宽制度中法检权力冲突的消解机制。有学者提出，对于"一般应当采纳量刑建议"中"一般应当"的解释，应当采用合宪性限缩解释。法律之所以规定法院"一般应当采纳"是基于量刑建议本身是合法合理的，法院之所以采纳检察机关的量刑建议也是因为量刑建议是合法合理的，而不是因为这个量刑建议是检察院提出来的。

笔者认为，在法检对于量刑建议是否属于"明显不当"存在争议的情况下，采用合宪性限缩解释的主张是消解法检权力争议的关键所在。对于合法合理的量刑建议，应当采纳；对于不够合理的量刑建议，不予采纳。从合宪性及权力的属性看，检察机关的"量刑建议"属于求刑权而不是裁量权，裁量权专属于人民法院。量刑是否适当的关键在于在合法的前提下是否合理。"明显不当"的量刑建议固然不合理，"一般不当"的量刑建议也属于不合理。不合理的量刑建议，就缺乏可采性基础。二审法院审理上诉案件时，如果认为一审法院量刑不合理的，可以直接改判。

在采用合宪性限缩解释时，对于不合理的量刑建议均应当归入"量刑建议明显不当"的范围。对于量刑建议是否属于"明显不当"的判断权，专属于人民法院。但在法院内部不能以承办人、合议庭的意见作为判断标准，而应当以专业法官会议或者审判委员会的意见为准，以示对量刑建议是否合理的判断慎之又慎。如果专业法官会议或者审判委员会讨论认为检察机关提出的量刑建议不合理的，就应当认为量刑建议明显不当。对专业法官会议或者审判委员会认为"检察机关的量刑建议明显不当"的决定，建议检察机关予以接受。如果检察机关不予调整量刑建议的，不应当提起抗诉，以使认罪认罚从宽制度"提升司法效能"的初衷得以实现，从而为高质量办理重大疑难复杂案件提供时间保障。

（四）完善有效辩护机制，切实保障辩护权利

有效辩护就是辩护人根据案件事实和法律，提出有利于犯罪嫌疑人、被告人的材料和意见，且该意见得以采纳。完善有效辩护机制要做好以下两个方面的工作：

一是保障没有申请法律援助的死刑复核案件被告人，也能得到法律援助。从全世界通行做法看，对死刑案件的被追诉人是提供全过程的法律援助的。联合国《关于保护死刑犯权利的保障措施》第 5 条规定，任何被怀疑或者被控告犯了可判死刑之罪的人有权在诉讼过程的每一阶段取得适当法律协助后，才可根据主管法院的终审执行死刑。因此，对于没有申请法律援助的死刑复核程序中的被告人，如果没有辩护人的，应当为其指定辩护人，充分保障每一位死刑复核程序中的被告人获得辩护权。

二是保障被告人获得有效辩护。通过法律援助等手段，尽力做到刑事诉讼的每一个阶段的每一个被追诉人均有辩护人为其提供专业的刑事辩护。辩护人与司法人员能够进行良性沟通，提出的合法合理意见能得到司法人员的充分尊重。对于辩护律师提出证人出庭、重新鉴定、调查取证等各项申请，司法机关应当认真审查是否有利于查清案件事实，是否确有必要，及时予以答复并说明理由，切实保障律师调查取证等各项权利，为律师辩护创造良好条件。

（五）完善证据审查机制

证据是刑事诉讼的核心，是案件的基石。错案的发生，归根溯源是证据出了问题。防范刑事错案，关键是把好证据关，完善证据审查机制。完善证据审查机制要特别注意完善以下基础性工作机制：

一是完善对犯罪嫌疑人、被告人口供的全程录音录像机制。从预防刑事错案的角度看，最好对犯罪嫌疑人从抓捕归案时起均进行全程录音录像，包

括讯问时、外出辨认时，抑或在看守所内的生活情况，以便对口供的取得是否合法能够作出清晰判断。

二是完善辨认笔录、侦查实验笔录、鉴定意见的审查机制。对辨认笔录是否合法、真实，侦查实验是否严格模拟真实场景，鉴定意见作出的过程和采用的方法是否科学等方面进行审查，司法人员不能盲目采信，而应当加强学习、提高本领，务必以怀疑的眼光进行审查，自我提问、自我质疑，在与专家探讨、求证的基础上解决问题。

（六）完善借用外力机制

为了确保刑事错案及时被发现，必须坚持有效审查原则，完善借用外力机制，包括以下几点：

一是借用科技力量助力防范错案。现代科技的发展为发现和防范错案提供了良好契机。中外一些错案的发现和侦破均依赖脱氧核糖核酸（DNA）鉴定等技术手段的进步而达到。

二是全面保障当事人申诉权利。应当重视刑罚执行在发现疑罪、纠正错案中的重要作用，特别要认真对待被告人的申诉。对于申诉人的减刑、假释，不应受申诉的影响，依法保障当事人申诉权利。

三是对可能存在冤错线索的重点案件作深度复查。对于存在符合错案重大嫌疑特征的申诉案件，应当引起特别的重视，并作深度复查，以保障有效发现案件中存在的冤错。

四是完善司法机关互相之间有关错案信息的沟通机制。对于公检法司在工作中发现疑似真凶，或者发现新证据从而可能推翻原审裁判事实认定基础的，应及时相互通报，共同研究启动案件纠错程序。

五是保障申诉人及其委托律师查阅案件材料的权利。保障当事人的申诉权，最为关键的是保障当事人及其委托律师全面了解生效判决的证据情况，否则难以有效发现定案证据之间存在的矛盾情况，或者难以发现寻找新证据的线索。

六是完善刑事申诉案件异地审查制度。刑事申诉案件异地审查，即由原办案单位辖区以外的其他法院负责审查申诉案件，能够确保案件审查的客观性、独立性和审查结果的公正性。对于被告人及其家属长期申诉案件及疑难复杂案件，一般应当异地审查。

七是创设独立的申诉复查机构。我国可以参考英国的"刑事案件审查委员会"制度，创设独立的公共性专门申诉复查机构，确保申诉案件复查过程的客观性和权威性。同时，为进一步确保申诉复查机构免受地方利益的干扰，在省级以下层面可以跨行政区划进行设置，以充分保证申诉复查机构的公正性。对认识有分歧、争议的事项，进行公开听证。对于一些重大、疑难、争议较大案件的申诉复查，可以由专家、学者、人大代表、政协委员等组成的第三方组织参与复查，进行研究论证、提供咨询意见。

（七）完善容错机制

错案追究机制与容错机制是一体两面。对于错案的发生具有故意或者重大过失的司法人员，必须予以责任追究。但不能以案件结果存在错误就追究案件承办人员责任，不能客观归责，而应坚持主客观相统一原则。即使案件结果存在差错，只要承办人主观上没有故意或者重大过错，就不应该追究错案责任。

（八）完善刑事司法力量的保障机制

坚持高素质法治工作队伍建设是习近平法治思想的重要组成部分。完善刑事错案防范机制离不开高素质的刑事司法队伍，离不开刑事司法力量的有效保障。刑事司法队伍作为防范刑事错案的中坚力量，不仅要具备良好的政治素质、过硬的业务素养、缜密的逻辑思维，还应当秉持敬业奉献、精益求精的工匠精神。一方面，刑事司法队伍要选优配足配强，并加大培训力度，不断提升各方面素质和业务水平；另一方面，要完善科学的考核机制，激发刑事司法队伍办出高质量刑事案件的责任感、使命感、尊荣感，坚守公平正义，书写新时代刑事司法人员的使命担当。

五、结语

公正是司法的灵魂和生命，错案是对公平正义的极大伤害。刑事无小事，刑案无小案。每一起刑事错案造成的后果都是极其严重的，不仅使真凶没有得到及时惩处，还让无辜者蒙冤甚至付出生命的代价；不仅对当事人及其亲属造成巨大甚至无法弥补的伤害，还严重损害法律的尊严和权威，让司法蒙羞、让正义蒙尘。防范刑事错案是法治中国、平安中国建设的必然要求。完善刑事错案防范机制，无论从理论层面还是实践层面，意义都非常重大。任何制度与机制建立以后都有一个不断完善的过程。刑事错案防范机制也不例外，也需要不断完善。相信本文提出的相关建议对完善刑事错案防范机制会有所裨益。

第十七章　刑事非法证据排除规则
实证剖析与思考

——以 W 市刑事审判实务为视角*

证据排除制度源于大陆法系，在历经司法判例的调试、刑事理性的反思以及权利主体的不断斗争，在世界各国相继确立，并得到国际社会的认同。在我国，随着 2010 年最高人民法院、最高人民检察院、公安部、国家安全部、司法部联合发布的《关于办理刑事案件排除非法证据若干问题的规定》和《关于办理死刑案件审查判断证据若干问题的规定》正式生效实施，2012 年《刑事诉讼法》增加了非法证据排除规则的条款，2013 年 11 月 12 日党的十八届三中全会通过《中共中央关于全面深化改革若干重大问题的决定》，明确要求"健全错案防止、纠正、责任追究机制，严禁刑讯逼供、体罚虐待，严格实行非法证据排除规则"，我国在立法层面已逐步建立非法证据排除制度。然而，法律的生命在于实施，非法证据排除制度能否发挥预期的效果仍取决于在司法实务中的贯彻落实情况。笔者通过分析调研 W 市 2014 年至 2016 年 6 月刑事审判中非法证据排除规则的实施情况，总结存在的问题，探究背后的深层次原因，并提出自己的见解，以期抛砖引玉。

一、W 市刑事审判实务中非法证据排除规则的实施情况

（一）W 市实施非法证据排除规则的概况

W 市是 Z 省的一个下辖地级市，设有一个中级人民法院和 11 个基层人

---

* 本部分系与方彬微合著，收入本书后题目略有变动，原载《证据科学》2016 年第 6 期。为阅读方便，脚注从略，如需引用，可参阅原文。

民法院。2014 年全市法院共审结刑事案件 17526 件，其中启动非法证据排除程序 28 件，占结案总数的 0.16%；法院认定为非法证据予以排除的有 3 件，公诉机关因排非程序撤回起诉的 1 件，共占启动非法证据排除程序案件总数的 14.29%。2015 年全市法院共审结刑事案件 17518 件，其中启动非法证据排除程序 20 件，占结案总数的 0.114%；法院认定为非法证据予以排除的有 2 件，公诉机关认为系非法证据而放弃作为指控证据的有 1 件，公诉机关因排非程序撤回起诉的 2 件，共占启动非法证据排除程序案件总数的 25%。2016 年 1—6 月全市法院共审结刑事案件 9214 件，其中启动非法证据排除程序 10 件，占结案总数的 0.109%；认定为非法证据予以排除的为 0 件。总体而言，W 市法院 2014 年至 2016 年 6 月启动非法证据排除程序的案件数量较少，认定为非法证据予以排除的案件数量则更少。但从 Z 省的总体情况来看，W 市法院在实行非法证据排除规则方面仍是做得较好的。Z 省下辖 11 个地级市，设有 1 个高级人民法院，11 个中级人民法院，1 个海事法院，90 个基层人民法院。2014 年 Z 省法院启动非法证据排除程序共 135 件，W 市占20.74%；2015 年 Z 省法院启动非法证据排除程序共 53 件，W 市占 37.74%；2016 年 1—6 月份 Z 省法院启动非法证据排除程序共 35 件，W 市占 28.57%。

（二）W 市实施非法证据排除规则的工作方案

为严格贯彻落实非法证据排除规则，防范冤错案件，W 市出台了一系列的工作方案。

1. 提升刑事法官证据意识

近年来，W 市逐步推进证人出庭改革，强调证人、鉴定人、警察出庭作证，法官对重大案件关键证人、证人证言前后矛盾、证人证言与其他证据矛盾、被告不认罪案件、有争议的鉴定意见、可能存在非法取证情形等情况的，开始倾向于通过通知证人、鉴定人及警察出庭接受质证的方式予以核实，改变了过去对证人证言、鉴定意见倾向于书面审查，对有疑问的证据往往通过公安机关出具补充说明予以核实的方式。

2. 扩大证据审查范围

加强对证据合法性的审查力度，将严格执行非法证据排除规则作为庭审制约及引导侦查、起诉程序的一项重要途径，避免刑事案件证据"带病受审"。除对可能存在刑讯逼供被告人的供述予以排除外，W 市还将证据资格审查的范围扩大到以下几种情形：（1）存在指供嫌疑的被告人供述；（2）讯问录音录像存在加工剪辑的被告人供述；（3）取证程序明显违法的实物证据；（4）无法核实的技侦证据；（5）证人反复翻证且没有出庭的证人证言。

3. 细化证据合法性审查规定

对犯罪嫌疑人以受到刑讯逼供为由翻供的，应当要求其提供线索，并综合审查讯问笔录、同步录音录像、羁押记录、出入看守所的健康检查记录、提讯记录、看守所管教人员谈话记录等，客观进行分析判断；对确有刑讯逼供嫌疑的，应当要求侦查机关（部门）就侦查行为的合法性提供证明，并做好侦查人员出庭说明情况准备；发现侦查人员违法犯罪线索，应及时移送相关部门。发现侦查机关（部门）收集物证、书证不符合法定程序可能影响司法公正的，应当要求予以补正或作出合理解释；不能补正或者无法作出合理解释的，应当予以排除。

4. 推进侦查人员出庭作证

W 市将侦查人员出庭作证情况纳入法治政府考核项目，确定公安机关法制部门作为侦查人员出庭作证的具体联络部门，对无正当理由拒不到庭作证的侦查人员及其所在部门进行考核监督，确保侦查人员出庭作证工作落到实处。

二、非法证据排除取得的成绩

从 2014 年至 2016 年 6 月的审判情况来看，W 市在实施非法证据排除规则方面取得了一定的成绩。

（一）有效防范冤错案件

通过证人出庭直接接受各方询问，能清晰地暴露案件取证的疑点和证据方面的瑕疵，增强控辩双方的对抗性，对防范冤错案件有极大帮助。比如，W 市法院在审理何某某盗窃一案中，辩护人提出派出所民警抓获何某某后有殴打行为，四份讯问笔录系何某某遭殴打后所作，申请排除该非法证据。庭审中，法官依法通知侦查人员出庭对讯问笔录的合法性进行说明，接受控辩双方的询问。因侦查人员无法说明案件中的重大疑点，致使公诉机关撤回起诉。

（二）"疑罪从无"原则得到了有效贯彻

2013 年，W 市法院主动纠正 3 起证据存疑的刑事案件，裁定准予检察机关撤回起诉案件 58 件；2014 年，成功预防 31 起证据存疑的刑事案件，裁定准予检察机关撤回起诉案件 60 件；2015 年，裁定准予检察机关撤回起诉案件 65 件。其中，还对彭某某挪用资金案、吴某某诈骗案、吴某某职务侵占案 3 起公诉案件的被告人或被告单位依法宣告无罪。

（三）充分发挥了庭前会议功能

W 市法院联合检察院制定《庭前会议工作规则（试行）》，明确规定庭前会议的适用范围、启动方式、会议流程、会议效力等内容。共在 27 件案情重大或证据存疑案件的审理过程中召开庭前会议，充分发挥庭前会议在程序事项裁判、非法证据排除、庭审证据开示等方面的功能，取得了比较理想的庭审效果。

三、存在的问题及原因分析

根据 W 市法院 2014 年至 2016 年 6 月启动非法证据排除程序的这 58 个样本，笔者对审判实务中实行非法证据排除规则存在的问题和原因进行了分析，样本虽然不够全面，但基本上能够反映出审判实务中普遍存在的共性问题。

（一）对非法证据的范围认识不统一

何为"非法证据"？这是研究非法证据排除规则需要解决的首要问题。我国理论界的主流观点认为："合法性是指证据只能由审判人员、检察人员、侦查人员依照法律规定的诉讼程序，进行收集、固定、保全和审查认识。即运用证据的主体要合法，每个证据来源的程序要合法，证据必须具有合法形式，证据必须经法定程序查证属实。"[1] 只要证据不具备合法性要素，就应认定为非法证据。从目的论角度出发，非法证据排除规则设立的根本目的在于

---

[1] 樊崇义：《证据法学》（第 4 版），法律出版社 2008 年版，第 139 页。

重塑程序正义，强化人权保障。因此，笔者认为，非法证据是指侦查人员在刑事诉讼中采用非法方法或违反法定程序取得的证据。根据 2018 年《刑事诉讼法》第 54 条的规定，非法证据包括两大类：一类是非法收集的言词证据，包括以刑讯逼供等非法方法收集的犯罪嫌疑人、被告人的供述和以暴力、威胁等非法方法收集的证人证言、被害人的陈述；另一类是非法收集的物证、书证，是指不符合法定程序收集，可能严重影响司法公正，又不能补正或作出合理解释的物证、书证。我们在审判实务中发现侦查人员、检察人员、审判人员、辩护人对非法证据的范围存在认识不统一的问题。

首先，存在将非法证据等同于瑕疵证据的错误认识。瑕疵证据，是指在取证程序中存在轻微技术性违法，但未侵害当事人基本权利，经过补正或合理解释，仍可证明案件事实的证据。从广义上讲，非法证据和瑕疵证据同属于不合法证据，但两者的根本区别在于违法的严重程度不同。非法证据即严重违法证据，一般而言取证手段侵犯了公民的基本权利，应当无条件予以排除；瑕疵证据即轻微违法证据，取证手段并未侵犯公民基本权利，可以通过补救将其从效力待定状态转化为合法有效的证据。有学者就认为瑕疵证据因其在取证过程中存在的微小错误，从而介于合法证据与非法证据之间的"灰色地带"。"在'合法证据'和'非法证据'当中，存在一个很大的灰色地带，即还存在'缺乏法定要件证据'和效力可转化的证据——'瑕疵证据'。"[1] 笔者认为，对于瑕疵证据，我们应当采取"补救原则"，若将其一律作为非法证据排除，难以达到打击犯罪的目的。比如，本应由两名侦查人员签字的讯问笔录，其中一名侦查人员忘了签字，然而，"'取证手段违法'也并不必然产生'排除证据'的法律后果"[2]。遗漏侦查人员签名的讯问笔录应是一份瑕疵证据，应当先由侦查机关补正，不能直接认定为非法证据。

其次，存在混淆证明能力和证明力的错误认识。非法证据排除规则作为一种证据规则，解决的仅仅是证据能力问题，即证据是否具有证明案件事实的资格。而证明力又称证据价值，是指证据在认定事实上发生作用的力量，

---

① 吴承栩：《对"非法证据"概念的反思和解构》，载《金陵法律评论》2014 年第 1 期。

② 吴宏耀：《非法证据排除的规则与实效——兼论我国非法证据排除规则的完善进路》，载《现代法学》2014 年第 4 期。

即证据对于事实的裁判者形成内心确信的影响力。例如，在笔者收集的 58 个样本中，就有辩护人提出证人所处的位置不能清楚观察到当事人的情况，证言内容不真实，要求作为非法证据予以排除。而证人证言的内容能否真实还原案件事实，这涉及的是证明力的问题，而非证据能力，并不是非法证据排除规则所能解决的问题。对没有证明力的证据，法官根据庭审质证情况可不予采信。

（二）刑讯逼供、疲劳审讯等非法方法的界定不明确

《最高人民法院关于适用〈中华人民共和国刑事诉讼法〉的解释(2012)》（已修订）第 95 条规定：使用肉刑或者变相肉刑，或者采用其他使被告人在肉体上或者精神上遭受剧烈疼痛或者痛苦的方法，迫使被告人违背意愿供述的，应当认定为《刑事诉讼法》第 54 条规定的"刑讯逼供等非法方法"。① 最高人民法院《关于建立健全防范刑事冤假错案工作机制的意见》也明确规定：采用刑讯逼供或者冻、饿、晒、烤、疲劳审讯等非法方法收集的被告人供述，应当排除。

目前，在司法实务中，侦查人员的法治意识不断提高，典型性非法取证情形已经越来越少。实务中的难点主要在于如何认定疲劳审讯，以及如何区分精神施压与侦查策略的界限。

1. 疲劳审讯的界定标准不清晰

《刑事诉讼法》第 119 条第 2 款、第 3 款规定："传唤、拘传持续的时间不得超过十二小时；案情特别重大、复杂，需要采取拘留、逮捕措施的，传唤、拘传持续的时间不得超过二十四小时。不得以连续传唤、拘传的形式变相拘禁犯罪嫌疑人。传唤、拘传犯罪嫌疑人，应当保证犯罪嫌疑人的饮食和必要的休息时间。"这是实务中衡量是否构成疲劳审讯的法律依据，然而《刑事诉讼法》的该条规定实质上是对非羁押状态下讯问时间的限制。同时，该条款对何为"必要的休息时间"，以及如何保障必要的休息时间等问题，并未作出明确规定，这也导致实务中对如何界定疲劳审讯缺乏统一、清晰的标准。

---

① 现对应《最高人民法院关于适用〈中华人民共和国刑事诉讼法〉的解释（2021）》第 123 条。

2. 精神施压与侦查策略的界限模糊

司法实务中存在以某种利益为诱饵，引诱、欺骗犯罪嫌疑人作出供述的情况，而这种引诱、欺骗也并不必然导致精神上的痛苦。实务人员通常认为，适当的引诱、欺骗、威胁是一种常用的侦查策略，在法律已明确禁止刑讯逼供的情况下，若连这一侦查策略都无法运用，那么讯问将无法开展。"基于打击严重刑事犯罪的需要，各国法律和司法实务中对于威胁、引诱、欺骗性取证，都采取了一定的'容忍'态度。"[1] 但对某些通过突破社会道德底线的引诱、欺骗、威胁等方式取得的供述能否作为非法证据排除，仍存在较大争议，如"亲情逼供"的取证方法违背了家庭人伦，伤害程度不亚于典型性刑讯逼供。

（三）重复自白是否具有可采性尚存争议

"重复自白的可采性"解决的是被告人基于侦查人员的非法取证行为作出有罪供述，在该有罪供述被认定为非法证据的前提下，此后被告人基于合法取证方法再作出的与前面通过非法取证方法收集的内容一致的有罪供述，能否作为证据予以采信的问题。在目前侦查技术日益发展的大背景下，口供作为"证据之王"的地位已逐渐淡化，但作为一种直接证据，口供在证据体系中的地位仍不可动摇。根据非法证据排除规则的规定，其效力只能及于与刑讯逼供等非法方法有因果关系的证据，并未对重复自白的可采性作出相关规定。

在大陆法系国家，日本学者将重复自白定义为根据违法获得的自白而获得的同一内容的自白。[2] 日本学者认为："如果第一次自白是根据违法程序获得的，犯罪嫌疑人不知道欠缺证据能力，那么第一次自白的违法性波及第二次自白，第二次自白也予以排除。"[3] 在英美法系，英国在 1984 年《警察与刑事证据法》实施后，通过一系列主导性判例否定了"二次供述"的证据能力，其排除的尺度归纳如下：第一次讯问的污染在第二次讯问的时候仍在发

---

① 万毅：《"全国首例非法证据排除案"法理研判》，载《证据科学》2011 年第 6 期。

② 张颖：《重复自白的证据能力》，载《中国刑事法杂志》2012 年第 7 期。

③ ［日］田口守一：《刑事诉讼法》，刘迪等译，中国政法大学出版社 2010 年版，第 300 页。

挥作用；两次讯问是紧密联系的，无论是时间上还是内容上，第二次讯问是以重复第一次讯问中已经发生的情况的方式开始的；采取第二次供述会给被告人的公正审判带来不利影响。①

重复自白是否具有可采性，我国目前存在三种观点：第一种观点是"一排到底"，只要第一次有罪供述是根据非法取证方式取得，此后的重复有罪供述均应排除；第二种观点是"单个排除"，哪一次有罪供述存在非法取证情形，就排除那一次的证据，其他的证据并不当然排除；第三种观点是"同一主体排除"，哪一讯问主体存在非法取证行为，则排除该主体所取得的全部供述，但排除效力不及于另一讯问主体所取得的供述。例如，侦查机关的讯问存在刑讯逼供等非法取证行为，则侦查机关取得的全部供述均予以排除，但检察机关基于合法取证方法取得的有罪供述并不因此排除。

探讨重复自白是否具有可采性，需要兼顾个人权利保障和社会安全保障两方面。若全盘否定重复自白的可采性，就可能会动摇控方证据锁链的形成，导致对犯罪的放纵；若不加甄别地采信重复自白，就会导致非法证据排除规则被架空。

（四）程序性情况说明仍存在

程序性情况说明是侦诉机关出具的就刑事案件办理过程中诉讼活动的合法性、规范性问题作出解释、说明的书面文本材料。虽然《刑事诉讼法》并没有关于情况说明的明确规定，但情况说明在刑事案件中普遍存在，成为刑事卷宗的重要组成部分。在笔者收集的58个样本中，就有6个案件在反驳非法证据排除意见时将情况说明作为法定证据之一，如侦查机关出具的对无法提供完整同步录音录像的情况说明，关于现场勘验的情况说明，等等。

虽然情况说明具有降低侦补难度、提高诉讼效率等方面的优点，但由于制作者与内容存在密切的利害关系，导致情况说明的可信度存在天然的缺陷，呈现较大的自发性和随意性。如果在审判实务中人为地将情况说明提高到法定证据的地位，充当侦查机关弥补证据瑕疵的万能书，就会消解非法证据排

---

① 郑旭：《非法证据排除规则》，中国法制出版社 2009 年版，第 143—144 页。

除规则对侦查活动的规制功能，引发司法证明活动随意化的风险，不利于保障被告人的正当权益。

（五）非法实物证据排除比例较低

据调查，实务中申请非法证据排除绝大多数是针对言词证据，针对实物证据的比例较低。在笔者收集的 58 个样本中，有 49 件是针对言词证据提出非法证据排除申请，占申请排非总数的 84.48%，成功排除的有 8 件，占申请排非总数的 13.79%。其中，针对被告人供述提出排非申请的有 45 件，占申请排非总数的 77.59%；针对证人证言提出排非申请的有 4 件，占申请排非总数的 6.90%；针对被害人陈述提出排非申请的 0 件。针对实物证据提出排非申请的有 6 件，占申请排非总数的 10.34%，成功排除 1 件，占申请排非总数的 1.72%。

根据《刑事诉讼法》第 56 条规定，非法实物证据，是指非法收集的物证、书证，对其排除需要具备三个要件：一是程序违法性，即不符合法定程序收集；二是违法的严重性，即可能影响司法公正；三是不可弥补性，即违法收集的物证、书证应先予补正或作出合理解释，只有无法补正或作出合理解释的，才予以排除。由此可见，我国对非法实物证据采取的不是绝对排除模式，而是视情况作不同处理的相对排除模式，最终由司法裁量是否予以排除。"'不符合法定程序'是'硬件'，本身不存在裁量的空间，唯有'可能严重影响司法公正'这一要件立法用语，存在较大的解释空间，因而成为司法实务中权衡、裁量非法实物证据是否排除的关键因素。"① 因此，如何正确理解"可能严重影响司法公正"是当前司法实务中的一个重要命题。

四、加强贯彻落实非法证据排除规则的几点建议

（一）转变观念，正确认识非法证据排除规则

从本次调研的情况来看，实务界对非法证据排除规则的认识并不统一。

---

① 万毅：《关键词解读：非法实物证据排除规则的解释与适用》，载《四川大学学报》2014 年第 3 期。

虽然近年来程序的独立价值越来越得到重视，但当实体正义与程序正义发生冲突时，部分群体中实体优先的观念仍占据上风，对非法证据排除也相应设定了较高的门槛。部分群体则更关注程序正义，但也存在对非法证据的范围界定过大的问题。

非法证据排除规则的基本理念就是对侦查人员的违法取证行为进行遏制，对程序正义观念进行弘扬。这就要求司法实务人员转变重实体轻程序的传统观念，树立实体正义与程序正义并重的新观念。同时，推行非法证据排除规则也不能脱离我国的刑事诉讼现状，需要循序渐进，避免非法证据排除泛化的问题。因此，对非法证据的范围界定不宜过大，既要符合法治原则、程序正当性原则，也要尽量考虑我国的实际情况，在不影响公正的前提下，减少排除非法证据给实体真实查明带来的影响，为在司法实务中贯彻落实非法证据排除规则提供条件和依据。一般而言，只有当证据的合法性存在的瑕疵达到可能影响其真实性的情况下，才会作为非法证据予以排除。

1. 非法言词证据的排除

在现阶段，非法证据排除的重点仍应放在非法言词证据上。根据《刑事诉讼法》第56条规定，非法言词证据是指以刑讯逼供或者暴力、威胁等非法方法取得的被告人供述、证人证言、被害人陈述。实务中对非法方法的范围，以及非法言词证据排除的标准争议较大。笔者认为，非法言词证据所要求的"非法方法"不应局限于《刑事诉讼法》及相关司法解释所罗列的刑讯逼供、暴力、威胁、冻、饿、晒、烤、疲劳审讯等方法，只要具备以下两方面的特征，就应认定为"非法方法"：一是取证行为本身违法；二是取证行为对当事人意志造成的强迫程度较严重，达到了使其可能违背意志供述或陈述的程度。

对于非法言词证据排除的标准，也就是非法取证方法达到何种程度才可以排除所取得的言词证据，需要法官进行自由裁量。参考《最高人民法院关于适用〈中华人民共和国刑事诉讼法〉的解释（2012）》第95条规定，笔者认为非法言词证据排除的标准需要具备两个要件：一是客观要件，采用肉刑或变相肉刑，或者其他与之相当的非法方法；二是主观要件，被取证人在肉体上或精神上遭受剧烈疼痛和痛苦，且违背了被取证人的意愿。在具体操作中，不能单纯以被告人为基准对非法方法进行认定，还应考虑一般社会公众对取证行为的评价；同时，既要考虑一般人对疼痛和痛苦的耐受标准，更要注重特定环境中个体的不同耐受性。

如前所述，非法言词证据排除还涉及两个争议较大的问题：

（1）疲劳审讯的认定标准。关于如何保障讯问对象必要的休息时间，陈光中先生曾提出："羁押期间一次讯问持续的时间最长不应超过 24 小时，其间至少应休息 6 小时，而且两次讯问之间的时间间隔也不得少于 24 小时。"[1]笔者认为，在司法实践中以下几种情况可认定为疲劳审讯：一是连续讯问超过 24 小时，或在讯问期间未保证讯问对象连续休息 6 小时的。二是未经审批，在看守所夜间提讯的。这里的夜间一般是指 22 时至次日 6 时。三是未给予讯问对象吃饭、如厕等正常生活上方便的。

（2）重复自白的排除条件。根据我国的司法实践，笔者认为，排除重复自白需要具备以下几个条件：一是讯问主体的身份相同。从社会心理学上来讲，若讯问主体身份相同，会使讯问对象内心产生压力，容易导致其在不自愿的情况下作出不真实的供述。二是讯问情境相同。讯问情境主要是指讯问的时间、地点、环境。被告人在相同的情境下接受讯问，由于对前面的讯问情境产生了心理定式，容易使讯问对象产生焦虑和恐惧，采取与前面相同的应对方式来避免受到相同的伤害。三是威胁的内容与之前的违法取证行为有密切联系。

2. 非法实物证据的排除

根据《最高人民法院关于适用〈中华人民共和国刑事诉讼法〉的解释（2012）》第 126 条第 2 款的规定，认定"可能严重影响司法公正"，应当综合考虑收集证据违反法定程序及所造成后果的严重程度等情况。但该条规定仍较抽象，在具体办案实践中需要进一步明确。笔者认为，在实务中可从以下几方面来掌握"可能严重影响司法公正"的判断标准：

（1）违法取证行为侵害法益的严重程度。若违法收集实物证据的手段对

---

[1]　陈光中、郭志媛：《非法证据排除规则实施若干问题研究——以实证调查为视角》，载《法学杂志》2014 年第 9 期。

生命、健康等公民基本权利造成严重侵害的，应认定为"可能严重影响司法公正"。

（2）违法取证行为对证据真实性的影响程度。若侦查机关的违法取证行为足以对证据的真实性和客观性造成影响，进而可能妨碍实体公正的实现，则应认定为"可能严重影响司法公正"。如 W 市中级人民法院在审理被告人张某某贩卖毒品一案时，公诉机关起诉的涉案毒品折合甲基苯丙胺达 2300 余克，法庭经调查发现，搜查时无见证人、被告人在场，搜查人员人数和资质存疑，经通知侦查人员出庭作证亦无法提供合理解释，故确认其中 1237.59 克甲基苯丙胺、889 克氯胺酮的取证存在重大瑕疵，将相关搜查笔录、扣押清单等证据予以排除。

（二）严格落实证明责任倒置原则

"非法证据排除规则中证明责任的分配是规则能否正确实施的关键。"[①]在过去，实务界通常推行的是"谁主张，谁举证"的证明责任原则，即谁提出非法证据排除主张的，则由谁承担证明存在非法取证行为的证明责任。在民事诉讼中，"谁主张，谁举证"无疑是最公平的证明责任分配原则，但在刑事诉讼中，在强大的国家机器面前，被告人的人身自由通常受到限制，只有实施证明责任倒置，才能更好地体现无罪推定原则，保护被告人的基本权利。《刑事诉讼法》第 59 条规定："在对证据收集的合法性进行法庭调查的过程中，人民检察院应当对证据收集的合法性加以证明。现有证据材料不能证明证据收集的合法性的，人民检察院可以提请人民法院通知有关侦查人员或者其他人员出庭说明情况；人民法院可以通知有关侦查人员或者其他人员出庭说明情况。有关侦查人员或者其他人员也可以要求出庭说明情况。经人民法院通知，有关人员应当出庭。"这其实已经明确了非法证据排除规则运行过程中的举证责任倒置原则。同时，《刑事诉讼法》第 58 条第 2 款规定："当事人及其辩护人、诉讼代理人有权申请人民法院对以非法方法收集的证据依法予以排除。申请排除以非法方法收集的证据的，应当提供相关线索或

---

① 卞建林、李晶：《非法证据排除规则在中国的确立与实施》，载卞建林、杨宇冠主编：《非法证据排除规则实证研究》，中国政法大学出版社 2012 年版，第 243 页。

者材料。"由被告方提供线索或材料是启动非法证据排除程序的前置性条件，这是一种"应当"的刚性义务，目的在于防止被告方滥用诉讼权利，肆意启动排非程序，恶意拖延诉讼进程。

在实行举证责任倒置原则的大前提下，法律对控辩双方在非法证据排除程序中所要求的证明标准是不同的。

1. 辩方的证明标准：存在非法取证的可能性

虽然《刑事诉讼法》对控辩双方所应达到的证明标准没有作出明确规定，但根据非法证据排除规则的精神，笔者认为对于辩方提供的线索或材料只需达到"存在非法取证的可能性"这样较低程度的证明标准，也就是说只要辩方提供的线索或材料达到使法庭对证据的合法性产生疑问，相信侦查机关可能存在非法取证行为即可。"如果被告方在庭审中提出侦诉机关曾对其刑讯逼供，那么，他就有义务举出相应的证据证明此种主张，但是对被告方的举证要求不能过高，只要使法官认为刑讯逼供有可能存在即可。"[①] 在实务中，存在被告人或辩护人提出非法证据排除申请，但又无法提供任何侦查机关涉嫌非法取证的线索或材料，不能够使法官内心产生薄弱的确信，对于这种情况，法庭应当采信控方提供的证据。通常，辩方提供的线索或材料主要有刑事诉讼过程中形成的伤痕、入所健康检查登记表、可能涉嫌非法取证的侦查人员的身份信息、笔录形成的时间和地点等。

2. 控方的证明标准：排除合理怀疑

控方掌握强大的国家资源，可以通过提供讯问笔录、同步录音录像，提请通知侦查人员或其他人员出庭等方式证明证据的合法性，在司法实务中通常要求达到"排除合理怀疑"这样较高程度的证明标准，这也是从控方的举证能力和督促侦控机关依法取证角度考虑的。一般而言，一旦辩方提供的线索或材料使法庭对证据的合法性产生疑问，控方就应举证证明不存在非法取证行为，若仅是消极地做口头否认，应根据无罪推定原则，否定相应证据的证据能力。"控方的举证要达到确实、充分的程度，使法庭确信该证据系合

---

① 汪海燕、范培根：《论刑事证明标准层次性——从证明责任角度的思考》，载《政法论坛》2001 年第 5 期。

法取得；控方如果不举证，或者已提供的证据不够确实、充分，则没有达到证明标准，应承担不能以该证据证明指控的犯罪事实的法律后果。"① 对于司法实践中，辩方提供了口供系通过刑讯逼供取得的线索和材料的，存在控方仅出具一份情况说明的做法，实际上这种书面证明只是单方面的否认，证明力值得商榷，应由控方承担举证不充分的后果，排除相应的非法口供。

（三）充分发挥庭前会议的作用

庭前会议是庭前准备程序的核心，主要任务就是为庭审的集中审理清除障碍、铺平道路，"将纯粹手续性的庭前审查程序改造为程序性的庭审预备程序"。②《刑事诉讼法》第 187 条第 2 款规定："在开庭以前，审判人员可以召集公诉人、当事人和辩护人、诉讼代理人，对回避、出庭证人名单、非法证据排除等与审判相关的问题，了解情况，听取意见。"在司法实务中，辩方申请非法证据排除是启动庭前会议的重要原因，对于有辩护人的案件，由于辩护人是专业人士，非法证据排除又是程序性问题，通常会在庭前会议中最大可能地解决非法证据排除问题，确保庭审阶段集中审理实体问题，因为非法证据排除规则所要解决的是证据能力问题，也就是控方证据的法庭准入资格问题，而非证据的证明力问题，在庭前处理证据"准入"问题，可以避免不具备准入资格的非法证据进入庭审，影响裁判者内心确信的形成，同时也能节约司法资源、提高审判效率。"如将非法证据排除移后至庭审程序与实体性裁判一并进行，非常有可能造成程序性制裁的虚化，即不从根本上排除非法证据，而将本就存在的非法证据成为对被告人从轻量刑的一个砝码，久而久之，非法证据排除规则即会流于形式。"③

由于法律将庭前会议的功能定位于"了解情况，听取意见"，庭前会议中达成的协议并不具有法律约束力，笔者认为，在法官主持下，控辩双方在庭前会议中达成的协议应当具有约束力。对于控方而言，法庭已经决定予以

① 杨宇冠：《论中国特色的非法证据排除规则》，载卞建林、杨宇冠主编：《非法证据排除规则实证研究》，中国政法大学出版社 2012 年版，第 243 页。
② 汪建成：《刑事审判程序的重大变革及其展》，载《法学家》2012 年第 3 期。
③ 闵春雷、贾志强：《庭前会议制度适用问题研究》，载《吉林大学社会科学学报》2014 年第 2 期。

排除的证据或控方决定不予提供的证据，不得再在法庭中出示；对于辩方而言，法庭已经驳回排除非法证据请求的，在没有新证据或新线索的情况下，原则上不得在法庭中再次提出相同的非法证据排除申请，但某些复杂的、争议较大的案件，可在庭审中再对非法证据排除问题进行程序性裁判。

五、结语

通过本次调研，可以发现 W 市在司法实务中涉及非法取证的案件数量占全部刑事案件数量的比例是很小的，对于大多数启动非法证据排除程序的案件可以提供同步录音录像或者侦查人员出庭作证，反映出 W 市的侦查机关和检察机关的执法文明情况较好，同时，对于辩方提出的非法证据排除申请，裁判文书中基本上都予以回应，也可以反映 W 市法院对程序公正、被告人权利保障的重视。虽然非法证据排除规则在实务运行中尚存在一定问题，相关配套规则也不够健全，但我们应当看到司法机关的努力。非法证据排除规则的成功不仅在于实践中应当排除的非法证据予以排除，保证案件的客观公正，还在于严格规范侦查行为，使非法证据在司法实务中越来越少地被诉求，从源头上防止非法证据的产生。随着以审判为中心刑事诉讼结构的建立，相关配套制度的不断完善，我们相信非法证据排除规则最终会实现从事实性事后制裁规则向程序性事前预防规则的转变，切实发挥对非法取证行为的一般预防功能。

第十八章　以审判为中心的诉讼制度改革的温州实践[*]

　　浙江省温州市两级人民法院以严格落实证人、鉴定人、专家证人及警察出庭制度为重点，在发挥庭前会议功能、扩大适用法律援助制度、完善繁简分流机制等方面不断努力，着力完善相关配套改革措施，强化庭审功能，推进以审判为中心的诉讼制度改革取得明显成效。我们在全面总结改革工作情况，梳理主要困难，深入分析问题成因的基础上，力求为人民法院推进以审判为中心的诉讼制度改革提供切实可行的做法与经验。

一、改革的基本情况

（一）加强组织领导，形成改革合力

　　为统筹推进改革试点工作，温州市中级人民法院争取温州市委支持，将该项改革纳入《温州市委关于全面深化法治温州建设的意见》和2015年温州市政法系统重点改革项目。2016年，温州市委出台《关于推进庭审实质化改革的实施意见》，温州市委政法委召开推进该项改革的专题会议，专门成立由市委副书记任组长的改革领导小组，狠抓各项改革措施落实。在温州市中级人民法院的推动下，形成了温州市政法部门共同推进该项改革的有利格局，为改革不断向前推进奠定了良好基础。在日常工作中，利用常态化的公检法联席会议制度，协调公安、检察机关及时评估解决实践中出现的问题。通过举办司法论坛、主题征文，组织人民警察观摩庭审等措施，引导审判人员、侦查人员、检察官和律师等强化对理念的理解和认同。

---

　　[*] 本部分系与吴程远合著，原载《人民司法》2016年第25期。

（二）着力推进证人、鉴定人出庭作证

1. 建立健全证人出庭作证规范

从 2014 年 11 月底开始，联合国家司法文明协同创新中心中国政法大学团队在温州市中级人民法院和瑞安市人民法院、平阳县人民法院开展为期一年的庭审中心与证人出庭改革试点工作；协调市公安局、市检察院共同制定《关于刑事案件证人、鉴定人出庭作证若干问题的会议纪要》《关于人民警察出庭作证若干问题的会议纪要》《关于刑事案件专家证人出庭若干问题的纪要》三个规范性文件，建立了相对完整的证人出庭长效机制，初步形成了涵盖各类型出庭人员的规范体系。

2. 创新证人出庭作证方式

对特殊案件采用不公开个人信息、视频作证、遮蔽容貌、变声处理等出庭保护措施，消除证人出庭作证的顾虑。比如，温州市中级人民法院在审理张某某贩卖毒品案、胡某某强奸上诉案，瑞安法院在开庭审理平阳县陈某受贿案中，通过采用视频作证和遮蔽面部的方式，分别安排侦查人员、被告人的朋友、行贿人出庭作证，对认定犯罪事实起到了关键性作用。

3. 积极探索特殊类型证人出庭作证

推动温州市委将侦查人员出庭作证情况纳入法治政府考核项目，确定公安机关法制部门作为具体联络部门，对无正当理由拒不到庭作证的侦查人员进行监督，积极推进人民警察出庭作证。2014 年以来，乐清法院在 15 个案件中通知 28 名警察出庭作证。结合《刑事诉讼法》修改后新规定的专家辅助人出庭作证制度，在多个家暴案件中通知专家证人出庭作证，解释说明涉家暴犯罪行为特点和规律。

4. 落实证人出庭作证配套保障机制

协调市公安局在部分重大案件中实行关键证人询问全程同步录音录像，防止证人无故翻证或蓄意作伪证。协调温州市财政局，落实证人出庭设施改造和证人权益保护专项经费。制定证人出庭费用补助标准，简化报批流程，使出庭人员在庭审结束后即可签字领取补助。对法庭设施进行改造，设置证人休息室、视频作证室、面部遮蔽装置等硬件设施，适应证人出庭的要求。

(三) 同步推进配套改革措施

1. 切实强化控辩平等

温州市中级人民法院联合市司法局印发《关于加强刑事案件指定辩护工作暂行办法》，要求对所有可能被判处三年以上有期徒刑的刑事案件被告人提供法律援助，加大对律师的阅卷、会见、调查取证权等权利的保障力度。2015 年，温州市两级人民法院通知法律援助机构为 2955 名被告人扩大指定辩护，指定辩护人数居浙江省首位；三年以上辩护率为 97.02%，居全省第二，增速居全省第一。2014 年至 2016 年 6 月，温州市中级人民法院刑事一审案件被告人得到律师辩护的比例达 100%。

2. 重视发挥庭前会议制度功能

为做好庭前准备工作，保障庭审集中高效运行，联合温州市人民检察院制定《庭前会议工作规则》，明确规定庭前会议的适用范围、启动方式、会议流程、会议效力等。在多起案情重大或证据存疑案件的审理过程中召开庭前会议，其中包括中美跨国侦破的李某某故意杀人案、立人集团非法吸收公众存款案等在全国范围内影响重大的案件，充分发挥了庭前会议在程序事项裁判、非法证据排除、庭审证据开示等方面所具有的功能。

3. 积极探索繁简分流，优化配置司法资源

为实现"简案快审，难案精审"，在鹿城等基层人民法院试点轻微刑事案件全程速裁制度，实现公检法三机关、多部门无缝对接，加速流转。对于符合条件的案件，由侦查机关加盖速裁程序专用章，缩减案件流转时间。司法局设置速裁值班律师，自审查起诉之日，为犯罪嫌疑人指派法律援助律师。对可能宣告非监禁刑的嫌疑人，公诉机关启动审前调查后 5 日内将调查结果送达审判机关。有效缩短从刑事立案至法院判决的平均诉讼时限，缓解案多人少矛盾突出、司法资源紧张导致改革推进受阻的问题。

4. 建立健全认罪认罚从宽制度

指导鹿城、平阳、乐清等基层人民法院联合公安机关、检察机关完善认罪认罚从宽机制的具体运行程序、适用标准，量刑细则和监督机制，区别对待不同的犯罪情况，落实从宽机制，提高被告人自愿认罪的积极性，确保认

罪的真实性和自愿性。对被告人认罪的案件，在审判中简化审理程序，加快办案速度，有效减轻工作压力，实现程序分流，优化司法资源配置，为集中力量精细办理重大疑难、复杂案件创造条件。

二、改革取得的初步成效

（一）证人出庭作证率显著提高

2015 年至 2016 年 6 月，温州市中级人民法院和瑞安市人民法院、平阳县人民法院三家证人出庭试点法院共在 218 起刑事案件中通知 429 人出庭，占全部非简易程序开庭案件的 11.92% ；实际有 97 起案件 145 人出庭作证，实际到庭率为 33.8% 。出庭作证的人员包括普通证人、鉴定人、侦查人员、专家证人和被害人，涵盖了现行法律规定的全部类型。同时，试点法院的工作也带动了全市法院的证人出庭工作。2015 年至 2016 年 6 月，温州两级人民法院共在 290 起刑事案件中通知 581 人出庭，实际有 168 起案件 270 人出庭作证，实际到庭率为 46.47% 。相较 2014 年，全市法院的证人出庭案件数和人数均有大幅度提升。关键证人、鉴定人和侦查人员出庭数量的提升，为有效强化庭审功能和庭审中心地位，确保诉讼证据质证在法庭、案件事实查明在法庭、诉辩意见发表在法庭、裁判理由形成在法庭创造了先决条件。

（二）刑事审判质量明显提升

一是有效帮助法庭认定争议事实。在部分客观证据缺乏的刑事案件中，通过控辩审三方当庭询问出庭证人，对法官建立内心确信、认定争议事实有极大帮助。在林某某故意杀人、强奸（未遂）一案中，被告人对强奸的主观意图当庭翻供，公诉人申请案发时在场的两名证人出庭作证，证实案发前被告人多次欲与被害人强行发生性关系而被证人阻止。在审理胡某某强奸上诉一案过程中，通过采用视频作证和遮蔽面部的方式，让一名被告人的朋友（系本案的关键证人）出庭作证，并指认被告人曾承认强奸被害人的事实。出庭证人的证言，使法庭最终认定了公诉机关指控被告人构成犯罪的关键事实。

二是有效补正瑕疵证据。在刑事案件审判过程中，由于部分证据在证据来源、取证程序上有一定的瑕疵，且通过其他方式无法补正，往往导致案件"定放两难"。通过证人出庭作证，可以有效补正部分案件中的证据瑕疵。例如，在金某某污染环境上诉一案中，由于侦查人员在对金某某的电镀加工厂废水进行取样时，所取水样系排水槽废水和滚筒废水的混合物，与《电镀污染物排放标准》规定不符，被告人上诉提出该水样的检测结果不能作为定案依据。经法庭通知，目击证人罗某某出庭作证，证实滚筒废水不含镍，因此用于检测水样中的重金属镍实际上均来自排水槽，且浓度已被稀释。其当庭证言有效补正了公安机关在取样中存在的瑕疵，使定案的关键证据水样检测报告得以采信，环保部门办案人员在观摩庭审后邀请经办法官就如何规范取证程序、提升证据质量进行授课学习。

三是有效帮助法庭分析和采信专业意见。囿于专业知识的欠缺，司法人员对鉴定意见和检验报告的理解存在一定不足。鉴定人和专家的出庭，可以有效克服法官在感知能力和知识结构上的不足，帮助法庭深入理解和分析与定罪量刑相关的专业性问题。在林某某故意杀人、强奸案与王某故意杀人案这两个案件中，均出现了两份结论不同的法医学精神鉴定意见，直接关系到被告人案发时的刑事责任能力。过去的普遍做法是委托省司法厅指定的精神鉴定专家委员会进行重新鉴定，往往时间长、效率低，且容易陷入重复鉴定的恶性循环。温州市中级人民法院采用同时通知两份鉴定意见鉴定人出庭作证的方式，两名鉴定人先后接受询问，由此法庭对两份鉴定意见的具体理由、论证经过有了直观和深入的认识，进而有效判断被告人案发时的刑事责任能力。

四是有效排除非法证据。温州市中级人民法院审理的被告人张某某贩卖毒品一案，公诉机关起诉时指控的涉案毒品折合甲基苯丙胺达 2300 余克，法庭经审查发现其中 1237.59 克甲基苯丙胺、889 克氯胺酮的取证存在重大瑕疵，搜查时不仅无见证人、被告人在场，且搜查人员人数和资质存疑。经通知侦查人员出庭作证亦无法做出合理解释，最终合议庭将相关搜查笔录、扣押清单等证据全部予以排除。

五是有效防范冤错案件。乐清市人民法院在审理何某某盗窃一案的过程中，辩护人提出派出所民警抓获何某某后有殴打行为，四份讯问笔录系何某某遭殴打后所作，申请排除该非法证据。庭审中，法官依法通知侦查人员出庭对讯问笔录的合法性进行说明，接受控辩双方的询问，因侦查人员无法说明案件中的重大疑点，致使公诉机关撤回起诉。温州市中级人民法院在审理王某某故意伤害上诉一案时，依法通知两名目击证人出庭作证，发现两人当庭隐瞒与被害人的关系，证言存在疑点且与其他证据矛盾，故对两人的证言不予采信并将该案发回重审，后公诉机关撤回起诉。

（三）以审判为中心的诉讼制度改革客观上促进了法律职业共同体职业素养的整体提升

一是提升刑事法官业务能力。随着改革工作的推进，一方面，对法官的业务能力提出了迫切的提升要求；另一方面，法官通过实践操作，发现证人出庭、强化庭审功能相比过去书面审查、核实证据的传统方式，更有助于其查明案件事实，形成内心确信。因此，法官开始主动转变工作重心，倾向于通知证人、鉴定人出庭质证，核实证据疑点，其刑事审判理念得以更新，证据裁判意识得以提高。此外，随着证人、鉴定人出庭人数与案件数的不断增长，刑事庭审的内容更加充实，也促进刑事法官提升对庭审的控制能力以及对证据的审查评判能力。

二是提升检察官、律师的业务能力。随着该项改革的推进，对于检察官和律师的业务能力也提出了更高的要求。证人出庭数量增加，庭审变数也随之增加，促使检察官提升对证据的审查能力，同时也鼓励律师提高其调查取证能力。庭上询问次数的增加与控辩平衡的强化，则促使检察官和律师不断提升在庭上的交叉询问和辩论能力。

三是提升侦查人员的业务能力。通过推行警察出庭作证制度，有效引导警察办案理念逐渐从以侦查为中心向以审判为中心转变，促进侦查机关不断提高侦查质量，侦查人员在侦查过程中的规范化、程序化意识得以提升。此外，乐清市人民法院还通过推行侦查人员出庭学习交流机制，帮助侦查人员提升出庭作证能力和信心。

（四）实现法律效果和社会效果的统一

一方面，在刑事诉讼过程中，通过证人、鉴定人出庭作证，强化控辩平衡，让被告人对法庭的定罪量刑心服口服，降低上诉率和申诉率。过某某非法采矿、林某某强奸、胡某某妨害作证等案件，因一审法院未同意辩方证人、鉴定人的出庭申请，各被告人均对一审判决表示强烈不满。二审法院二审期间依法通知辩方申请的证人、鉴定人出庭作证并维持原判，被告人对此未再表示不满，亦未提出申诉。另一方面，当庭质证、当庭宣判，有利于树立司法公开、公平、公正的良好形象。在姚某某故意杀人一案中，三位证人出庭作证，证实被告人姚某某长期遭受被害人的家庭暴力，家暴专家陈某出庭接受控辩双方和法庭的询问，解释说明了被告人作为受暴人在杀害施暴人时的主观心态、杀人手段与家庭暴力的关系及其特点和规律。法庭经认证后当庭宣判，从轻判处被告人姚某某五年有期徒刑。该案的审判得到《人民法院报》、中央电视台等全国性媒体的正面报道和社会各界的充分肯定，并被《中国审判》杂志和最高人民法院研究室评选为 2015 年度十大典型案例之一。

三、存在的困难和问题

（一）以审判为中心的理念仍有待强化

长期以来，以侦查为中心、重实体轻程序等观念在部分政法干警思想中依然根深蒂固，对庭审实质化改革的重要意义认识不够，以审判为中心的理念仍有待进一步强化。以审判为中心的诉讼制度改革"内热外冷"现象仍然存在，影响了刑事审判的质量。

（二）证人出庭难、质证难、认证难的问题依然突出

由于立法不明确，证人出庭审查标准模糊，强制出庭可操作性不强，证人权益难以充分保障，加上实践中存在的证人联系困难、证言真实性存疑和庭审询问技能有待提高等因素，目前刑事诉讼中证人出庭工作仍存在一些短板。

一是经通知后证人到庭率仍不是很高。试点过程中，经统计发现，近一半人员在接到出庭通知时明确拒绝或以各种借口回避。2015 年，三家试点法院普通证人的实际到庭率仅为 22.41%，远低于其他类型证人接近 100% 的到庭率，成为落实证人出庭的"瓶颈"所在。从案件类型来看，基层人民法院

的一审案件证人实际到庭率远低于温州市中级人民法院 98.21% 的实际到庭率。此外,有 27.62% 的证人由于无法通知而没有到庭作证。存在上述问题的原因,首先是对出庭证人的保护措施不足,证人保护制度规定的可操作性不强,其执行主体、经费来源、申请程序、责任追究等均亟待细化。法院本身的力量不足以承担证人保护职责,又难以要求公安机关对证人予以保护。其次是《刑事诉讼法》规定的证人出庭作证标准不够清晰,各方对出庭必要性的衡量难以统一。如何理解哪些是重大疑难、复杂案件,哪些是需要出庭的关键证人,各方认识不一致,难以积极配合法院促使证人出庭作证。最后是公安机关对证人身份信息、联系方式以及家庭住址的确认工作有待加强;我国人口流动性大,基层社区不能及时掌握证人去向,证人离开当地后很难再取得联系;部分证人采用变更联系方式、外出躲避等方式予以回避,造成法院无法及时通知证人。

二是申请证人出庭的积极性不高。2015 年,全市检察机关仅在 4 起案件中申请 4 人出庭,辩方仅在 22 起案件中申请 31 名证人出庭,均远低于法院依职权通知的证人数量。严格来讲,由法院主动通知证人出庭作证,有违法官在审判中的中立地位。造成上述问题的原因在于,长期以来以侦查为中心的理念在短时间内转变仍有难度。一方面,证人出庭提高了指控难度,如关键证人在出庭时翻证,会对证据体系造成严重破坏,甚至直接推翻指控。因此,为减少证人拒绝作证或当庭改变口供等现象,有的公诉人不愿申请证人出庭作证。另一方面,辩护人出于保护自身的目的,对证人出庭持被动态度,部分辩护人将联系证人、申请出庭的工作推给被告人家属,对出庭证人的身份、证言不加审核;部分辩护人不提前申请证人出庭,而是当庭提出,导致庭审中出现证据突袭。

三是部分证人出庭作证的可采性低。从试点情况看,辩方申请出庭的 16 名出庭证人中,有 10 名系被告人的亲友,其中 7 人当庭所作证言因与在案的其他证据不符或有其他瑕疵而未获采纳。究其原因,在于证言真实性保障机制欠缺,伪证罪的构成要件规定严苛,其他保障出庭证人证言真实性的机制缺失,作伪证被查处的概率较低,使个别证人产生了作伪证可以帮助被告人脱罪,即便不被采信也不会受追究的错误认识。

（三）相关配套改革措施有待完善

1. 庭外核实技侦证据情况仍较为普遍

根据《刑事诉讼法》规定，采取技侦手段收集的材料在刑事诉讼中可以作为证据使用，但在一些案件办理过程中，侦查人员常常以侦查措施涉密为由不移送相关证据，致使法庭只能在庭外单独核实。温州市中级人民法院审结的多起重大毒品犯罪死刑案件，技侦材料无一作为证据随案移送，审判人员需填报申请表，经公安机关审批方得查阅，且无法在法庭上出示、质证并作为定案根据。

2. 庭前会议的内容和效力有待研究

庭前会议的操作规程仍有待完善，法院、检察院与辩护律师对于庭前会议制度的程序、约束力和实际效果等方面的认识尚存在分歧。辩护人担忧在庭前会议中过早暴露辩护策略，难以在庭审中发挥作用；庭审中部分辩护人、公诉人不愿受庭前会议结果的约束，庭前会议的制度功能尚未得到有效发挥。

3. 辩护律师依法履职的保障措施有待加强

目前，受限于辩方责任心、诉讼能力和律师伪证罪威慑等因素，辩方调取新证据的积极性不足。实践中，辩护律师的调查取证权仍受到一定限制，律师自行调查取证或申请法院重新调查取证的比例不高。

4. 疑罪从无原则有待进一步落实

对于证据不足，不能认定被告人有罪的案件，2015 年以来温州全市法院裁定允许公诉机关撤回起诉 53 件，宣告被告人或被告单位无罪的仅有 4 件。如何规范撤回起诉的条件和程序，确保疑罪从无原则落到实处，防范冤错案件发生，还需要进一步研究解决。

四、下一步改革工作建议

（一）促进司法理念转变提升，形成改革合力

推进以审判为中心的诉讼制度改革，牵涉政法工作全局，必须依靠党委领导，政法部门互相支持、配合，才能保证各项改革措施落到实处。积极做好以审判为中心的诉讼理念的宣传工作，引导各司法机关深化对相关理念的

理解和认识，采用循序渐进、求同存异的方式方法，与检察机关、公安机关协调沟通，就推动证人、侦查人员出庭作证，完善庭前会议制度，排除非法证据等工作统一思想认识，形成改革合力。

（二）鼓励引导证人出庭作证

进一步明确严格适用直接言词原则的案件及证人类型，使被告人的对质权获得有效保障。重点针对具有事实不清、被告人拒不认罪、证人证言存在反复、证人证言与其他证据相矛盾、鉴定意见之间自相矛盾等情形的刑事案件，在审理过程中强调证人出庭作证，按照先易后难方法，根据不同审级和案件类型分类推进。明确证人出庭的发问规则、作证流程和采信规则，建立健全证人权益保护工作机制。同时，创新方式方法，改进隐蔽作证、远程视频作证等证人出庭作证模式，继续在部分重大案件中试行关键证人询问全程同步录音录像制度，完善伪证惩戒机制。

（三）完善庭前会议制度

进一步强化庭前会议的制度功能，在现有的制度框架下，将庭审证据开示、清理争议焦点、排除非法证据等功能纳入其中。探索庭前会议与庭审程序的衔接机制，强化庭前会议结果在庭审过程中的运用，防止控辩双方随意推翻已经庭前会议形成的意见，强化约束力，避免证据突袭和庭审无序。同时，将庭前会议制度改革与司法员额制改革相配套，通过梳理司法辅助人员与法官的分工，探索研究司法辅助人员在庭前会议、程序性事项审查判断中的地位作用。

（四）构建科学的案件繁简分流制度

继续推进轻微刑事案件全流程快速办理机制改革，推广简易程序案件集中庭审、远程视频庭审等快速办理机制。与公安局、检察院共同将刑事案件的繁简分流机制推进到侦查、起诉阶段，从源头上简化审判程序。完善被告人认罪认罚从宽制度，对被告人自愿认罪的，区分不同情况合理简化审判程序，落实从宽制度。做好繁简分流，优化司法资源配置，优先保障重大案件、疑难案件、被告人不认罪案件的审判质量。

（五）切实保障律师依法履行职责

推动判处三年以上有期徒刑案件的指定辩护达到全覆盖，积极探索在简易程序案件、速裁程序案件中为被告人指定辩护人的长效机制。建议做到刑事案件法律援助制度全覆盖，进一步切实保障律师的阅卷、会见、调查取证权等权利，联合律协等单位制定庭前证据开示、交换规则，建议公诉机关庭前提交举证提纲，给予辩护律师准备时间。通过庭审规范化的举措，保证律师在庭审中充分发表意见，在裁判文书中积极回应辩护意见。

（六）严格依法排除非法证据

对被告人及其辩护人提出的排除非法证据申请，依法及时启动调查程序，加强审查力度，坚决防止出现定罪证据、关键证据不敢排、不愿排的现象。与公安机关、检察机关密切沟通，在部分被告人认罪的重大案件中，试行被告人供述核实机制，由驻所检察官或看守所值班律师对讯问过程的合法性进行核实，有效预防非法取证行为。

第十九章　实证视野下刑事案件律师
辩护全覆盖的实现路径[*]

一、刑事案件律师辩护全覆盖制度推行的背景及意义

（一）刑事案件律师辩护全覆盖制度推行的背景

目前在我国刑事司法实务中，刑事案件律师产生的途径主要有两个：一个是被告人及其家属的委托，通常我们称为委托律师；另一个是法律援助中心的指派，通常我们称为法律援助律师。2012 年和 2018 年《刑事诉讼法》的两次修正，扩大了法律援助辩护的范围，对推动刑事案件法律援助辩护的发展具有重要历史意义。《最高人民法院关于适用〈中华人民共和国刑事诉讼法〉的解释（2012）》第 42 条①明确规定了应当指派法律援助律师的对象包括三类：一是盲、聋、哑人；二是尚未完全丧失辨认或者控制自己行为能力的精神病人；三是可能被判处无期徒刑、死刑的人。第 43 条②规定了可以指派法律援助律师的情形包括五类：一是共同犯罪案件中，其他被告人已经委托辩护人；二是有重大社会影响的案件；三是人民检察院抗诉的案件；四是被告人的行为可能不构成犯罪；五是有必要指派律师提供辩护的其他情形。2016 年 7 月，最高人民法院、最高人民检察院、公安部、国家安全部、司法部印发《关于推进以审判为中心的刑事诉讼制度改革的意见》（法发〔2016〕18 号），不仅强调要保障律师的辩护权，发挥律师的专业监督作用，同时提

---

　　* 本部分系与方彬微合著，原载《人民司法》2019 年第 13 期。为阅读方便，脚注从略，如需引用，可参阅原文。
　　① 现对应《最高人民法院关于适用〈中华人民共和国刑事诉讼法〉的解释（2021）》第 47 条。
　　② 现对应《最高人民法院关于适用〈中华人民共和国刑事诉讼法〉的解释（2021）》第 48 条。

出要建立法律援助值班律师制度，完善法律援助制度，健全依申请法律援助工作机制和办案机关通知辩护工作机制。对此，司法部明确提出"大幅度提高刑事案件律师的辩护率""推动实现刑事辩护的全覆盖"的目标。时任司法部副部长熊选国在 2017 年 4 月召开的司法部新闻发布会上接受记者采访时明确表示："目前刑事案件辩护率偏低，一些犯罪嫌疑人、被告人的合法权益得不到有效维护。司法行政机关要采取措施，扩大刑事辩护法律援助的范围，推动实现刑事辩护的全覆盖。"同时，熊选国也提出："这需要一个过程，刑事辩护应该逐步推动，推动律师参与刑事辩护，实现全覆盖。"2017年 10 月，最高人民法院、司法部印发了《关于开展刑事案件律师辩护全覆盖试点工作的办法》，提出在北京、上海、浙江、安徽、河南、广东、四川、陕西 8 个省、直辖市开展刑事案件律师辩护全覆盖试点工作，迈出了推动刑事案件辩护全覆盖的第一步，这是刑事司法一个崭新的目标，也是一项艰巨的挑战。

（二）刑事案件律师辩护全覆盖制度推行的意义

现代意义上的刑事诉讼由控诉、辩护、审判三方组成，其职能分别由检察机关、被追诉方和法院行使，各司其职，共同构成现代刑事诉讼的基本结构。"辩护的前提是控诉，辩护是针对控诉而形成的。控诉与辩护的对抗过程就是案件事实真相暴露的过程，审判权进而获得居中审判的条件。"[1] 国际通行的观点均认为，辩护权的行使状况与刑事诉讼的法治文明程度具有必然的联系。日本学者田口守一就曾提出："在某种程度上，刑事诉讼的历史，就是辩护权不断扩大的历史。"[2] 我国现阶段试行的刑事案件辩护全覆盖制度不仅是以审判为中心的刑事诉讼制度改革的题中之义，更是本轮司法制度改革的重要内容，具有历史性的重要意义。

1. 刑事案件律师辩护全覆盖制度是贯彻落实庭审实质化的助推器

庭审实质化是以审判为中心的诉讼制度改革的重要内容，其基本目标是"保证庭审在查明事实、认定证据、保护诉权、公正裁判中发挥决定性作

---

[1] 潘少华：《死刑辩护权论》，中国人民公安大学出版社 2013 年版，第 3 页。
[2] ［日］田口守一：《刑事诉讼法》，刘迪等译，法律出版社 2000 年版，第 89 页。

用"。最高人民法院在 2015 年 2 月发布的《最高人民法院关于全面深化人民法院改革的意见——人民法院第四个五年改革纲要（2014—2018）》（以下简称《四五改革纲要》）明确提出，要"强化庭审中心意识"，实现"四个在法庭"，即"诉讼证据质证在法庭、案件事实查明在法庭、诉辩意见发表在法庭、裁判理由形成在法庭"。由此可见，庭审实质化目标的实现不仅涉及审判方式的改革，同时对控、辩、裁三方的诉讼能力提出了较高的要求，需要三方在有限的庭审时空中，充分调动各种知识、技能和经验，快速作出正确的判断和应对。虽然《刑事诉讼法》规定被告人享有自我辩护的权利，但鉴于刑事案件被告人普遍知识水平较低，庭审实质化背景下辩方诉讼能力的养成只能寄托于律师，而刑事案件律师辩护全覆盖制度的贯彻落实强化了辩方的诉讼能力，有效促进了庭审实质化目标的实现。庭审实质化十分重要的一个方面就是辩护方的辩护能力与水平。在控方已经十分强大的情况下，辩方能否充分发挥作用、能否真正做到控辩平衡是庭审实质化的关键所在。在司法实务中，开展庭审实质化改革试点的法院，几乎都将强化辩护权纳入了庭审实质化改革的主要内容，如作为试点的温州两级法院就提出要"强化控辩平等原则"，将指定辩护申请纳入"即办制"范围，明确权利告知、条件审查、申请转递等程序，同时还联合温州市司法局制定《关于加强刑事案件指定辩护工作暂行办法》，推进指定辩护工作的规范化、制度化。

2. 刑事案件律师辩护全覆盖制度是实现程序正义的催化剂

"一般认为，程序正义源于古罗马时代的'自然正义'理论，其理论基础是古罗马传统的自然法理论。在当时，自然正义的实现要求审判程序的设置必须遵循两个基本原则：一是任何人不得作自己案件的法官；二是应当听取双方当事人的意见。"[1] 第二个原则在现代刑事诉讼中，可以理解为控辩平衡，即"在刑事诉讼中控辩双方的诉讼权利和诉讼义务应当对等，以保证辩方有足够的防御能力和充分的防御机会来对抗控方的指控，简言之，包括控辩双方诉讼地位的平等、权力和权利的平衡以及攻防机会与能力（手段）的

---

① 陈瑞华：《刑事审判原理论》，北京大学出版社 1997 年版，第 55 页。

对等三个基本特征"。① 我国目前试点的刑事案件律师辩护全覆盖制度为在刑事诉讼中确保控辩平衡提供了制度上的保障,是推动程序正义实现的动力。为有效保障辩护律师的诉讼权利,温州两级法院不仅出台规范性文件,设立律师免检通道、提供律师电子化阅卷服务,建立投诉反馈机制,同时还开展了"百名律师评法院"活动,并根据律师反馈的意见抓好整改落实。

3. 刑事案件律师辩护全覆盖制度是推进认罪认罚从宽制度的必然要求

党的十八届四中全会审议通过的《中共中央关于全面推进依法治国若干重大问题的决定》首次明确提出"完善刑事诉讼中认罪认罚从宽制度",这不仅有利于推进案件繁简分流,优化司法资源配置,同时也有利于进一步落实我国宽严相济的刑事政策。最高人民法院在 2015 年发布的《四五改革纲要》中指出:"完善刑事诉讼中认罪认罚从宽制度。明确被告人自愿认罪、自愿接受处罚、积极退赃退赔案件的诉讼程序、处罚标准和处理方式,构建被告人认罪案件和不认罪案件的分流机制,优化配置司法资源。"此外,最高人民法院、最高人民检察院、国家安全部、公安部、司法部联合出台的《关于在部分地区开展刑事案件认罪认罚从宽制度试点工作的办法》(已失效)第 1 条规定:"犯罪嫌疑人、被告人自愿如实供述自己的罪行,对指控的犯罪事实没有异议,同意量刑建议,签署具结书的,可以依法从宽处理。"由此可见,适用认罪认罚从宽制度的前提是被告人自愿认罪。"犯罪嫌疑人、被告人认罪认罚的自愿性是简化处理程序的正当性基础及先决条件,也是实现公正审判的核心要求。"② 自愿认罪一方面可以体现被告人的悔罪表现,另一方面却涉及被告人对多项诉讼权利的选择和放弃。而在司法实务中,办案机关的权利告知主要是一种程序告知,若被告人是在未充分了解认罪认罚的意义及后果基础上作出的认罪认罚选择,并不是一种真正意义上的自愿认罪。在司法实务中,试点认罪认罚从宽制度的各地,基本引入了值班律师或法律援助律师,律师了解案件事实和证据情况后,从法律专业角度向被告人详细

---

① 冯军:《程序正义视野中的控诉与辩护——我国刑事诉讼中的控辩关系问题研究》,载《新疆大学学报(社会科学版)》2004 年第 2 期,第 46 页。

② 刘静坤:《刑事审判程序繁简分流与公正审判》,载《法律适用》2016 年第 6 期。

说明认罪认罚的利弊，最终由被告人作出是否选择认罪认罚的决定，从而确保被告人认罪的真正自愿性。2017 年浙江省杭州市出台了《关于在认罪认罚从宽制度试点工作中加强法律援助工作的意见》，其中第 1 条明确规定，办理认罪认罚案件，应当保障犯罪嫌疑人、被告人获得辩护或有效的法律帮助，确保其了解认罪认罚的性质和法律后果，自愿认罪认罚。法律援助机构参与认罪认罚案件的方式为指派律师提供辩护和提供法律帮助两种。因此，刑事案件律师辩护全覆盖制度保障了认罪认罚从宽制度中的律师参与，确保了被告人认罪认罚的自愿性、真实性、合法性。

二、刑事案件律师辩护全覆盖制度的现实困境

（一）刑事案件律师辩护全覆盖制度的落实情况

在开始试点刑事案件律师辩护全覆盖制度之前，最高人民法院及地方各级法院就出台了关于刑事诉讼法律援助的一系列文件。2013 年，最高人民法院、最高人民检察院、公安部、司法部出台了《关于刑事诉讼法律援助工作的规定》，在第 9 条中规定了应当指派法律援助律师的范围，包括四种情况："（一）未成年人；（二）盲、聋、哑人；（三）尚未完全丧失辨认或者控制自己行为能力的精神病人；（四）可能被判处无期徒刑、死刑的人。"同时在第 2 条中规定了可以申请法律援助的范围，包括四种情况："（一）有证据证明犯罪嫌疑人、被告人属于一级或者二级智力残疾的；（二）共同犯罪案件中，其他犯罪嫌疑人、被告人已委托辩护人的；（三）人民检察院抗诉的；（四）案件具有重大社会影响的。"2014 年，浙江省高级人民法院、浙江省人民检察院、浙江省公安厅、浙江省司法厅出台《关于加强和规范刑事法律援助工作的意见》，通过"商请"的形式，进一步将可以指派法律援助律师的范围扩大为九种情况："（一）有证据证明犯罪嫌疑人、被告人认知能力较差的；（二）共同犯罪案件中，其他犯罪嫌疑人、被告人已委托辩护人的；（三）案件有重大社会影响或者社会公众高度关注的；（四）犯罪嫌疑人、被告人作无罪辩解或其行为可能不构成犯罪的；（五）人民法院认为起诉意见和移送的案件证据材料可能影响正确定罪量刑的；（六）基层人民法院审理的一审

刑事案件，被告人经济困难且可能被判处 3 年以上有期徒刑的；（七）中级人民法院审理的一审刑事案件；（八）人民检察院抗诉的案件；（九）其他需要商请法律援助机构指派律师提供辩护的情形。"

在最高人民法院、司法部印发《关于开展刑事案件律师辩护全覆盖试点工作的办法》之后，为确保刑事辩护全覆盖制度的贯彻落实，浙江各级人民法院亦制定了相应的规章制度，在全国率先开展试点工作。如，温州市中级人民法院联合市司法局制定了《温州市刑事案件律师辩护全覆盖试点工作实施方案》，将《刑事诉讼法》规定应当通知辩护以外的其他适用普通程序审理的一审案件、二审案件、按照审判监督程序审理的案件、被告人及其近亲属提出法律帮助请求的适用简易程序或速裁程序审理的案件，全部纳入通知辩护范围。

笔者统计了浙江各级法院 2014 年至 2018 年第 3 季度刑事案件的辩护情况（包括法律援助情况），发现在司法实务中，刑事案件律师辩护全覆盖制度得到了相对较好的贯彻落实，开展试点工作以后，指定律师辩护的被告人数得到了大幅提高。

1. 可能判处 3 年以上有期徒刑的刑事案件辩护率逐年增长

从浙江省各级法院 2014 年至 2018 年前 3 个季度的统计数据可以看出，2014 年度，全省法院可能判处 3 年以上辩护率为 87.08%，同比上升 20.54%；2015 年度，全省法院可能判处 3 年以上辩护率为 94.64%，同比上升 7.56%；2016 年度，全省法院可能判处 3 年以上辩护率为 95.48%，同比上升 0.84%；2017 年度，全省法院可能判处 3 年以上辩护率为 96.96%，同比上升 1.48%；2018 年第 1—3 季度，全省法院可能判处 3 年以上辩护率为 97.84%，同比上升 1.28%。

2. 指定辩护被告人数逐年增长

分析浙江省各级法院 2014 年至 2018 年前 3 个季度指定辩护被告总人数可以发现，指定辩护被告人数基本上呈现逐年增长趋势，其中推行刑事案件律师辩护全覆盖制度试点工作以来，增长趋势更为明显。2014 年度，全省法院指定辩护被告总人数 5409 人，同比上升 33.1%，其中属于应当（委派）辩护被告人数 1960 人，同比上升 7.34%，属于扩大（指派）辩护被告人数

3449 人，同比上升 54.11%；2015 年度，全省法院指定辩护被告总人数 5720 人，同比上升 5.75%，其中属于应当（委派）辩护被告人数 1591 人，同比下降 18.873%，属于扩大（指派）辩护被告人数 4129 人，同比上升 19.72%；2016 年度，全省法院指定辩护被告总人数 6273 人，同比上升 9.67%，其中属于应当（委派）辩护被告人数同比下降 11.69%，扩大（指派）辩护被告人数同比上升 17.9%；2017 年度，全省法院指定辩护被告总人数 5848 人，同比下降 6.78%，其中应当（委派）辩护被告人数为 1222 人，同比下降 13.02%，扩大（指派）辩护被告人数为 4626 人，同比下降 4.97%；2018 年第 1—3 季度，全省法院指定辩护被告总人数 8401 人，同比上升 119.98%，其中属于应当（委派）辩护被告人数为 3649 人，同比上升 316.08%，扩大（指派）辩护被告人数 4752 人，同比上升 61.52%。

（二）刑事案件律师辩护全覆盖制度在司法实务中的困境

"中央部门提出刑事辩护的'全覆盖'，不仅是对于刑事法律援助辩护现实困境的一种制度反思，也是对于法律援助制度改革设立的一个目标。"[①] 由此可见，刑事案件律师辩护全覆盖制度的贯彻落实是建立在法律援助制度的基础上。然而，由于我国法律援助体系的构建起步较晚，相应的配套制度仍不成熟，这使得刑事案件律师辩护全覆盖制度在司法实务中面临着一定的现实困境。

1. 法律援助辩护质量不高

国务院 2003 年颁布的《法律援助条例》第 6 条规定："律师应当依照律师法和本条例的规定履行法律援助义务，为受援人提供符合标准的法律服务，依法维护受援人的合法权益，接受律师协会和司法行政部门的监督。"然而对于何为"符合标准的法律服务"，并无相应的评判依据。理想状态下，指定辩护的质量标准应当与委托辩护并无区别，但也有学者指出，这是一种过于理想化的设定。"指定辩护与委托辩护有着'大众消费'与'奢侈消费'的区别。申言之，法院或政府提供的指定辩护是一种公共服务产品，具有'批量

---

① 王迎龙：《论刑事法律援助的中国模式——刑事辩护"全覆盖"之实现径路》，载《中国刑事法杂志》2018 年第 2 期。

供应'的特征；与此不同，委托辩护是被告人及其亲属基于市场考察、质量比较，进而通过自愿、平等的交易而产生，具有'个别化服务'的特征。"① 在司法实务中，财政拨款的法律援助经费相对较低，如温州地区，刑事案件法律援助经费是每位指定辩护律师 1200 元。可能受制于利益影响，一些法律援助律师的工作积极性并不高。

2. 被告人及家属对指定辩护律师缺乏信任

辩护律师作为被告人辩护权延伸的载体，直接关系到被告人的切身利益，但是在司法实务中，指定辩护律师均是由法律援助中心直接指派，被告人并无自行选择的权利。由于大多数被告人及家属对指定辩护律师的职业素养、业务技能不甚了解，可能会对指定辩护律师缺乏应有的信任，不愿对指定辩护律师敞开心扉。从司法实务中律师辩护的具体情况来看，指定辩护律师的辩护意见主要集中在量刑情节方面，包括法定量刑情节和酌定量刑情节，较少针对犯罪事实、证据或定性提出辩护意见；而委托辩护律师则会将更多的精力放在对案件事实、取证程序，以及案件的定性方面，量刑情节在辩护意见中所占的比例较小。被告人和指定辩护律师之间无法形成一种良性的互动，在一定程度上会导致被告人及家属对指定辩护律师的满意度下降。

3. 律师介入时间相对滞后，难以充分发挥作用

根据最高人民法院、司法部颁布的《关于开展刑事案件律师辩护全覆盖试点工作的办法》第 3 条规定，人民法院自受理案件之日起三日内，应当告知被告人有权委托辩护人以及获得值班律师法律帮助。由此可见，该办法将刑事案件律师辩护全覆盖的范围限于审判阶段，并未延伸至审查起诉阶段和侦查阶段。虽然《法律援助条例》第 11 条规定，犯罪嫌疑人在被侦查机关第一次讯问后或者采取强制措施之日起，因经济困难没有聘请律师的，可以向法律援助机构申请法律援助。但是，根据《刑事诉讼法》（2018 修正）第 38 条规定："辩护律师在侦查期间可以为犯罪嫌疑人提供法律帮助；代理申诉、控告；申请变更强制措施；向侦查机关了解犯罪嫌疑人涉嫌的罪名和案

---

① 马静华：《指定辩护律师作用之实证研究——以委托辩护为参照》，载《现代法学》2010 年第 6 期。

件有关情况，提出意见。"从严格意义上说，侦查阶段的法律援助并不具备"辩护"功能，更多的是提供一种法律帮助。在司法实务中，大部分法律援助律师接到指派通知的时间距离庭审的时间并不长，法律援助律师可能没有充分的时间准备庭审，难以充分发挥作用。

三、完善刑事案件律师辩护全覆盖制度的现实路径

虽然刑事案件律师辩护全覆盖制度在推行过程中面临着各种各样的现实困境，但我们不能因噎废食，更应当充分认识到刑事案件律师辩护全覆盖制度的推行是一项系统工程，不仅需要在意识层面正确认识律师的辩护价值，同时也需要在配套设计方面形成一整套适度超前又符合司法实践需要的制度。

（一）建立刑事辩护层级准入机制，确保有效辩护

推行刑事案件律师辩护全覆盖制度，不仅要在"量"上保证每个被告人有律师提供辩护，同时更要在"质"上保证律师所提供的是有效辩护。相比较而言，对于"量"更容易用明确的形式化指标予以衡量，对于"质"则更为复杂，难以细化"有效辩护"标准，实践中可操作性不强。

就我国目前的具体情况而言，提高指定辩护质量，确保有效辩护，首先需要解决的是尽快建立刑事辩护层级准入机制，即根据法院层级或案件复杂程度来设置不同的刑事辩护律师准入门槛。如英国，根据法院层级的不同，对律师的资格有不同的要求，出庭律师可以在任何层级的法院为当事人辩护，而事务律师（又称初级律师）则只能在郡法院或治安法院等基层人民法院出庭为当事人辩护。在美国，则是根据案件的复杂程度不同，对律师的准入资格有不同的要求，对死刑案件设置了特别严格的律师准入条件，"在死刑案件的审理过程中，美国联邦和各州法院一般都要求被告人至少要有两名律师为其辩护，一个应为死刑方面的专家，另一个则应精通诉讼方面的事务"。[①]在我国，《刑事诉讼法》对级别管辖的规定，总体上是根据案件的复杂程度来设定的，也就是说，案件的复杂程度与法院的层级是成正比的。

[①]　冀祥德：《提高我国刑事辩护质量的另一条路径——再论刑事辩护准入制度的建立》，载《法学杂志》2008 年第 4 期。

我国的司法实践中，从事刑事辩护的律师质量参差不齐，尤其是指定辩护律师，大多数是刚入行的新律师，执业素养和实战经验较为欠缺。建立刑事辩护层级准入机制，根据律师的执业时间和办理案件的数量，设置其可以出庭辩护的法院层级及不同难易程度的案件，可以缩小律师之间的质量差异，实现"因材施辩"。结合我国的实际情况，笔者认为，现阶段建立刑事辩护层级准入机制的总体构想如下：（1）取得律师执业资格证书，并从事律师事务满1年的律师，可以在基层人民法院从事刑事辩护；（2）取得律师执业资格证书，并从事律师事务满3年的律师，可以在中级人民法院从事刑事辩护；（3）取得律师执业资格证书，并从事律师事务满5年的律师，可以在高级人民法院或最高人民法院从事刑事辩护；（4）取得律师执业资格证书，并从事律师事务满8年的律师，方可从事死刑案件的辩护。我国虽无相关刑事辩护层级准入机制的规定，但在司法实践中，已有法院开始试行。2017年10月16日，温州市中级人民法院联合市司法局制定《温州市刑事案件律师辩护全覆盖试点工作实施方案》明确规定："重大疑难刑事案件应由执业年限10年以上的律师承办，确保重大刑事案件的辩护质量。"

（二）扩展指定辩护适用阶段，实现全流程的刑事案件律师辩护全覆盖

辩护的目的不仅在于保护犯罪嫌疑人、被告人的合法权益免受侵害，同时在一定程度上也能起到案件分流的功能，尤其轻微刑事案件，辩护律师提前介入，被告人能够认罪认罚的，可以节约大量司法资源。"刑事诉讼的历史就是扩大辩护权的历史。"[①] 现代发达法治国家基本能够确保律师参与刑事诉讼全过程，国际社会已经开始呼吁将指定辩护延伸至侦查阶段，"联合国有关刑事司法的有关文件及多数国际公约均承认犯罪嫌疑人的国费辩护权，要求将国费辩护权延伸到犯罪嫌疑人已经成为日本法学界一致的意见和呼声"。[②] 从我国的现状来看，要求所有刑事案件均实现全流程律师辩护全覆盖并不现实，现阶段可以针对可能判处死刑的案件及被告人认罪认罚案件逐步

---

① ［日］田口守一：《刑事诉讼法》，刘迪等译，法律出版社2000年版，第89页。
② 彭勃：《日本刑事诉讼法通论》，中国政法大学出版社2002年版，第36页。

推进全流程律师辩护全覆盖，在政策设计上，将值班律师定位于法律援助律师，赋予值班律师阅卷、调查取证等相关权利，保证认罪认罚从宽制度应有价值能够真正得以体现。

（三）　建立法律援助评价体系，赋予被告人选择法律援助律师的权利

最高人民法院、司法部印发的《关于开展刑事案件律师辩护全覆盖试点工作的办法》（司发通〔2017〕106号）第11条规定："第二审人民法院发现第一审人民法院未履行通知辩护职责，导致被告人在审判期间未获得律师辩护的，应当认定符合刑事诉讼法第二百二十七条第三项①规定的情形，裁定撤销原判，发回原审人民法院重新审判。"该规定可以在"量"上保证辩护率达到"全覆盖"的要求，但要在"质"上确保全覆盖的律师辩护能够真正发挥作用，还需建立法律援助评价体系，从外部监督的视角定期对法律援助辩护的质量进行考核，督促法律援助律师全身心投入案件的辩护工作中。但目前，我国对于刑事辩护法律援助工作的质量监督体系尚未建立导致工作的无制约化，主要表现为律师在办理法律援助案件的过程中缺乏积极性，导致法律援助服务虚置化。

现阶段建立法律援助评价体系，应从内外两方面同时进行。就内部而言，法律援助机构内部应当设立监督员制度，通过了解案件进展、出庭旁听等方式对援助律师进行内部监督，并对每个案件的法律援助工作作出评价；就外部而言，应当强化司法机关的监督，法院、检察院在办理案件的过程中发现律师有违法违纪的情况，应及时向司法行政机关、律师协会反映，并逐案对法律援助律师的工作作出评价。如温州市中级人民法院联合市司法局于2017年8月出台了《法官与律师互评工作实施办法（试行）》，要求"以个案流程为载体，对有律师参与诉讼并具完整程序的案件，法官或律师在结案时，分别对该案的承办律师、经办法官进行独立、客观的评价，实行一案一评价"。

此外，被告人作为指定辩护的最终受益者，应当赋予被告人选择法律援

---

①　现对应《刑事诉讼法》（2018修正）第238条第3项。

助律师的权利。现阶段可以尝试建立刑事案件法律援助律师数据库，根据法律援助评价体系，尽量完善法律援助律师的基本信息，包括执业时间、专业特长、胜诉率等。办案机关为被告人指定辩护律师时，应向其提供律师数据库资料，确保被告人能够及时了解法律援助律师的相关信息，从内心建立对法律援助律师的信任度。同时，为平衡法律援助律师的工作量，应当对律师每年应完成的法律援助案件数量作出硬性规定，并将已完成法律援助数量指标的律师及时从数据库中剔除，从而确保被告人选择权能够落到实处。

（四）构建多元法律援助模式

域外的刑事法律援助模式往往具有多元化的特点。如美国，有以下三种模式：（1）公设辩护人（Public Defender），在各个州都设有公设辩护人办公室，公设辩护人领取政府薪金，具体为犯罪嫌疑人和被告人提供法律援助；（2）指定律师（Assigned Counsel），即由法庭为没有能力聘请律师的被告指派私人律师提供法律援助，收取固定费用或者根据小时付费；（3）合同律师（Contract Counsel），即政府与某律师事务所签订"一揽子"合同，律所办理某个司法区域内在某个时间段的法律援助案件，政府根据合同付费。虽然我国立法层面尚未提出构建多元法律援助模式的构想，但为了调动法律援助律师的积极性，缩小指定辩护和委托辩护之间的收入悬殊，《最高人民法院、司法部关于开展刑事案件律师辩护全覆盖试点工作的办法》也已提出要建立多层次经费保障机制，探索实行由法律援助受援人分担部分法律援助费用。但陈光中教授认为，以"探索实行由法律援助受援人分担部分法律援助费用"的方式来缓解法律援助资金不足的问题，效果有限，且并非长久之计。陈光中教授提出："当前，刑事辩护法律援助的模式主要是社会律师承担法律援助的模式。对此应当根据现实的需要，在社会律师主导的模式中创新公设辩护人模式，兼采政府购买服务的模式，以有利于刑事辩护法律援助的全覆盖及其质量的提高。"[1]

---

[1] 陈光中、张益南：《推进刑事辩护法律援助全覆盖问题之探讨》，载《法学杂志》2018 年第 3 期。

1. 推进公设律师法律援助模式的建立

"公设律师法律援助模式是指由国家设立在编机构，以国家公职人员形式吸收全职或兼职律师为公设辩护人，专门负责为贫困以及特殊群体的犯罪嫌疑人、被告人提供辩护的法律援助模式。"[1] 这种法律援助模式应当是国家承担法律援助义务最直观的体现。一般而言，公设律师属于国家公务员，纳入行政编制。就我国的现状来看，多数地方都设立了公职律师，现阶段可以尝试将部分公职律师作为公设律师使用，专门从事法律援助工作。

2. 尝试政府购买法律援助服务的模式

政府购买法律援助服务，即由法律援助机构同律师事务所签订承包合同，订明该法律援助管理机构向该律师事务所每年提供的经费数额和该律师事务所每年应提供法律援助的有关内容。[2] 这种模式是实现法律援助市场化的现实途径，督促政府在身份角色上，从以往的执行者、操作者转变为管理者、监督者，有利于统筹市场和社会资源，调控不同地域间法律援助的均衡发展。现阶段可以尝试将法律服务纳入政府采购目录，根据《政府采购法》的有关规定，采取公开招标的方式，确定一家或多家律师事务所，并签订合同，明确政府购买法律服务的性质、种类、内容等。

---

[1]　陈光中、张益南：《推进刑事辩护法律援助全覆盖问题之探讨》，载《法学杂志》2018 年第 3 期。

[2]　陈光中、张益南：《推进刑事辩护法律援助全覆盖问题之探讨》，载《法学杂志》2018 年第 3 期。

第二十章　涉家暴刑事案件有专门知识的
人出庭实践问题研究*

2012 年《刑事诉讼法》修正时，构建了有专门知识的人提供专业性意见的诉讼制度，在一定程度上解决了被告人、辩方难以实质性质疑乃至推翻控方鉴定意见，以及部分事项难以鉴定，致使司法机关办案时缺乏参考依据的问题。相较于机械且行政规制色彩浓厚的鉴定人制度，该制度具有重大的进步价值与意义。以笔者所在的浙江省温州市中级人民法院为例，在开展"庭审中心与证人出庭"试点与涉家暴刑事案件审理试点，审理两起因家暴引发的故意杀人案时，法院尝试适用有专门知识的人提供意见机制，国内知名家暴问题研究专家出庭，就家暴的界定、家暴受害人的心理和行为模式等相关问题提供专业意见，协助法院查明案件起因、被害人过错、家暴行为和犯罪行为的因果关系等案情，做到准确定罪量刑。但是，在两案的办理中我们也感受到了该制度存在一些缺陷，主要表现为规定比较原则、实践可操作性不强等问题。同时，立法也没有充分考虑到有专门知识的人参与刑事诉讼形式的多样性，例如，在上述两起涉家暴刑事案件中，家暴问题专家提供的专业意见并非针对既有的鉴定意见，也不是以检验报告的形式出现，而是表现为当庭陈述专业意见。[①] 本文以上述两起涉家暴刑事案件为切入点与观察视角，就有专门知识的人出庭实践问题进行探讨，以期抛砖引玉。

---

* 本部分原载《中国政法大学学报》2016 年第 2 期。

① 审前阶段，有专门知识的人在公安、检察机关主持下进行勘验、检查，本质上仍属于公安、检察机关的刑事司法行为，形成的勘验、检查笔录也以公安、检察机关名义作出，有专门知识的人提供的意见不具有独立意义，不属于本文讨论的范围。

一、家暴问题专家出庭的实践探索

浙江省温州市中级人民法院是国家司法文明协同创新中心确定的"庭审中心与证人出庭"试点单位，也是最高人民法院确定的涉家暴刑事案件审理试点法院。为推进试点工作，2016 年在涉家暴的姚某某故意杀人案与曹某故意杀人案两起案件中，对家暴问题专家出庭开展了积极有效的探索和实践。

（一）案情回顾

1. 姚某某故意杀人案

姚某某与被害人方某某系夫妻，婚后育有四个子女。二人结婚十余年来，方某某在不顺意时即对妻子拳打脚踢，2013 年方某某有婚外情后，对妻子的殴打变本加厉，姚某某一直默默忍受。2014 年 8 月 16 日中午，方某某在务工的鞋底厂员工宿舍内因琐事再次殴打姚某某，当晚还提出离婚并要求姚某某独自承担两个孩子的抚养费用。次日凌晨，姚某某在绝望无助、心生怨恨的情况下产生杀死方某某的想法，趁方某某熟睡之际，先持宿舍内的钢管击打方某某的头部，又取来菜刀砍切方某某的颈部，致方某某当场死亡。作案后姚某某拨打"110"电话报警，并在现场等待警方到来。温州市中级人民法院于 2015 年 3 月 10 日以故意杀人罪，判处姚某某有期徒刑五年。

2. 曹某故意杀人案

曹某与被害人王某某系恋人关系，二人于 2014 年 2 月开始同居，但在同年 6 月初关系恶化，曹某经常因琐事遭受王某某的殴打，曹某提出分手，即被王某某威胁杀死其全家，王某某还将曹某的银行卡放在自己身边掌控。曹某因此曾向派出所报警求助。同年 6 月底，二人搬至某工地生活，王某某除继续殴打、言语威胁曹某外，还限制曹某使用手机与外界联系。同年 8 月 8 日，曹某再次因琐事遭到王某某殴打，遂产生杀人的念头，并购买菜刀藏匿于宿舍内。同年 8 月 12 日凌晨，曹某趁王某某熟睡之际，持菜刀砍切王某某大腿，在王某某逃出房间求助期间又持菜刀砍切王某某大腿、持水果刀捅刺王某某腹部，王某某经送医院抢救无效死亡。曹某在明知他人报案的情况下仍留在现场，后被当场抓获。温州市中级人民法院于 2015 年 6 月 19 日以故意杀人罪，判处被告人曹某有期徒刑八年。

（二）家暴问题专家出庭的程序操作

1. 庭前准备

（1）引入家暴问题专家参与诉讼。考虑到两起故意杀人案案情重大，又系因家庭暴力引起，在判断案件成因、犯罪情节等方面有较强的专业性，温州市中级人民法院利用开展试点工作的便利条件，根据《刑事诉讼法》及其司法解释的相应规定，通知国内知名家暴问题研究专家陈某到庭陈述专业意见。姚某某故意杀人案中系辩护人向法庭申请该家暴问题专家出庭，法庭同意了辩护人的申请并通知其到庭；曹某故意杀人案中控辩双方未申请家暴问题专家出庭，法庭依职权通知其出庭。

（2）阅卷及会见。法庭认为，家暴问题专家只有在了解基本案情，特别是家暴相关事实的基础上，才能更好地在法庭上提供专业意见，而且家暴问题专家由哪一方申请或通知，应由该方向其提供案件信息。在姚某某故意杀人案的审理过程中，由辩护人向家暴问题专家提供其所复制的案卷材料；在曹某故意杀人案的审理过程中，法庭在庭前安排家暴问题专家查阅了部分案卷材料。在上述两起案件中，鉴于家暴问题专家已查阅了包括被告人供述在内的案卷材料，因此未安排其会见被告人。

（3）适格性审查。庭前，法庭要求家暴问题专家提供相关的学历教育、专业培训、与家暴相关的从业经验等材料，特别是证明其直接接触家庭暴力受害妇女工作经验的材料。该家暴问题专家向法庭提交了学历证书、在国内外接受培训并培训他人的证明材料、出版的两本与家庭暴力问题相关的专著，以及在中国法学会受暴妇女支持小组担任组长并接访受暴妇女的证明材料。法庭经审查，并询问控辩双方及被告人的意见，认为专家的资质适格，可以作为有专门知识的人出庭参与诉讼。

2. 出庭经过

（1）"旁听"庭审。在姚某某故意杀人案的审理过程中，家暴问题专家未旁听庭审，全程在证人室等候。而在曹某故意杀人案的审理过程中，法庭考虑到理论界对家暴问题专家是否可以旁听庭审存在较大争议，而通过前一起姚某某故意杀人案的审理，法庭认为鉴于涉家暴案件的特殊性，旁听或能对家暴问题专家判断家暴事实、出具专业意见提供帮助。此外，由于曹某故意杀人案与姚某某故意杀人案出庭的是同一位家暴问题专家，出于实践尝试的需要，试图通过比较来研究旁听是否会影响专业意见的客观性、真实性，抑或帮助家暴问题专家更好地阐述专业观点，因此安排其观看了庭审同步录音录像。

（2）出庭阶段。在涉家暴案件中，家暴问题专家出庭的主要作用是向法庭解释家暴方面的专业知识及家暴施暴方与受害方的特殊心理和行为模式，更多的是起到专业释疑的作用，以帮助法庭准确认识和把握审理的案件中所涉的家暴事实，有别于其他有专门知识的人，同时为了让控、辩、审三方根据法庭上查明的与家暴相关的事实，更有针对性地向专家证人质询，因此法庭没有安排家暴问题专家在举证、质证阶段出庭，而是安排在接下来的法庭辩论阶段开始之前出庭。

（3）法庭质询。庭审中，控、辩、审三方分别对家暴问题专家进行了询问，由于家暴问题专家出庭的主要目的是专业释疑，因此在询问开始前法庭要求控方与辩方仅就与家暴相关的内容进行发问，涉及案件罪与非罪、定罪量刑等问题，家暴问题专家可不予作答。

家暴问题专家出庭不仅要求审判人员掌握一定的家暴相关知识，同时也对法庭驾驭引导控辩双方询问的技能提出了较高的要求。通过上述两起案件的审理，我们也在不停地摸索和积累有专门知识的人出庭的庭审经验。

（三）家暴问题专家出庭的司法价值

法庭根据家暴问题专家出庭接受质询的情况，在合议时对其意见的客观性、可信性、关联性进行了评判，认为基于其从业经验与研究成果，专家在法庭上对家暴专业知识所作的阐述客观、科学，上述两起案件在裁判时对该意见都予以较大程度的采纳，并将之写入判决。根据案情并结合家暴问题专家的意见，法庭认为，姚某某和曹某之所以采取杀人行为，原因在于长期遭受严重的家庭暴力，其目的是反抗、摆脱家暴侵害，其行为具有防卫因素，被害人在案件起因上具有过错，该两案符合最高人民法院、最高人民检察院、公安部、司法部印发的《关于依法办理家庭暴力犯罪案件的意见》第 19 条、

第 20 条规定的情形，可以依据《刑法》相应规定，认定为情节较轻，并给予较大幅度的从宽处理。因此，姚某某和曹某分别被从宽判处五年有期徒刑和八年有期徒刑，两案审判较好地贯彻了宽严相济刑事政策。

例如，对犯罪情节严重程度的认识，由于两案中被告人都是趁被害人熟睡之际，实施故意杀人行为，根据通常理解，其行为不具有紧迫性。另外，在第一次杀害行为已经造成被害人受到严重伤害，不具有反抗能力的情况下，仍继续实施杀害行为，在一般的故意杀人案中，会认为被告人手段残忍、情节恶劣。但家暴问题专家当庭解释，指出家暴受害妇女有特殊的心理和行为模式，不能按照一般的视角来理解解释其行为。由于受害妇女之前所遭受的家庭暴力造成其极度恐惧的心理，故一般不会当场反抗，而是在施暴人不注意等情况下进行"报复"，而且往往会采取极端的手段，即使施暴方已经丧失反抗能力，因担心再次受到暴力伤害，而继续实施杀人行为，非置施暴方于死地不可。法庭认为专家的解释符合逻辑、合情合理，因此认定姚某某和曹某的作案手段不是特别残忍，情节不是特别恶劣。

另外，该专家还在庭上解释，家暴受害妇女虽然实施了故意杀人行为，但其犯罪行为只针对家暴的施暴人，在施暴人死亡后，对其他人不再有危害性，法庭据此认定被告人人身危险性较低。

二、家暴问题专家出庭面临的困惑

由于法律对于有专门知识的人规定比较原则，加上本文中的家暴问题专家还不同于典型的有专门知识的人，因而在诉讼地位、意见效力、出庭程序、回避要求等方面也存在不同认识，囿于认识能力和研究水平，本文不作展开分析，只探讨若干具体实践问题。

首先，家暴问题专家意见如何在审判中具体运用有待探索。主流观点认为，有专门知识的人提供的意见不属于任何现有的证据类型，不具有证据效力，只能作为定罪量刑的参考。[1] 如何进行参考，笔者理解，有专门知识的

---

[1] 黄尔梅：《准确把握立法精神确保法律正确实施——最高人民法院刑事诉讼法司法解释稿简介》，载汴建林、谭世贵主编：《新刑事诉讼法的理解与实施》，中国人民公安大学出版社 2013 年版，第 14 页。

人针对鉴定意见提出的专业意见，旨在肯定或否定鉴定意见，强化或削弱其证据效力。因此，该类专业意见依附于鉴定意见本身，起辅助作用，法官参考该类专业意见，主要是审查其对鉴定意见的影响程度。有专门知识的人提供的检验报告，是针对具体案件事实，法官参考检验报告，主要是审查其客观性、真实性，以及与待证事实的关联度。

而如前所述，相较于一般的专业意见，家暴问题专家提供的意见更为特殊，并非针对既有的鉴定意见，也不是以检验报告的形式出具，而是表现为家暴问题专家当庭陈述专业意见。在实践操作中，我们要求家暴问题专家不涉及具体案件事实，不发表对案件的看法，只针对家暴的界定、家暴受害人的心理和行为模式等相关问题提供专业意见，因而该种形式的专业意见具有高度的概括和抽象性。如何参考上述专业意见，同事实认定、法律适用具体问题进行转承"嫁接"，并引入裁判，没有法律规定可循，也没有先例和经验可供借鉴。在姚某某故意杀人案和曹某故意杀人案中，审判人员尝试在裁判说理部分将专业意见与案件起因、犯罪动机等问题相结合，但还未展开说理，不能令人充分了解为何采纳专家意见，以及该意见如何对定罪量刑产生实质性影响。这种做法属于探索性质，有待进一步完善。

其次，家暴问题专家的诉讼权利不明确。关于有专门知识的人可否阅卷，实践中对鉴定意见进行质证的专家为了能够有效履行职责，不仅需要对鉴定方法、鉴定原理和鉴定意见的科学性进行分析，还需要对检材来源、是否污染以及是否具备鉴定条件等问题提出意见。出具检验报告的专家为了确保报告的科学性，不仅需要对检验对象进行观察、测算，还需要了解将要进行解释说明的专业问题。这些都决定了上述两类专家需要阅卷。笔者认为，从有利于家暴问题专家更准确全面地阐述专业意见角度出发，应当允许其阅卷，实践中我们也是如此操作的，没有出现负面效果。另外，在辩方申请专家出庭的情况下，不允许专家查阅辩方已经复制的案卷，实际上也是不可能的。

在姚某某故意杀人案和曹某故意杀人案中，我们考虑到法律没有明确规定，家暴问题专家也已阅卷，而会见被告人可能会遭到监所部门的反对，因此没有安排家暴问题专家会见被告人。但实际上，与对鉴定意见进行质证以及出具检验报告的专家只需要围绕鉴定意见和待检事实本身，除非被告人本身就是鉴定或检验对象，否则会见被告人没有明显的意义和作用不同，家暴问题专家是针对施暴方和受暴方的行为模式、心理状态提供专业意见，与被告人进行面对面的交流、沟通无疑有助于其获取第一手的直观信息，对其提供专业意见的科学性有较大的帮助和提升。笔者认为，应当允许家暴问题专家在审判人员在场陪同的情况下会见被告人，以更直观地了解犯罪心理和动机，更准确有效地提供专家意见。

根据《刑事诉讼法》及其司法解释规定，有专门知识的人不得旁听庭审。在曹某故意杀人案中，我们采取变通办法，允许家暴问题专家全程观看庭审同步录音录像，这样做会不会因为使家暴问题专家了解控辩双方的意见，从而影响其意见的客观性、科学性；反过来说，如果不令家暴问题专家了解案件审理情况，会否影响其有效提供专业意见。上述问题需要进一步论证。

最后，是否需要对家暴问题专家设置资格准入条件不明确。法律设立有专门知识的人出庭制度，目的就在于回应司法实践需要，解决鉴定制度机械的问题，[1] 如果再对家暴问题专家进行严格的资格审查，就是"穿新鞋走老路"，与立法初衷相悖。但是，不设置一定的资格条件，既难以进行有效筛选，确保专家更好地提供科学的专业意见，也容易使审判人员恣意决定是否同意其出庭。而且一旦控辩一方或被告人提出异议，法院难以提出有力的理由予以回应，使各方纠缠于专家的资格条件问题，影响审判的顺利进行。

三、完善家暴问题专家出庭制度的构思

(一) 赋予陈述意见型的专家法律地位

英美法系将证人的陈述分为事实性陈述和意见性陈述，意见性陈述是专家证人的"专利"，[2] 在姚某某故意杀人案和曹某故意杀人案中，家暴问题专家的角色和作用与英美法中的专家证人相似。《刑事诉讼法》修正时，就是否应引入专家证人制度，学界存在较大争议。笔者认为，当下已不必讨论是否应引入的问题，而是要看到类似于专家证人的做法已在司法实践中悄然扎

---

[1] 胡云腾、喻海松：《刑事一审普通程序修改解读》，载《法律适用》2012 年第 9 期。

[2] 邓晓霞：《论英美法系专家证人制度的基础与缺陷》，载《中国刑事法杂志》2009 年第 11 期。

根，并展示出积极的意义。只是由于陈述意见型专家不同于法律已规定的典型的有专门知识的人，因此出现了本文第二部分所述的若干问题，导致我们在推进"庭审中心与证人出庭"试点和涉家暴刑事案件审理试点，推动家暴问题专家出庭作证时面临困惑。如果法律对陈述意见型的专家作出明确规定，即便是较为原则的规定，也可为司法实践中的改革举措赋予法律依据，从而解决家暴问题专家出庭作证在诉讼地位、意见效力等方面存在的问题。建议立法赋予其诉讼参与人的地位，其提出的专家意见可为判决采纳并引用。

关于专家意见的性质与效力，有观点认为不将之视为证据，则难以解释为什么需要被质证。① 也有人持相反观点，认为将专家意见理解为证据缺乏规范依据，专家出庭是控辩双方的一种质证方式。② 就姚某某故意杀人案和曹某故意杀人案两案情况而言，家暴问题专家的意见毫无疑问对犯罪动机、犯罪情节等事实认定问题产生了实质性影响，"参考"尚难以准确描述其作用，而且由于其单纯陈述意见的特点，专家意见并非对其他证据的质证，其本身反而是质询对象。因此，第一种观点更为接近上述两案实际。鉴于法律规定的制约，笔者认为，当前将其理解为一种具有准证据效力的意见更为恰当，其作用是帮助审判人员了解专业问题，进而转介认定案件事实。

（二）明确权利义务及出庭程序

1. 权利义务

关于家暴问题专家可否阅卷及会见，前文内容已经涉及，笔者认为，允许专家阅卷及会见，在程序及实体两个方面都不存在负面作用，且积极效果是显而易见的，立法应当对该问题作出正面规定。有疑问的是，立法关于有专门知识的人不能旁听庭审的规定是否需要检讨。1996 年《刑事诉讼法》修正后，最高法院相应司法解释规定证人、鉴定人不能旁听庭审，有研究者阐释其理由，认为旁听可能会影响证言、鉴定意见的真实性、客观性。③ 2012

---

① 胡铭：《专家辅助人：模糊身份与短缺证据——以新〈刑事诉讼法〉司法解释为中心》，载《法学论坛》2014 年第 1 期。

② 季美君：《专家证据的价值与我国司法鉴定制度的修改》，载《法学研究》2013 年第 2 期。

③ 蒋玉玲、谢忠文：《浅析出庭证人旁听法庭审判的弊端》，载《人民检察》1998 年第 2 期；魏圣创：《证人、鉴定人不得旁听法庭审理》，载《人民检察》1998 年第 10 期。

年《刑事诉讼法》再次修正后,最高人民法院司法解释将不能旁听庭审人员的范围扩及有专门知识的人。但该规定未顾及有专门知识的人的不同类型,如前所述,家暴问题专家意见不涉及案件事实,只陈述专业意见,起解疑释惑作用,即便旁听庭审,也不会影响意见的真实性、客观性。参与姚某某故意杀人案与曹某故意杀人案两案的家暴问题专家也表示,根据其比对第一起案件中不旁听庭审及第二起案件中观看庭审同步录音录像,结合其在其他法院以专家证人身份参与诉讼的情况,旁听庭审对其提供专业意见不会造成负面影响。因此,应当允许单纯陈述意见型的专家旁听庭审。对于其他类型专家证人而言,仅仅旁听到法庭调查阶段,控辩双方尚未发表系统的控辩意见,对专家的影响不大,如从利弊分析,也是利大于弊,两害相权应取其轻。

另外,专家有拒绝回答与其意见无关的问题的权利,有获得报酬的权利,以解决出庭造成的误工、交通等费用支出。专家应当保守参与诉讼获知的审判秘密,应当客观地提供意见。

2. 出庭程序

关于启动专家出庭,可依职权或申请,重点审查考虑出庭所涉问题的专业性、对案件结果的影响程度,以及控辩双方就该问题的争议大小等因素。当事人若不服法院决定结果的,应赋予其申请复议的权利。具体专家人选的确定,后文将作阐述,此处不赘述。

如前所述,专家宜在法庭调查结束后、法庭辩论开始前出庭发表意见并接受询问。如果有助于意见的准确全面,专家也可向法庭提出询问相关人员的要求,法庭可以允许。在询问结束以后,经法庭同意,专家可以进行最后陈述,对庭审质询中涉及的专业问题进行概括和总结。

(三)建立家暴问题专家备选库

在姚某某故意杀人案和曹某故意杀人案中,我们都是通知同一位家暴问题专家出庭,目前还没遇到问题,控辩双方及被告人都予以认可。但是随着工作的推进,如果多起涉家暴刑事案件中都是同一位家暴问题专家出庭,难免会遭到质疑。如果遇到多个家暴案件同时开庭,则仅一个专家也分身乏术。因此,有必要丰富家暴问题专家的来源。但是,以一家中级人民法院的能力很难实现该目标，而且家暴问题是具有高度专业性的研究领域，除非具有很强的诉讼能力，一般的诉讼参与人也难联系到适格的家暴问题专家。因此，笔者建议上级法院发挥自身优势，加强对涉家暴刑事案件审理试点的指导，建立家暴问题专家备选库。

该专家备选库主要目的是方便下级试点法院和诉讼参与人选择相应的家暴问题专家，节约诉讼资源。专家备选库应当区别于鉴定人名册，不实行强制的资质管理，即不排除备选库外的适格专家出庭，这也是笔者称其为"备选库"的原因。但是，对库内和库外专家的适格审查应有所区分，库内专家除非存在不诚信诉讼记录等情形，一般视为符合出庭条件，因为上级法院在确定入库专家人选时，已经进行了审核把关，而库外专家则要对其资格条件进行审查。

对库外专家资格条件的审查不宜过于严苛，以免与鉴定人的管理和审查没有实际区别。虽然为稳妥起见，避免控辩双方对专家资格提出异议，影响审判的顺利进行，我们在姚某某故意杀人案和曹某故意杀人案两案中对专家的资格进行了较为全面的审查，但笔者认为，只要从专家过往的教育背景和从业经历来看，具备特定的专业知识、技能和经验，原则上应当允许参与诉讼。资历、职称、从业经历、行业认可度等可作为决定专家意见采纳程度的衡量因素，但不能仅依据这些因素对专家资格作出必然性的认定。[1]

（四）提高专业化审判水平，发挥专家作用

家暴问题是较为前沿的研究课题，早期对该问题的研究一般局限于社会学和心理学范畴，很少进入司法审判视野，实践中也是根据犯罪行为的不同性质，将之归入故意伤害、虐待等具体领域，没有作为整体问题看待和探讨。因此，基层刑事审判法官对这一问题的认识还不够深入。例如，在姚某某故意杀人案和曹某故意杀人案中，审判人员对家暴问题专家在庭上发表的专业意见还不是十分熟稔。审判人员对家暴问题的掌握程度，直接影响家暴问题专家作用的发挥。由于家暴问题专家所作的是意见性陈述，不是针对具体案

---

[1] 龙宗智、孙末非：《非鉴定专家制度在我国刑事诉讼中的完善》，载《吉林大学社会科学学报》2014 年第 1 期。

件事实，本身较为抽象，如果不理解专家的陈述内容，就难以有效询问，导致专家意见对案件审判没有实际意义，或者单纯依赖专家意见判案而不加甄别。特别是在家暴问题专家立场存在偏向性的情况下，问题就会更加严重。

因此，需要提高涉家暴刑事案件的专业化审判水平，使刑事法官掌握该领域的基础性知识。除加强培训指导外，更关键的是实行涉家暴刑事案件的相对集中审理，根据审判人员的学习背景、工作经历等因素，组建专门的家事审判庭或合议庭，实现工作与学习的相结合、相促进。另外，除审判人员外，公诉人和辩护人也应加强专业业务能力训练，实现控、辩、审三方和家暴问题专家在同一层次上进行沟通交流，充分发挥专家意见的作用。

第二十一章　死刑案件证明标准探析[*]

如何有效防范死刑冤错案件、确保死刑正确适用是刑事司法界亟待解决的问题。查清案件事实是适用死刑的前提，而判断案件事实是否查清的标准就是证明标准。只有适用最严格的证明标准，才能确保死刑案件质量，从根本上防范死刑冤错案件的发生，从而更好地贯彻"少杀、慎杀"政策。

一、我国现行死刑证明标准的评析

死刑能否正确适用，取决于死刑证明标准，死刑证明标准是刑事证明标准的一部分。国外对于刑事证明标准大致分为两种不同的表述：英美法系通常以"排除合理怀疑"（beyond reasonable doubt）作为刑事证明标准，大陆法系通常以"内心确信"（inner conviction）作为刑事证明标准。我国没有规定独立的死刑证明标准，长期以来我国刑事案件都是将"事实清楚，证据确实、充分"作为证明标准，而且从侦查阶段到审查起诉阶段，再到审判阶段都同样适用这一标准。

（一）我国现行刑事证明标准在司法实务中的具体运用

1. 推行"印证主义"证明模式

在司法实务中，证据间能够相互印证是认定证据确实、充分的关键要素，也是进一步认定案件事实清楚的重要指标。"相互印证"不仅要求认定案件事实的证据数量在两个以上，而且要求各证据在证明内容上具有同一性，排除自相矛盾及相互间矛盾。我国推行印证主义证明模式，而非自由心证主义的证明模式。推行以审判为中心的庭审实质化改革，在"庭审中心主义"尚

---

* 本部分原载《法律适用》2017 年第 9 期。为阅读方便，脚注从略，如需引用，可参阅原文。

未完全确立的情形下，"相互印证"证明模式能够确保案件事实在书面上经得起验证。

2. 强调事实认定的客观性

"证据印证，重在证据的'外部性'（证据间的相互支持），而非证据的'内省性'。"① "证据的内省性"是指在内心对证据产生确信。"印证主义"要求裁判者在审理的过程中，运用客观的证据来认定客观真实，即在审理案件时强调着眼于分析客观事实状况，而非仅仅停留在寻求主观内心的确信。我国的司法实务通常以"客观真实"为衡量标准，追求还原案件事实。然而，人的认识是有限的，受客观条件的限制，在案件审理过程中，往往难以还原案件全部事实，于是有学者提出应以"法律真实"代替"客观真实"。"刑事诉讼证明应当符合刑事实体法和程序的规定，应当达到从法律的角度认为是真实的程度。"② 以"法律真实"作为事实清楚的标准，确实能够保证司法效率，节约司法资源。然而，一味追究"法律真实"也容易导致审判的主观臆断，从而产生冤错案件。尤其是死刑案件，生命权的至高性和结果的不可逆转性更要求审判人员努力还原事实真相。因此，笔者认为按照"事实清楚，证据确实、充分"的证明标准要求，在审判实务中裁判者应当以"客观真实"为追求目标，以"法律真实"为标准底线。正如陈光中先生指出的："犯罪实施者是谁必须确证无误，而不可能是其他的人，从这个意义上来说，有罪认定必须是绝对真实的。但是，人们对事物的认识能力是无限与有限的统一，是绝对与相对的统一。因此，在刑事诉讼中我们应当追求也可能实现客观真实，在一定条件下又必须辅之以法律真实，如果在刑事诉讼中普遍适用法律真实而否定客观真实，不仅不符合认识论的规律，而且容易导致出现错案、冤案。"③ 也就是说，对于是谁作案的认定必须做到客观真实，但对于动机、量刑情节及一些细节问题，则可以法律真实为标准。

（二）我国现行死刑证明标准有待完善

任何一种以理性为基础的刑事诉讼活动都是力求案件事实清楚，确保证

---

① 龙宗智：《中国法语境中的"排除合理怀疑"》，载《中外法学》2012 年第 6 期。

② 樊崇义：《客观真实管见——兼论刑事诉讼证明标准》，载《中国法学》2000 年第 1 期。

③ 陈光中：《诉讼中的客观真实与法律真实》，《检察日报》2000 年 7 月 13 日第 4 版。

据确实、充分，因此，"事实清楚，证据确实、充分"本质上是一种证明要求，或者是诉讼活动所追求的证明程度，而非证明标准。因为作为证明标准，在本质上应当是一种刻度、标尺，能够给人直观的感觉，据此可以消除裁判者讨论案件事实、分析证据时所产生的分歧。由于现行刑事证明标准可操作性有待加强，且没有配套证据规则，法官裁判案件的难度就会加大，在合议庭对一些疑难复杂案件或重大死刑案件意见出现分歧时，就可能会出现反复向上一级法院请示的现象。

为防止冤错案件的发生，现行刑事证明标准在司法实务中往往被转化为对证据数量和证据类型的要求，这也导致了证明标准适用存在一定机械性。比如，被害人死亡的死刑案件，目前司法实务中普遍要求提取被害人的DNA，这对防止死刑错案的发生有积极作用，但是若被害人的尸体找不到，一味机械强调必须经过DNA检测才能定案，就会使得某些能够形成完整证据锁链的案子也成为悬案。我们强调防止死刑冤错案件，不仅是强调防止将不应适用死刑的人适用死刑，同时也要尽可能地避免将应当适用死刑的人适用较轻的刑罚，甚至无罪释放。此外，司法实务中经常出现被告人拒不认罪的情况，若机械地要求定案必须具备被告人的供述，也是不现实的。"刑事案件的定罪，特别是死刑案件定罪应当极为慎重，需要有确实的证据，但是对于什么是'证据充分'，应当有明确的解释。'充分'不应当取决于证据数量多少和种类是否齐全，而应当取决于证明程度的充分。"[1]

《刑事诉讼法》第 162 条第 1 款规定："公安机关侦查终结的案件，应当做到犯罪事实清楚，证据确实、充分……"第 176 条第 1 款规定："人民检察院认为犯罪嫌疑人的犯罪事实已经查清，证据确实、充分，依法应当追究刑事责任的，应当作出起诉决定……"第 200 条第 1 项规定："案件事实清楚，证据确实、充分，依据法律认定被告人有罪的，应当作出有罪判决。"可见我国《刑事诉讼法》未区分不同阶段、不同程序、案件类型，均适用同一证明标准。然而，根据刑事诉讼活动的规律，在侦查、审查起诉、审判三个不

---

① 杨宇冠：《论死刑案件证明标准之完善——新〈刑事诉讼法〉实施问题思考》，载《清华法学》2012 年第 3 期。

同阶段，司法实务中对证明标准的把握实际上是有所区别的。在侦查阶段和审查起诉阶段，主要是单方面地对案件事实进行取证和审查，证据体系尚处于一种可变状态，行为人尚未被定罪，只是犯罪嫌疑人，因此该两阶段只需达到基本事实清楚，证据基本确实、充分即可。不少国家也以"很大的定罪可能""存在起诉的合理根据"等概念来区别于审判阶段的证明标准。

二、构建递进型死刑证明标准的可行性分析

递进型的死刑案件证明标准，是指根据各个诉讼阶段任务和目的的不同，遵循刑事诉讼规律，在侦查、起诉、审判阶段分别适用不同的死刑证明标准，而不是三个阶段都适用同一证明标准的传统思维模式。

（一）构建递进型死刑证明标准符合认识活动规律

根据马克思主义认识论的观点，人对客观事物的认识是建立在实践的基础上的，需要经历"实践—认识—再实践—再认识"的过程。刑事诉讼活动是围绕"确定行为人刑事责任"这一中心的活动，案件事实作为已发生的事实，是一种客观存在，侦查人员通过收集证据来查清这一事实，司法人员通过分析证据来判断行为人是否构成犯罪，因此，刑事诉讼活动在本质上是一种认识活动，是一个对案件事实反复实践、反复认识、不断深化的过程，必然遵循由浅入深的认识规律。侦查、起诉、审判分别处于不同的诉讼阶段，不宜适用同一证明标准。"刑事证明标准的设立必须符合人类认识论的规律，设置为一种符合人类思维渐进过程不同层次的标准。"[①]

（二）构建递进型死刑证明标准符合我国的刑事诉讼构造

我国现阶段实行的是公、检、法三机关相互配合、相互制约的职权主义模式的刑事诉讼构造。侦查机关依职权主动追诉犯罪，其主要任务就是查明案件事实；检察机关依职权对侦查终结的案件进行审查，从而决定是否提起公诉，也就是说审查起诉阶段的主要任务是对侦查机关查明的案件事实再进行审查；审判阶段再由审判机关对检察机关提起公诉的案件事实进行进一步

---

① 聂文峰、田艳晖：《我国刑事证明标准层次性探讨和重构》，载《河北法学》2009 年第 11 期。

审查，从而对行为人作出是否定罪量刑的裁判。这种层层递进的刑事诉讼构造决定了证明标准的层次性存在于每个相对独立的诉讼阶段。一种理想的证明标准结构是侦查、起诉、审判各阶段的证明标准呈"金字塔"形状向顶端趋严，提起公诉的证明标准应当高于侦查终结的证明标准，作出有罪判决的证明标准应当高于提起公诉的证明标准，而处于金字塔顶端适用最高证明标准的则应当是死刑判决。抛开公、检、法内部考核的影响，遵循刑事诉讼规律的必然结果就是存在一定的不诉率和无罪率（包含撤诉率）。若侦查、审查起诉、审判的证明标准处于同一层次，实务中必然会出现"不诉不立、不判不诉"的现象。虽然我国在立法层面规定了统一的证明标准，但受刑事诉讼活动规律的制约，在司法层面实行的却是递进型的证明标准。

（三）构建递进型死刑证明标准是对两大法系先进做法的参考

两大法系均承认证明标准的层次性存在于不同诉讼阶段。大陆法系将心证分为四个层次，即"第一层次为微弱的心证，亦称不完全的心证；第二层次为盖然的心证；第三层次为盖然的确实心证；第四层次为必然的确实心证。其中，前两种心证属于弱势心证，而后两种则属于强势心证"。[①] 在英美法系，刑事案件证明标准被划分为九个层次："（1）绝对的确定性——任何法律目的均不作此要求；（2）排除合理怀疑——刑事案件中为有罪认定所必需；（3）明晰且有说服力的证明——适用于某些民事案件以及某些管辖法院对死刑案件中保释请求的驳回；（4）优势证明——适用于多数民事案件以及刑事诉讼中被告人的肯定性抗辩；（5）可成立的理由——适用于逮捕令状的签发、无证逮捕、搜查及扣留、控诉书和起诉书的发布、缓刑及假释的撤销，以及对公民逮捕的执行；（6）合理相信——适用于'阻截和搜身'；（7）有合理怀疑——无罪释放被告人的充足理由；（8）怀疑——适用于调查的开始；（9）没有信息——不能采取任何措施。"[②] 在英美法系，不同的诉讼阶段适用不同的证明标准，从侦查、审查起诉到审判，证明标准在确定性程

[①] 张卫平：《程序公正实现中的冲突与衡平——外国民事诉讼研究引论》，成都出版社 1993 年版，第 241 页。

[②] 龙宗智：《相对合理主义》，中国政法大学出版社 1999 年版，第 301 页。

度上呈递进趋势。

三、构建递进型死刑证明标准的具体做法

（一）侦查阶段的死刑案件证明标准：合理根据

这里所说的侦查阶段的死刑证明标准是指侦查终结的死刑证明标准，即侦查机关收集证据对案件事实加以证明达到何种程度，才能移送审查起诉的标准。根据我国《刑事诉讼法》规定，侦查终结的结果有两种：一种是移送审查起诉，另一种是撤销案件。由于该阶段只是诉讼认识的初级阶段，是对案件事实的初步查明，行为人在该阶段也只是作为犯罪嫌疑人，是否能够提起公诉还需检察机关的检验。过高的移送审查标准固然能够督促侦查机关提高办案质量，但在实践中并不具有较强的可操作性。经考察，我们发现，美国在预审阶段（类似我国的侦查终结阶段）存在"合理根据"的概念。在美国联邦刑事诉讼中，预审的主要目的是审查是否存在合理的根据以支持对被告人提出的指控，以确定是否交付审判。"合理根据"就是控方履行举证责任所要达到的标准，其含义是指谨慎且理智的人认为事实存在的可能性大于不存在的可能性。[①] 英美法系学者认为，预审的证明标准无须达到控方履行说服责任时（类似我国的公诉阶段）所要达到的标准，因为此时对控方的证据审查还没完成，质证、认证等任务只有经过庭审环节才能完成。笔者认为，根据人的认识规律和刑事诉讼证明活动规律，应将"合理根据"作为侦查阶段的死刑证明标准，即侦查机关有充分合理根据认为犯罪嫌疑人实施了犯罪行为，需要追究刑事责任的，即可以移送审查起诉。而"合理根据"证明标准的内容应包括主客观两方面。

第一，客观方面。要求据以定罪量刑的基本事实已经查清，证据锁链基本能够形成，得出的结论能够排除合理怀疑。"基本事实"是指作为定罪量刑根据的事实和情节，包括时间、地点、工具、过程、结果、目的、动机等，对于无关案件基本事实的细节，并不包括在内。"证据锁链基本能够形成"

---

① 汪海燕、范培根：《论刑事证明标准层次性—从证明责任角度的思考》，载《政法论坛》2001年第5期。

是指每个基本事实均有必要的证据予以佐证，且这些证据均是客观真实的，并具有关联性，能够形成完整的证据锁链。这里的"必要证据"并不局限于直接证据，实务中会出现直接证据灭失的情况，若能够通过间接证据或推定的方式来认定事实，也可认为已形成证据锁链。

第二，主观方面。要求侦查人员在内心能够确信犯罪嫌疑人有罪及应当被追究刑事责任。侦查阶段的主要任务就是收集证据，查明事实，侦查人员主要就是根据线索来收集证据，从而勾画出案情，因此，侦查阶段对案件事实的认定离不开侦查人员的主观判断。当然，侦查人员的"内心确信"并非一种臆断，而是建立在客观证据之上的。

（二）审查起诉阶段的死刑案件证明标准：充分确信

审查起诉阶段的证明标准是指控诉机关决定提起公诉或者维护已经提起的公诉时，控诉证据必须达到的法定标准。[①] 审查起诉是连接侦查和审判的纽带，通过审查起诉阶段，检察机关可以对侦查机关的工作成果进行质量上的检验和把关，对侦查活动是否合法进行监督，但受检察职能的影响，此阶段的审查仍不可避免地带有单方性和偏向性。两大法系都不要求控方在决定起诉时的控诉证据必须达到最后定罪所必要的标准，理由主要有两点：一是检察官在审查起诉时对证据证明力的判断具有一定程度的不确定性。在法治国家，证人原则上都要出庭作证，若出庭证人在庭审中所作的陈述发生重大变化，则会影响侦查阶段已经取得的证人证言的证明力；此外，被告人及辩护人提出的有力辩护证据也可能会影响控方证据的证明力。二是在这些国家，起诉并不等同于侦查终结，控方在起诉后仍可以继续收集相关证据。因为起诉的及时性决定控方在起诉时不可能拥有太多的证据，可以在起诉后通过补充收集证据来加强控方证据的证明力。就我国司法实务而言，在审查起诉阶段，若设置过高的证明标准，会使公诉机关在审查案件时过于保守，从而会导致某些犯罪嫌疑人逃脱法律的制裁，因此审查起诉阶段的证明标准应当低于审判阶段的证明标准，但应高于侦查阶段的证明标准。笔者认为，应将

---

① 孙长永：《探索正当程序——比较刑事诉讼法专论》，中国法制出版社 2005 年版，第 263 页。

"充分确信"作为审查起诉阶段死刑案件的证明标准。

"充分确信"是指有充分的证据确信犯罪嫌疑人实施了犯罪，足以作出有罪判决。这一证明标准包含两方面要求。

第一，客观方面。公诉机关在提起公诉时必须有充分的证据证实被告人实施了犯罪，且证据的充分程度已达到"现实的定罪预期"，而不是随心所欲地提起公诉。现实的定罪预期是指审判人员通过分析全案证据体系，根据法律规定对被告人定罪的高度可能性。具体表现为以下四个方面：其一，起诉时所依据的每一项证据都具有证据能力，对于已确认的非法证据不得作为起诉的根据。其二，起诉时所依据的每一项证据均已查证属实，证据不仅与所指控的犯罪事实相关，而且是真实可靠的。其三，每一要件事实，尤其是被告人即为犯罪行为人这一事实均有必要的证据予以佐证。其四，起诉所依据的证据之间及证据与案件事实之间是协调一致的，矛盾能够得到排除或合理解释。

第二，主观方面。公诉机关通过分析全部证据对被告人预期定罪在内心达到了确信的程度，这种"确信程度"是指从公诉人的角度能够得出被告人犯罪的确定结论。"通常情况下，只有在有可采的证据表明被告人有罪达到'高度的盖然性'（high probability of guilt）时，即有充分的证据相信能够获得有罪判决时，检察官才会决定提起公诉。"①

（三）审判阶段的死刑案件证明标准：确定无疑

"'确定无疑'即证据确实充分、排除其他可能性，这应当是我国作出有罪判决的最高标准。"② 根据司法审判经验，在可能判处死刑的案件中，适用的证明标准越高，死刑适用的准确性就越高。笔者认为，应当将"确定无疑"作为独立的死刑案件证明标准。

"确定无疑"包含了主观标准和客观标准，"确定"不仅包含"确信"，而且包含"实实在在"的客观性，"确定无疑"就是要求证据之间能相互印

---

① 孙长永：《探索正当程序——比较刑事诉讼法专论》，中国法制出版社 2005 年版，第 269 页。
② 陈光中：《构建层次性的刑事证明标准》，载陈光中、江伟主编：《诉讼法论丛》（第 7 卷），第 4 页。

证，证据间的矛盾能完全排除，得出的结论具有唯一性和排他性。① 也许会有声音质疑在司法实务中很难达到这一标准，但"确定无疑"的死刑证明标准与联合国关于死刑证明标准的规定是具有高度一致性的。"唯一性"并不意味着所有的案件细节都是唯一的，每个案件都有很多情节，即使犯罪嫌疑人的回忆也不一定客观。因此只要重要的、关键性的、涉及定罪和量刑的事实达到"唯一"即可。② 在以往的司法实务中，对于证据未达到确定无疑标准或得出的结论无法满足排他性要求的案件，通常会从轻处理，"疑罪从无"在实践中往往变相为"疑罪从轻"，如云南杜培武案、辽宁李化伟案，这种留有余地的做法固然能够防止错杀，但难以防止错判。排他性是一个具有刚性的证明标准，要求对主要犯罪事实的认定达到唯一性才能认定被告人有罪，这将有力地保障不冤枉无辜。③ 具体而言，"确定无疑"死刑证明标准包括以下几方面的要求。

第一，犯罪构成要件事实和量刑情节事实均已查清。

对于犯罪构成要件事实，是指对于被告人的主体身份和刑事责任能力，犯罪行为的实施过程及造成的后果，被告人的主观恶性，共同犯罪中被告人的作用和地位等事实均已查清。对于量刑情节事实，是指被告人的法定从重、从轻情节和酌情从重、从轻情节均已查清。

第二，所有案件事实均有充分的证据予以证实。

"充分的证据"并不是对证据数量的要求，也不意味着各种形式的证据都存在，而是指每一案件事实、量刑情节均能得到证据的印证，且每个证据均具备客观性、合法性、关联性，并经法定程序查证属实。

第三，据以定案的全部证据能够相互印证，证据之间、证据与案件事实之间能够排除合理怀疑。

证据之间能够相互印证，证据与事实之间不存在矛盾，是最理想的司法证明结果，但在司法实务中经常出现证据之间、证据与事实之间矛盾或不一

---

① 聂文峰、田艳晖:《我国刑事证明标准层次性探讨和重构》，载《河北法学》2009 年第 11 期。
② 陈光中:《死刑案件证据必须达到"唯一性"标准》，载《中国改革》2010 年第 7 期。
③ 陈光中:《构建层次性的刑事证明标准》，载陈光中、江伟主编:《诉讼法论丛》（第 7 卷），第 4 页。

致的情形，对此只有给出合理的说明，能够排除合理怀疑，才能认定已达到法定证明标准。

第四，得出的结论是确定的、唯一的，排除了一切合理怀疑。

即从证据的调查和运用上要排除一切矛盾，从运用证据对案件事实所得出的结论上，本结论必须是排除其他一切可能，而是本案唯一的结论，这一结论在事实和证据两个方面，还要经得起历史的检验。

死刑作为最严厉的刑罚，只适用于罪行极其严重的犯罪分子，生命权一旦被剥夺具有不可逆转性。随着社会的不断进步，人们的死刑观念会发生变化，在我国废除死刑条件尚不成熟的情形下，只有在司法实务中适用最严格的死刑证明标准，才能严格限制死刑适用，促进司法公正。

附 录

法律人生漫谈[*]

人生之行悠远，人生之路漫漫。为期两个月的党校学习临近尾声，在这里我收获了知识，也收获了朋友，感谢组织的安排。与各位学员相遇、相识、相知，互为学伴，我非常幸运，也很荣幸今天能有机会向各位学员朋友分享我的人生之路，从今以后我的人生之路中也将增添一抹你们的色彩。

无悔法律选择

选择法学专业，是因为心中一直崇敬法律的神圣地位，加上儿时在农村曾目睹一些不公的现象，更促使我坚定信念：一定要学好法、用好法，为百姓做些实事，维护社会公平正义。幸运的是，高中毕业后，我成功考入杭州大学（现浙江大学）法律系，开始学习法律，此后，法律成为我一生的事业。大学毕业后我被分配到金华市人民检察院工作，1988 年开始担任研究室副主任主持工作，1990 年调往东阳市担任人民检察院副检察长，后来转岗去法院，担任东阳市人民法院副院长，1998 年调往义乌担任法院院长，2004 年调往金华市中级人民法院担任副院长，2008 年 5 月起担任金华市中级人民法院院长，2013 年在组织安排下赴温州市中级人民法院担任院长，2017 年调往杭州担任浙江省高级人民法院副院长，同时担任浙江省纪委委员、省政协委员。

自大学毕业后，我有幸一直在自己所喜欢的法律岗位工作，三十多年的法律职业生涯中，从检察院到法院，辗转各地，经历时光的洗礼，我依然热爱司法工作，期望用自己微薄的力量匡扶社会正义。在担任义乌法院院长期

＊　本部分原载《干部教育研究》2019 年第 3 期。

间，从美国留学回来后，恰逢组织在提拔选任干部，曾经询问我是否愿意转向党政部门工作。当时我表示，如果是组织的安排，作为党员服从组织的安排，如果是个人意愿的征求，自己则想依然留在司法部门工作。对法律专业的热爱，一如初恋之美好难忘，也愿相伴终生，从一而终。

曾经有人说，法官又苦又累、薪酬也不高，如果可以重来，不会选择这一行。的确，法官工作苦在有时缺乏理解，苦在公众对法官常有误解与苛求，苦在面对无端指责、纠缠甚至是人身攻击时仍然必须顶住压力公正办案；法官工作累在要终年累月埋头于繁杂案卷，累在须直面无数的激烈争执和对抗，累在为实现"案结事了"，必须苦思冥想、左右权衡、去伪存真。现今有不少法官都在工作岗位累得病倒，有的甚至英年早逝。当然法官工作也有很多快乐与荣耀，"人民福祉即最高的法律"。法官的成功与快乐来自对人民安宁幸福、社会和谐进步的坚定捍卫，来自广大群众的尊敬、认可与信任。选择了法官职业，毫无疑问是选择了公平与正义；选择了法官职业，无异于选择了大爱与责任；选择了法官职业，还意味着选择了清廉与宁静。法治中国梦很大，需要一代又一代法官不懈追求，接力奋斗；法治中国梦也很小，就在我们对每一个案子的公正裁判中，能在法律岗位工作这么多年，亦是吾生之幸也。

记忆深处的往事

在检察院当老师的经历。大学毕业后，我被分配到金华市人民检察院人事秘书科工作，由于是院里"文化大革命"后的第一个大学生，院里决定让我负责教学工作，给检察官们补课。当时的检察官普遍学历都不高，不少是高中毕业，有些是部队转业下来的，大都没有受过正规的法律专业培训，要提高他们的专业素质难度很大，由于自己也是初出茅庐，负责这么多人的教学（全市200多名学员分成六个班），我的资历和学识都显得有所欠缺。为了备好课，我每天下班后坚持温习大学里学过的知识，并且自学法学各类科目的参考书，以提升自己的业务素质，经常加班到夜里12点，也常与学生们聊天、讨论，了解他们在学习过程中遇到的疑难问题，从而改进自己的教学方法与教学内容，更好地适应学生的需求。在两年半的教学时间里，从刚开始第一个学期教一门课到第二学期教两门课，再到第三学期教两门课同时兼任班主任，等于一个人干三个人的活，但始终无怨无悔，得到了学员们的一致好评和领导与同事的肯定。

为赴美留学苦学英语。在义乌法院工作期间，2002 年由组织推荐赴美留学、参加 MPA 的考试。由于自己英语基础较差，在浙江大学四个月的脱产学习期间，晚上 12 点前从不睡觉，把电视机放到大衣柜顶上，每天都是教室、食堂、宿舍三点一线的生活模式。那段时间，口袋里总是装着记着满满英语单词的笔记，无论是走路、吃饭，都在背单词，不让自己有片刻休息的时间，硬是在考试前把 BFT 的 6800 个词汇背了四遍。为了快速提升英语听力，我的"笨办法"就是做、听、抄，把英语听力的《梯级训练》整本书全部听抄下来。在艰苦学习下，我的成绩也终于从班里入学时的最后一名进入班级前二十名，圆梦留学。

在美国学习期间的收获。留美期间，利用空余时间，或留在校园里自学，或外出进行调查，先后完成了《留美散记》《中国小商品在美国》《借鉴、比较与挑战》等多篇论文、散记和调查报告的写作。其中，在《中国小商品在美国》一文中，对如何扩大义乌小商品在美国的销售问题，提出做大做强义乌小商品网页、发展网上交易，鼓励参加美国的小商品交易会等四条建议，为义乌小商品的出口提供了思路，也被之后的实践证明是可行的方法；先后参观访问了联邦和州的多个法院，会见了许多法官、检察官及律师等，就中美法院在审判中的一些专业问题、法院的设置、法官的产生及待遇等进行了交流，在此基础上撰写了《美国的法院、法官印象记》一文，对美国法官的地位与管理体制、职业道德建设、法官的效率、美国的陪审团制度、诉辩交易制度等问题进行了深入探讨，并提出了中国司法改革的相关建议。这篇文章先后被刊登在美国的《侨报》，我国的《浙江法制报》《人民法院报》《大地》等报纸杂志上。

法院管理机制创新。在各个法院任职期间，狠抓案件办案数量和质量，进行各类制度创新。在义乌法院实行审判权下放制度，将案件的决定权下放给合议庭和独任法官，使得案件结案率大幅上升；尤其是每年开展夏季"零点行动"集中执行行动的做法受到时任最高人民法院院长肖扬的专门批示与表扬。在金华市中级人民法院、温州市中级人民法院推出评先评优数量平均线、质量平均线，发改案件月讨论、季通报制度，极大提高办案质效。金华市中级人民法院人均结案数全省第一，温州市中级人民法院也由全省人均结案数倒数第四位上升至全省前三位。企业破产审判、以审判为中心的诉讼制度的改革及家事审判改革等多项工作得到最高人民法院的肯定，并被写入对全国人大的工作报告中。注重关爱、保护干警，强化安检设施建设，严厉打击对干警的人身、财产攻击、报复行为；对来自违法犯罪分子的威胁恐吓、打击报复等，能坚持担当作为、顶住压力、公正司法；积极开展文体娱乐活动，提升法官队伍积极向上的精神风貌。在法院管理中十分注重团队精神、团队意识，让后进变先进，不让一个人掉队；重用能干且干好事的年轻干部，以公平公正的用人机制调动每一个人的工作积极性。

潜心疑难问题研究。在法院、检察院工作期间，我喜欢对工作中遇到的一些疑难案件和焦点问题做实证调查研究，致力于法学理论与司法实践相结合，先后在《法律适用》《人民司法》《人民检察》《人民法院报》等国家级及省、市级的刊物上发表学术论文多篇，也主编出版了《破产案件简化审理程序探究》《金融借款合同纠纷诉讼实务指引》《审判实务研究》3 本书籍，在《刑法学》一书中任副主编。个人独著有《司法前沿问题思辨与探析》。《司法前沿问题思辨与探析》一书完整地记录了我近 30 年司法生涯中对实务遇到的司法难题进行的思辨，涵盖了我对法院、检察院总体工作的思考及在美国进修期间的经历，反映了我对职业生涯和人生的思考。由于法律实务经验丰富，理论成果丰硕，先后被聘为浙江大学硕士实务导师、西南政法大学兼职硕士研究生导师，在浙江工商大学等多所大学兼职教授、实务导师。同时，被最高人民法院授予"全国审判业务专家"荣誉称号，被评为浙江省十大优秀中青年法学专家，成为首批全国法院教学师资库入库成员，2019 年 5 月第二次被聘为浙江省法官检察官遴选委员会委员。

粗浅的体会分享

首先，做好工作，要做到以下 10 个方面：一是要树立远大的理想，不断学习。志存高远，理想越高尚、目标越远大，则行动的动力越大、实现成就越大。"立身百行，以学为基"，只有通过勤奋学习才能有所创造、有所建树、有所作为。二是要持之以恒，经得起挫折。光有理想是远远不够的。做任何事，想要成功，必须持之以恒，不要惧怕挫折，要有自信心，要百折不挠，在遇到困难与挫折时，需要的是分析原因、汲取教训，要有"而今迈步从头越"的精神，从零开始。"天将降大任于是人也，必先苦其心志，劳其筋骨，饿其体肤"，必须学会平静地对待挫折和困境，并在逆境中陶冶自我、重塑自我、完善自我。三是要谦虚。"盛满易为灾，谦冲恒受福"，谦虚使人进步，骄傲使人落后，应当要谦虚谨慎，"三人行必有我师焉"，要向身边的领导、同事学习，向任何有一技之长的人学习。四是要勤奋。须知一分汗水一分收获；书山有路勤为径，学海无涯苦作舟。学习是一项艰苦的工作，需要长期的艰苦积累，聚沙成塔，唯有勤奋才能披荆斩棘，收获成功。五是要有奉献精神。个人不能患得患失，要有愿意奉献、舍得付出的心态。人是需要一种不计得失的奉献精神的，如果做一点事情就要回报，一旦没有得到回报就怨天尤人，甚至从此意志消沉、破罐破摔，就永远不会有成功的机会。六是做一个有心人。"处处留心皆学问"，在工作岗位中要善于仔细观察问题、思考问题，在自己的工作领域每年研究解决三个到四个问题，积累个十年、二十年，就会精通某个方面的知识，就会成为专家。七是要有合作、感恩的心态。工作中很多时候需要与他人合作，要有团队精神，要靠合作。应有一颗宽容的心，要在沟通合作中达至个人目标，学会容人之短，体人之难，成人之美，追求互惠和共赢。学会感恩，感谢父母的养育，领导、同事、朋友的关心，有一颗平常心，知足常乐。八是要开拓创新，勇于进取。以创新的思维开展工作，对工作中发现的问题、存在的问题要理论结合实践开展探索。要有勇气。创新不仅要有思维的功力，还要有探索的勇气，不能患得患失，瞻前顾后。九是要廉洁自律。作为领导干部，自身要求要严，要求别人做到的自己首先做到。一身正气，两袖清风；同时要一岗双责，管好自己的门，看好自己的人。十是要坚持公平公正。作为法官，要从办好每一件案件做起，要以100%正确、每一起案件都经得起历史检验为目标，让人民群众在每一个案件中感受到公平正义；要有勇气、敢担当，才能恪守公正。

其次，要修炼自我，把握机遇。人生是一个厚积薄发的过程，一个人的成功既有偶然因素，也有必然因素，但机遇总是青睐有准备的人。机遇稍纵即逝，如果想有所成就，就得加倍努力，在机遇来临前需要不断积累，提升自我，让自己能匹配上机遇，不致错失机会。回顾自己的人生经历，我通过努力不断积累，把握住各种机遇，检察院的教学经历任务重、压力大，但通过教学工作也让我加强和巩固了专业知识，对我之后的发展影响巨大。由于自己喜欢对一些疑难案件和焦点问题做研究，并屡有斩获，几十篇学术论文在省内外多种法学刊物上发表、获奖，由此提升了自己的理论与实践综合能力；为了圆梦，尽自己所能，苦读英语，抓住去美国的机会，增加人生阅历，开阔了视野；工作期间，去浙江大学攻读硕士，在中国政法大学深造读博，这些都不断提升了自我，增加了自己的理论知识；此外，从检察院到法院的部门交换，基层和机关之间的轮回交叉，从普通干警到单位负责人的角色交替，也让我学会如何适应环境，更好地完善自我。

再次，要积极向上，笑对人生。周国平先生曾经说过："人生有三次成长的机会：第一次发现自己不再是世界的中心；第二次发现即使再怎么努力，有些事终究还是令人无能为力；第三次明知道有些事可能会无能为力，但还是会竭尽全力。"前两次成长每个人迟早都会遇到，第三次则需要自己学会成长。人生是以血肉之躯去横渡生命的海洋，一切皆有可能。常言道"人生不如意十之八九"，从政历程中，每一个人都要面临不同职务的升迁，可能有的人有时会快一些，有的人有时要慢一些，有的人机遇好一些，有的人则运气差一些。这些都很正常，要心态平和，不要一味和别人攀比，也不要消极萎靡不振，而要乐观积极向上。面对纷繁复杂的人生，要得之坦然，失之淡然，争取必然，顺其自然。我们生命的每一天，都是在时间中的旅行，我们所能做的就是，尽我们所能，珍惜这段美妙的旅程。

最后，要关爱家人，学会生活。无论工作多么繁忙，依然需要抽时间去关心、陪伴家人，孩子和父母永远是我们最需要陪伴的亲人。"树欲静而风不止，子欲养而亲不待"，我们的人生不应空留这样的遗憾，父母一生辛劳，生养子女实为不易，当他们渐渐老去，我们更应该珍惜和陪伴。父母子女一场是人生莫大的缘分，父母对我们的爱是无私的，无论我们有无成就，父母只愿我们身体康健、平安喜乐，为人子女我们能做的则是常回家看看。陪伴、教育孩子也尤为重要，孩子的成长只有一次，多花些时间在孩子身上，孩子回报给你的也将会是惊喜。学会生活，懂得生活，工作不能是生活的全部，空闲时也看一看世界的美景，坚持自己的爱好，还原一份对生活的本真、向往、热爱、坚持。

　　作为一个农家子弟，能取得今天的成就，感谢组织对我的培养，父母竭尽全力的教育，妻女的支持与陪伴，感谢同事朋友的关怀！

相聚有时　真情永远

——温州中院告别感言

　　乾坤天地转，日月复轮回。流水不复，光阴似箭。还记得 2013 年 1 月初的一天，按照组织的要求，我匆匆来到温州中院赴任；转眼间，就要作别温州了，回望这四年与大家在一起的日日夜夜，我思绪万千，心情难以平静。32 年的法律生涯中，我从检察院到法院；从东阳、义乌、金华又辗转到温州。温州，是我人生的第二故乡。

　　在温州中院的岁月里，我被中院人顽强拼搏、甘于奉献的精神所深深打动。时值金融风波，不仅案件多，而且难度大、要求高；然而在"质量效率五制度"的引领下，我们涌现出了成百上千个办案能手，我们的一线法官人均结案连续数年名列全省前茅！在 1500 多个日日夜夜里，我们一起敢于担当、攻坚克难，创造了四年办结破产案件 650 余件，占全省 56% 的奇迹。我们一起精心谋划、呕心沥血，实现了中央政法委以审判为中心改革会议对温州庭审实质化试点的至高赞誉；我们一起砥砺前行、再谋新篇，推动家事审判成为走在前列的典范，不断推出"温州经验""浙江样板"……温州法院人创造了许多奇迹，作为其中的一分子，我为此感到骄傲和自豪，由衷感动，心存感激。

　　李白在《送友人》中写道："浮云游子意，落日故人情。"在温州这 4 年多的时间里，我最舍不下的就是这份故人情。记得刚来温州之初人生地不熟，院里的几位老同学经常约我一起聊天、散步；每当我吃完饭到健身房时，经常人满为患，海疆、建伟总是会把位置让出来给我；还记得我们办案能手的军营一日活动，分红军、蓝军两队对抗比赛挖地雷、抓特务，奋力冲顶，还有在射击场上的激烈竞争；还记得我们一起赴北大、清华、复旦培训，拓展运动的欢声笑语，大家互相帮助，友谊情深；从于伟院长到有为院长，从筱海、志丰、际平、光林、一炬、张毅、卫国、明军、积业院领导到各位中层干部再到我们全体干警，在我们匆匆的一生中，能有4年多时间一起共事，这是何等的缘分！我爱你们，我也将永远铭记你们！

早春二月，乍暖还寒。温瑞塘河边的杨柳已吐出新枝，这预示着又一个春天来临了。季节的交替正是印证了"人事有代谢，往来成古今"的客观规律。亚农院长今天已经到任、新一届院领导班子即将产生，在这里我衷心祝愿温州法院在市委的领导下，在新一届党组班子的带领下，早日实现一流法院的宏伟目标！我相信，我们的目标一定能够达到！温州法院的明天一定会更美好！

从此，我也将开始我自己的一段新的人生旅程。人生天地间，忽如远行客；挥手自兹去，相会犹可期。再见了——魂牵梦绕、生生留恋的温暖之州；祝福您——必将不忘初心、勇立潮头、继续前行，引领时代的潮流。

最后，请允许我用一首诗，珍藏起温州这段难忘行程：

古来繁华富庶乡，法治英才济满堂。

浩瀚瓯江毓灵秀，巍峨雁荡铸脊梁。

并肩四载情谊在，风帆共济向远航。

别离难解心中眷，从此梦怀永难忘！

"公心" 捍卫正义　大树何愁不参天

——深度访问浙江大学光华法学院杰出校友徐建新*

人物名片：徐建新，浙江衢州人。1981 年至 1985 年就读于杭州大学法律系，2003 年 8 月获美国新泽西州 KEAN 大学公共管理硕士学位，2006 年 3 月获浙江大学法律专业硕士学位。现任浙江省温州市中级人民法院院长，全国审判业务专家。被聘为浙江大学硕士实务导师，西南政法大学兼职硕士生导师，浙江工商大学、浙江师范大学、浙江工业大学、杭州师范大学及宁波大学法学院兼职教授。在各级刊物上发表学术论文、评论、通讯等百余篇，出版有专著《司法前沿问题思辨与探析》，主编《审判实务研究》，副主编《刑法学》。

忆往昔青葱岁月

问：您是当年杭州大学恢复法律系以来的第二届学生，追忆往昔的大学生活，能不能和我们来分享一下您的求学经历以及当时大学生活中您感触最深的是什么？

答：作为高考制度恢复后不久的大学生，我是非常幸运的。1981 年如愿以偿考进了杭州大学法律系，并于 1985 年完成了本科阶段的学习。回忆当年的大学生涯，一是生活条件相当艰苦。感觉当时大多数同学家庭条件非常有限，生活相当清贫。二是学习认真刻苦。绝大多数同学基本上是宿舍、教室、食堂三点一线，大家都有一种天之骄子的荣誉感和天下兴亡，匹夫有责以及振兴法学，兴我中华的责任感，所以，全班同学的学习成绩都很好，学术氛

---

* 原载浙江大学光华法学院《校友通讯》2012 年第 2 期。

围很浓。当时，我们班里办了一本油印的杂志，叫《红绿灯》，取意于国家法律，既指人以方向，又令行禁止。记得我在上面发过论文和诗歌。三是苦中作乐。大家在生活艰苦、学习清苦的环境中，也寻找年轻人的乐趣，比如迎新联欢会、文艺晚会、舞会，参加学校文艺比赛等，总之，四年的同窗生涯让同学们之间结下了深厚的友谊，这也是我人生的一笔宝贵财富。更有幸的是，2002 年 10 月至 2003 年 8 月，作为一名农家子弟，在义乌法院院长的任期内，经省委组织部门委派，我到美国新泽西州 KEAN 大学管理学院攻读 MPA 硕士。后来又回到母校攻取了法律专业硕士学位。对于我的大学本科生活，我感触最深的就是那份自觉学习、刻苦学习的责任心和使命感。

问：能不能跟我们描述一下您当年学习法律时的学习状态和氛围，并且分享一下对您影响比较大的书，从而为我们今后的学习提供借鉴。

答：正如前面所说，我的大学生活感悟是带有时代特征的，带有我们那个年代的集体性。说到本科阶段的学习，那时的大学法学教育百废待兴。国家法律少，只有《宪法》《刑法》《刑事诉讼法》《民事诉讼法》等少数几部法律，研究对象不足；教学师资短缺，记得上次你们采访杜飞进时，他谈到他们那一届许多任课老师都请"外教"，到我们这一届虽然任课教师都配齐了，但大多是从其他实务部门抽调回来，教学经验相对不足；另外，图书馆及阅览室里法学方面的参考书及法学杂志非常有限，可借鉴的学习资料较少。但是，大家共同学习生活的那份纯真和认真也是当下环境中很难再去找寻的。虽然物质清贫但精神饱满，富有人生理想和抱负。我比较喜欢的一本书当是《论法的精神》，该书以法律为中心，又遍涉经济、政治、宗教、历史、地理等领域，内容极为丰富。特别是它以独特方式研究和论述了法理学、宪法学、刑法学、民法学、国际法学等一系列课题，成为一部独具风格的法学百科全书，其认为法的主要精神就是正义，法律是正义的化身这一指导思想，对于我对法律的理解及司法实务中对公正执着的追求产生了深刻的影响。

从业历程授经验

问：从 1985 年毕业以后您一直从事司法系统的工作，能不能跟我们分享一下您在司法系统这么多年来的体会和感悟？

答：一直以来承蒙组织的培养厚爱，广大人民群众的理解支持，以及众多良师益友的关心教诲，我从一名刚出象牙塔的法门学子逐步成长为奋战在法治建设领域的法院领导干部。其间，经历了从检察院到法院的部门交换，基层和机关之间的轮回交叉，从普通干警到单位负责人的角色交替。一路走来，除了越来越浓的感谢、感恩和感动外，作为法学人踏入母校时的理想追求和作别母校时的奋斗激情，一直是激励我克服困难、战胜自我、面对挫折的源源动力。而对于中国的法治事业、司法发展和法院工作，则积累了更多的经验感悟、冷静思考和理性认识。总结起来，主要有以下三点：一是价值判断要更自觉地服从于实证分析。坚持党的统一领导是在中国革命和社会发展中自觉形成的，这是我们的国情和特色。在这样的背景下，司法只有自觉地服务于整个经济社会发展才能体现其作用，也才能争取其应有的地位，现实意义的司法权威也才能生成。这是一个发展的自主性问题。二是形式理性要更主动地服务于实质理性。我们必须明白，在我们这样一个区域和城乡发展不均衡的转型社会，受纠纷本身的非法律正统性、司法资源的有限性、制定法本身的滞后性等因素的影响，法院必须将矛盾纠纷化解和维护社会稳定置于更高的位置，克服就案办案的机械思维，强调法律效果和社会效果的统一，毫不回避并积极应对社会对于公平正义的期待。这恰恰是需要勇气和智慧的。三是精英意识要更全面地贴近于大众意识。任何形式的司法体制或者审判方式改革必须与社会成员的认识水平和法官群体的素质构成相协调，否则就会适得其反。法官群体的职业优势和司法环境的互动配合并不是先天形成的，在当前的法院工作体制下，加强审判管理，规范审判权的科学运行是确保司法公正的重心。

问：在 2011 年您被最高人民法院评为"全国审判业务专家"能不能根据您的从业经历谈一谈对于学校所学知识与工作所用到的知识有哪些区别和联系？

答：套句广告语，"荣誉是大家给的"。其实，在全国法院系统，活跃着一大批有着专业知识背景、丰富工作经验、突出调研能力、良好职业操守的专家型法官。对此，我要感谢母校给予的良好法学教育，这是我成长和成才的基础。现在中国特色社会主义法律体系已经建成，大学法学教材也随之丰富发展，学习内容和条件跟我们当年可谓天壤之别。但大学法律教育给予我们的共同的东西，就是正确的学习方法、良好的学习习惯、浓厚的学习氛围，帮助我们在工作中能够不断地积累知识、更新知识、发展知识。因此，在大学所学和工作所学之间，就知识内容而言，存在基础性与具体性、理论性与实务性等区别，但共通的是一个人的思维和习惯。对于在校学习的你们来说，我个人觉得，并不急于形成什么实践经验，关键是在深刻把握法学原理的基础上培养起个人的思维方式和学习习惯。我认为，作为法学院的学生，首先，学习十分重要，学习除必须真正的静心、专心勤奋外，一定要在精通法学原理的基础上，广泛阅读其他社科类书籍甚至自然科学知识也要有所涉猎，因为法学是一门社会科学，实务中要用到的知识是很广的，其次要做有心人，善于仔细观察问题、思考问题，当前法学理论与实务中尚未解决的问题太多了，只要细心观察就会发现很多问题，每年研究解决三个到四个问题，十年积累，就会精通某个方面的知识，就会成为专家，这其实并不太难。你们还年轻，一定要勤学苦学，练就扎实基本功，才能在博大精深的法学汪洋大海中占有一席之地。

问：您曾经说过"如果人做不好法官肯定当不好"，能不能根据您的学生经历以及从事司法工作多年的经验来为将来要从事司法系统工作的同学提供一些借鉴？

答：谢谢你们的关心和关注，这应该是我在接受《都市快报》记者专访时所说。同时欢迎有志学弟、学妹加入法院或者司法职业者的行列。就选择当法官而言，绝不仅是体面和荣光，更是一份责任和付出。就我个人理解，当一名法官，除了要具备专业知识之外，尚需要形成以下三个层次的职业素养：一是法官职业观。我提出的观点是，法官当为人师表。法院职业的特殊性决定了其必须具备高于社会其他职业和普通人的政治素质、道德素质、纪律和作风素质以及高尚的道德情操，而成为正义和公正的化身，做人做事的楷模。二是法官精神。包括坚守公正、恪守清廉、意志坚定、终身学习。应当具备省高院齐奇院长提出的"职业四要"职业操守，即处事要严谨、讲话要亲和、为人要清廉、办案要公正。三是法官能力。包括把握大局的能力、做群众工作的能力、驾驭庭审和文书制作的能力、准确适用法律的能力。显然，从法官的道德和素质要求看，是高于一般人的，因此，如果连一个普通老百姓都不如，怎么可能成为一名法官呢？如果是，则他极有可能成为昏官；再者，即使一个人具备了丰富的法律知识，但如果他是一个恶人而不是好人，那好法也会变成恶法，法律就会成为他弄权的工具，成为其以权谋私的工具，就会成为一名贪官。

问：作为学长，您对于刚刚步入法学院的新同学和即将步入社会的毕业生分别有什么告诫？

答：现在的学弟学妹，成长环境比我们好，自身条件也比我们好，接受新事物的能力特别强。所以也谈不上告诫，算是一名老夫子的感悟吧。对于法学院新生而言，我想说的就是要把学习作为一种生活方式和人生态度，古人曰"圣贤由学而成，道德由学而进，才能由学而得"，大家要树立终身学习的理念、艰苦学习的理念、善于学习的理念、学以致用的理念。

情深意浓寄言母校

问：您能否谈一谈对现今法学院的感受？您对学院今后的法学教育以及下一代法律人的成长有何期望？

答：我毕业到现在已经接近三十周年了，母校，特别是法学院，一直是我魂牵梦绕的地方，因为这里有我们那一代人的青春誓言，有我们成长中的喜怒哀乐，有我们还继续耕耘在这片乐土的老师和同学。很荣幸，我自己是我们浙江大学法律硕士的实务导师，借着讲座和硕士学位论文答辩之机，我每一次踏进校园，都感觉时光倒流，回到了20世纪80年代初的西溪校园。我想很多校友跟我的感觉是一样的，母校是我们重温使命、重思自我、重拾动力的精神家园。所以，我沉醉于兼职教授这份工作，它是维系我和母校情感的纽带。现在的光华法学院已经今时不同往日，优美的校园、朝气的学子、雄厚的师资、严谨的治学、自由的学术，联系起法院工作的压力和责任，有时真想跟你们一道，重新投入母校的胸怀，遨游在知识学术的海洋！对于今后法律人的教育培养，我想简单谈三点体会：一是突出使命教育。法治事业是需要我们几代人去奋斗和付出的事业，对于发展中的困难和问题，不冷眼旁观，不牢骚满腹，不妄自菲薄，不盲目乐观，提倡思考、作为、担当、实干的大学精神。二是突出挫折教育。我在近二十年前的一篇名为《艰难玉成》的小散文中提出，人生正如以血肉之舟去横渡生命历程的海洋，什么事情都有可能发生。必须学会平静地对待挫折和困境，并在逆境中陶冶自我、重塑自我、完善自我。三是突出能力教育。应当形成"素质拓展训练、法律实务培训、参观见习体验、实例演练模拟和社会环境学习"等系统化的课程内容，锻炼分析和解决问题的能力，提高公文写作能力和语言文字的表达能力，打造高层次的复合型、实务型法律人才。我很乐意为建立法院和学院的院校合作进行努力。

对于法学院新生而言，我想说的就是要把学习作为一种生活方式和人生态度，古人曰"圣贤由学而成，道德由学而进，才能由学而得"，大家要树立终身学习的理念、艰苦学习的理念、善于学习的理念、学以致用的理念。法科毕业生面临的是从象牙塔学子向社会职业者的转变，应该重点把握以下三个问题：一是在沟通合作中达到个人目标。学会容人之短，体人之难，成人之美，追求互惠和共赢。二是在取舍权衡间实现个人成功。把握年龄优势，在基层工作和实践锻炼中不断地认识和挖掘自己，明确"我需要什么""我坚持什么""我放弃什么"。三是在成败转换时锤炼个人心态。客观地评价自己，辩证地看待结果，坚定地执行意志，在高远处培养强大的内心自我。

"很多时候，法院是'功夫在案外'"

——对话衢籍法官、温州市中级人民法院院长徐建新

《衢州日报》记者　许彤　李啸

2012 年 12 月，时任温州市中级人民法院院长陶蛟龙遭遇车祸，不幸因公殉职。1 个月后，时任金华市中级人民法院院长的徐建新临危受命，赴温州中院就任代理院长。

他上任时，温州法院系统面临前所未有的诉讼洪峰，而更大的考验来自社会各界的高度关注。许多人都在屏息注视，这位新院长，将如何发挥法院审判职能，应对这场持续发酵的金融风波。

"很多时候，法院是'功夫在案外'，特别是在经济发展的特殊时期。这就要求我们在严格依法审理案件时，不能只是就案办案、就事论事，更要注重综合考量社会效益，也就是要做到办案的社会效果与法律效果相结合。"2014 年 11 月中旬，任职温州市中级人民法院院长已近 2 年的徐建新，在接受家乡媒体《衢州日报》专访时，如是坦陈心迹。

事实上，徐建新自主政温州市中级人民法院以来，已领导推出了"一揽子"司法改革创新政策，保障实体经济健康发展，护航温州社会发展稳定。

一个典型的注脚是，2013 年至 2014 年，温州两级人民法院大胆利用温州金融改革"先行先试"的独特优势，探索简化破产案件审理程序。为了让企业家正视破产问题，徐建新甚至在媒体公开呼吁，"与其跑路，不如申请破产保护"。

西方的陪审团制度也不一定都科学

徐建新是从衢北大山里走出的孩子，他的家乡在衢江区峡川镇。

儿童时代，徐建新经常伴着父亲的打铁抢锤声入眠。这位起早摸黑、挥汗如雨挣钱养家的铁匠深知，只有知识才能改变这个家贫寒的命运。因此，徐建新和弟弟成了父亲寄托的希望所在。

初中毕业后，徐建新考入衢州二中。在这里，他如饥似渴地读书求学。由于穷困，他只得自带梅干菜上学，每周吃一毛竹筒。晚上熄灯后，他经常悄悄溜回教室或在校园路灯下继续读书。1981 年，徐建新不负众望，考入杭州大学法律系。

他解释说，之所以选择法学专业，是因为心中一直崇敬法律的神圣地位，加上儿时在农村曾目睹一些不公的现象，更促使他坚定信念，一定要学好法，用好法，为百姓做些实事，实现社会公平正义。

毕业后，徐建新先后在金华市人民检察院、东阳市人民检察院、东阳市人民法院、义乌市人民法院、金华市人民法院任职。

2002 年，时任义乌市人民法院院长的徐建新作为省委组织的公共管理硕士学习班成员，被派往美国新泽西州州立肯恩大学进行为期 1 年的学习。

紧张学习之余，徐建新经常利用业余时间和假日考察美国司法制度，旁听庭审，和当地法官进行学习交流，并结合中国实际思辨，撰写了《美国法院、法官印象记》《美国个人破产法简介》等感悟文章。

《衢州日报》：我们注意到，温州中院办公区门厅内，立着一尊古希腊神话中的正义女神像，这让我们很好奇，作为一位留美归来的法院院长，您的司法理念会不会和别人有所不同？

徐建新：国外当然有值得中国学习的好经验、好方法，例如，现在民事诉讼中的对抗制，刑事诉讼中的控辩制和法官居中裁判等做法便是学习了西方的司法理念。再如，新的刑事法律中的"罪刑法定""无罪推定"原则等。

总体来说，中外的法治理念是相通的。你们看到的正义女神，一手持剑，一手持天平，天平象征法律公正、不偏不倚，宝剑象征惩恶扬善、实现正义。而中国传统文化中，亦有相同的理念折射，如"法"的繁体字"灋"中，三点水，象征法律公平如水，其中的"廌"是传说中远古时代的独角神兽"獬豸"，它生性正直，有着明辨是非、判断曲直的神性。

但是，中外毕竟水土不同、国情有异，不能完全照搬。如西方的陪审团制度就暂不适用我国。

事实上，最早实施陪审团制度的英国，现在也逐步减少陪审团参与诉讼，原因之一是陪审团太耗费人力、物力，而且也不尽然都能公平。

这里就要谈及曾震惊美国的"辛普森杀妻案"，该案扑朔迷离，审判历时474天，庭审中，辛普森重金聘请的辩护律师则强力攻击控方证据的漏洞，同时攻击证人是种族歧视者以打击证据的可信度，要求陪审团判决无罪。最终，陪审团在讨论不足4小时后裁决辛普森两项杀人罪名均不成立，判辛普森无罪。毫无疑问，这个结果，让大多数人惊诧不已。但是，当年审判该案的法官却不需为此负责，因为决定是否有罪的权力在陪审团，这是一群按照其社会安全号抽取的普通市民，而法官仅需做到审判程序合法。

这说明，西方的陪审团制度也有其不科学之处。

法官唯有快马加鞭审案，才能不负人民重托

观察徐建新的履历，可以发现，他任职的东阳、义乌、金华、温州等地，都是中国民营经济发展势头最强劲澎湃的地区之一。

一个普遍的规律是，经济越是发达，法院审理的案件数量就越多。事实上，早在20世纪末，义乌法院结案数量便占到了整个金华市的1/3，但其办案效率一直被舆论所诟病。

善于思考调研的徐建新发现，其根本症结并非法官玩忽职守，而是制度所迫。原来当时规定，所有案件在合议庭讨论后，还须报院领导审定才能通过，导致案件一拖再拖，大量积压。

很快，徐建新主持出台改革新政，法官判案真正有了独立自主权。

《衢州日报》：都说法官尊荣威严，可这法庭之上也有辛酸泪。有媒体曾经报道，2013年温州全市法院一线法官人均结案226件，居全省第一位。这么高强度的审案频率，法官们吃得消吗？

徐建新：事实上，无论法官数量如何增加，也赶不上案件数量的增长速度。法官们唯有奋力拼搏，快马加鞭审案，才能不负人民的重托。

目前，温州中院已经实施了"办案数量月排名月通报""人人争当办案能手""晋职晋升办案平均线制度"等制度，对评选出的办案标兵、办案能手在外出学习、评先评优、晋职晋升等方面予以优先考虑，以此激励法官多办案、快办案、办好案，现在很多青年法官都主动找庭长要案子办。

当然，求快的同时也要保质。我们对二审法院发回重审或改判的案子实行月讨论、季通报制度，逐件分析，其中瑕疵案件要追究承办人的责任，同时对已经归档案件每年组织抽查、互查、督查。

《衢州日报》：案子判得多了，执行压力自然也陡升。现在，各地法院都普遍遭遇"执行难"，这似乎是个很纠结的困惑？

徐建新：对于执行问题，我的认识是，法院不能唱独角戏，而是需要银行、公安、房管、税务、工商管理等方方面面的支持和配合，通过现代科技手段，来强化执行，让被执行人及其财产无所遁形。如金华中院就在公安机关的支持配合下，首创十大被执行人制度，将被执行人信息输入公安追逃网，一旦发现，警方立即控制，然后通知法院带人，法院则建立 24 小时备勤制度随时待命。

但也有一些被执行人确实是倾家荡产，此时作为法院也难为无米之炊，因此需要提醒公众，借款投资一定要有风险控制意识。

《衢州日报》：近年来，媒体披露报道了一些司法领域的冤错案件，在你看来，法院应如何作为，才能让刑事审判经得起历史检验？

徐建新：党的十八届四中全会提出，"推进以审判为中心的诉讼制度改革"，这就让庭审真正实质化，所有证据在庭审中得到实质性检验，当庭举证、质证、论证，严格按照罪刑法定原则办理案件，对非法证据坚决剔除，杜绝庭审"走过场"、流于形式。

同时，审判必须严格贯彻疑罪从无原则，对于证据存疑、不足以认定被告人有罪的案件一定要作出无罪判决，尤其是一些重大、涉及死刑的案件，对证据要求不仅排除合理怀疑，而是要排除任何怀疑；同时，对于非法取得的证据要严格依法排除，切实防止冤案发生。宁可错放坏人，也不能冤枉好人——冤枉好人，不仅殃及无辜，而且是保护了罪犯，但放过一个坏人，他仍有被绳之以法的机会。

很多案子不能就事论事、就案论案

跑路，跳楼，还是破产？对于一些山穷水尽的温州老板来说，这确实是一场生死抉择。但现在，他们不再迟疑，以破产的方式体面地退出无疑是最佳选项。

企业家变化的背后是温州法院大胆开拓、勇于担当，为企业破产提供司法保障，转变公众对"破产"偏见的种种努力。

作为中级人民法院院长，徐建新主动做客电视台，走进网络直播间，宣传《企业破产法》，同时探索推出简易审理程序、立案听证程序、管理人选任制、差异处置机制等，优化破产审判工作环境。

《衢州日报》：就任温州中院院长后，你感到最大的压力来自哪里？

徐建新：我的压力主要来自如何严格依法办案，精确解读法律，同时充分运用审判职能为经济发展和社会稳定做好服务。温州当前经济形势并不乐观，很多案子不能就事论事、就案论案，不能简单地按照法律标尺一判了之。

比如，原告方银行起诉时，经常会向法院申请查封企业，可是企业账户一旦被查封，资金不能进出，生产难以为继，工人工资也发不出去，企业马上就会被搞垮。

因此，我们都会劝说原告采取动态查封形式，这种形式的查封，企业生产照常运转，但它的财产、厂房土地、设备等不能进行非法转移。当然，法院这么做也是冒风险的，很多时候，原告不一定满意。

此外，法院在审判时也会面临方方面面的干预。中国是人情社会，大家习惯思维是遇到案子，不是找法律，而是找关系，这些千丝万缕的纠葛，对法官也是考验。

《衢州日报》：我们知道温州法院为保障当地金融改革，做了很多探索，其中破产案件办理更是影响全国，为什么如此重视承办破产案件？

徐建新：我曾在《参考消息》上看过英国智库亚当·斯密研究所的一份

报告，称英国存在 10 万家"僵尸企业"，如果这些企业得不到有效处置，将至少影响英国经济 10 年。怎么处置呢？就是走破产清算、重整的路。

温州金融风波发生后，很多民营企业受到重创，若不及时妥善处理，就会影响温州经济复苏。而通过破产重整手段，一方面，可以依法帮扶诚信度高、有市场、有前景的困难企业渡过难关；另一方面，也可借助破产清算手段，淘汰劳动密集型、资源消耗型、环境污染型的落后企业，倒逼经济转型升级。

另外，金融风波发生后，温州部分企业的资金链因银行不再续贷、提前收回贷款等原因而陷入困境，进而导致银行不良贷款率的持续飙升。通过破产程序，及时让资不抵债、不适宜继续经营的公司破产，有利于阻断担保链大幅蔓延扩张态势，帮助银行核销不良资产。

同时，通过破产程序也可促使温州民营企业加速构建现代企业制度。过去温州很多都是家族企业，财务管理混乱，股东个人财产与企业财产高度混同。对这类企业我们首创了将股东个人财产与企业财产合并破产，进行破产程序后，可以掀开公司法人面纱，警醒他们告别公私混合、家厂不分的模式。

参考文献

一、国内专著

1. 胡常龙：《死刑案件程序问题研究》，中国人民公安大学出版社 2003 年版。

2. 徐亚文：《程序正义论》，山东人民出版社 2004 年版。

3. 陈瑞华：《刑事审判原理论》，北京大学出版社 1997 年版。

4. 褚剑鸿：《刑事诉讼法论》（第四版），台北，商务印书馆 1981 年版。

5. 林钰雄：刑事诉讼法（下册），中国人民大学出版社 2005 年版。

6. 杨宇冠主编：《死刑案件的程序控制》，中国人民公安大学出版社 2010 年版。

7. 陈光中主编：《21 世纪域外刑事立法最新发展》，中国政法大学出版社 2004 年版。

8. 马克昌主编：《刑罚通论》，武汉大学出版社 1999 年版。

9. 刘仁文：《死刑的全球视野与中国语境》，中国社会科学出版社 2013 年版。

10. 《毛泽东选集》（第二卷），人民出版社 1991 年版。

11. 《毛泽东选集》（第五卷），人民出版社 1977 年版。

12. 任志中：《死刑适用问题研究》，知识产权出版社 2012 年版。

13. 莫洪宪主编：《中国当代死刑制度改革的探索与展望》，中国人民公安大学出版社 2012 年版。

14. 吴志光主编：《生活在一个没有死刑的社会》，辅仁大学出版社 2005 年版。

15. 陈虎：《死刑案件证明标准》，知识产权出版社 2015 年版。

16. 邓又天：《〈中华人民共和国刑法〉释义与司法适用》，中国人民公安大学出版社 1997 年版。

17. 高铭暄、马克昌：《刑法学》，北京大学出版社、高等教育出版社 2002 年版。

18. 宋英辉、汤维建主编：《证据法学研究述评》，中国人民公安大学出版社 2006 年版。

19. 郎胜主编：《〈中华人民共和国刑事诉讼法〉修改与适用》，新华出版社 2012 年版。

20. 王以真主编：《外国刑事诉讼法学》，北京大学出版社 1990 年版。

21. 孙长永：《探索正当程序——比较刑事诉讼法专论》，中国法制出版社 2005 年版。

22. 彭越林：《死刑案件诉讼程序研究》，中国政法大学出版社 2011 年版。

23. 吴宏耀、罗海敏主编：《死刑的程序控制——中国死刑制度改革的必由之路》，中国政法大学出版社 2014 年版。

24. 熊秋红：《刑事辩护论》，法律出版社 1998 年版。

25. 陈卫东：《程序正义之路》（第 1 卷）法律出版社 2005 年版。

26. 陈泽宪主编：《死刑案件的辩护》，中国社会科学出版社 2006 年版。

27. 韩红：《我国死刑案件审判程序研究》，中国社会科学出版社 2009 年版。

28. 李心鉴：《刑事诉讼构造论》，中国政法大学出版社 1992 年版。

29. 潘少华：《死刑的辩护权论》，中国人民公安大学出版社 2013 年版。

30. 张军、姜伟、田文昌：《刑事诉讼：控、辩、审三人谈》，法律出版社 2001 年版。

31. 李佑标、安永勇：《律师执业豁免权研究》，中国检察出版社 2004 年版。

32. 邓思清：《侦查程序诉讼化研究》，中国人民公安大学出版社 2010 年版。

33. 谢佑平主编：《刑事诉讼法学论点要览》，法律出版社 2000 年版。

34. 甄贞等编译：《法律能还你清白吗——美国刑事司法实证研究》，法律出版社 2006 年版。

35. 何家弘：《法苑杂谈》，中国检察出版社 2000 年版。

36. 孙长永：《侦查程序与人权》，中国方正出版社 2000 年版。

37. 王学林：《公安机关办理刑事案件程序规定释义》，群众出版社 1998 年版。

38. 张传伟：《刑讯逼供及遏制对策研究》，山东大学出版社 2009 年版。

39. 孙长永：《侦查程序与人权保障——中国侦查程序的改革和完善》，中国法制出版社 2009 年版。

40. 陈光中、〔加〕丹尼尔·普瑞方廷主编：《联合国刑事司法准则与中国刑事法制》，法律出版社 1998 年版。

41. 李勇主编：《审查起诉的原理与方法》，法律出版社 2015 年版。

42. 陈海锋：《刑事审查起诉程序正当性完善研究》，法律出版社 2014 年版。

43. 陈光中、徐静村：《刑事诉讼法学》，中国政法大学出版社 2002 年版。

44. 周光权：《刑法总论》，中国人民大学出版社 2021 年版。

45. 胡志凤：《刑事错案的侦查程序分析与控制路径研究》，中国人民公安大学出版社 2012 年版。

46. 陈永生：《侦查程序原理论》，中国人民公安大学出版社 2003 年版。

47. 种松志：《中国刑事审前程序制度构建》，中国人民公安大学出版社 2009 年版。

48. 陈光中主编：《刑事诉讼法》（第 3 版），北京大学出版社 2013 年版。

49. 杨文革：《死刑程序控制研究》，中国人民公安大学出版社 2009 年版。

50. 卞建林：《刑事诉讼的现代化》，中国法制出版社 2003 年版。

51. 陈兴良主编：《中国死刑检讨——以"枪下留人案"为视角》，中国检察出版社 2003 年版。

52. 《马克思恩格斯全集》，人民出版社 1995 年版。

53. 朱稳贵：《关于兰州市基层人民法院实施人民陪审员制度的调查报告》，兰州大学出版社 2005 年版。

54. 马松建：《死刑司法控制研究》，法律出版社 2006 年版。

55. 陈光中主编：《刑事诉讼法实施问题研究》，中国法制出版社 2000 年版。

56. 陈光中主编：《中国刑事诉讼程序研究》，法律出版社 1993 年版。

57. 《德国刑事诉讼法典》，李昌珂译，中国政法大学出版社 1995 年版。

58. 陈光中主编：《刑事再审程序与人权保障》，北京大学出版社 2005 年版。

59. 《法国刑事诉讼法典》，余叔通、谢朝华译，中国政法大学出版社 1997 年版。

60. 《俄罗斯联邦刑事诉讼法典》，黄道秀译，中国政法大学出版社 2006 年版。

61. 阴建峰：《现代赦免制度论衡》，中国人民公安大学出版社 2006 年版。

62. 梁根林：《刑事制裁：方式与选择》，法律出版社 2006 年版。

63. 苏力：《送法下乡：中国基层司法制度研究》，中国政法大学出版社 2006 年版。

64. 张明楷：《犯罪构成体系与构成要件要素》，北京大学出版社 2010 年版。

65. 赵秉志主编：《死刑个案实证研究》，中国法制出版社 2009 年版。

66. 于同志：《死刑裁量》，法律出版社 2009 年版。

67. 邱兴隆等：《死刑正当程序之探讨——死刑的正当程序学术研讨会文集》，中国人民公安大学出版社 2004 年版。

68. 徐继军：《专家证人研究》，中国人民大学出版社 2004 年版。

69. 郭华：《专家辅助人制度的中国模式》，经济科学出版社 2015 年版。

70. 包雯、张亚军、翟海峰、王涛：《家庭暴力引发犯罪刑法适用问题研究》，中国检察出版社 2012 年版。

71. 陈敏：《涉家庭暴力案件审理技能》，人民法院出版社 2013 年版。

二、国外专著

1. 〔美〕本杰明·卡多佐：《司法过程的性质》，苏力译，商务印书馆1998年版。

2. 〔英〕戴维·M. 沃克：《牛津法律大词典》，"自然正义"条，光明日报出版社1998年版。

3. 〔美〕戈尔丁：《法律哲学》，齐海滨译，生活·读书·新知三联书店1987年版。

4. 〔美〕约翰·罗尔斯：《正义论》，何怀宏、何包钢、廖申白译，中国社会科学出版社1988年版。

5. 〔日〕谷口安平：《程序的正义与诉讼》，王亚新、刘荣军译，中国政法大学出版社2002年版。

6. 〔日〕中川孝博：《超越合理性怀疑的证明——刑事审判中证明标准的功能》，日本现代人文社2003年版。

7. 〔日〕松尾浩也：《日本刑事诉讼法》（下卷），张凌译，中国人民大学出版社2005年版。

8. 〔意〕切萨雷·贝卡里亚：《论犯罪与刑罚》，黄风译，中国大百科全书出版社1993年版。

9. 〔日〕田口守一：《刑事诉讼法》，刘迪、张凌、穆津译，法律出版社2000年版。

10. 〔日〕井上薰：《死刑の理由：裁判资料》，作品社1999年版。

11. 〔德〕卡尔·拉伦茨：《法学方法论》，陈爱娥译，商务印书馆2004年版。

12. 〔法〕卡斯东·斯特法尼：《法国刑事诉讼法精义》（下册），中国政法大学出版社1998年版。

13. 〔美〕沃尔特·李普曼：《公共舆论》，阎克文、江红译，上海人民出版社2013年版。

三、期刊

1. 陈光中：《死刑案件证据必须达到"唯一性"标准》，载《中国改革》

2010 年第 7 期。

2. 汤维建：《关于程序正义的若干思考》，载《法学家》2000 年第 6 期。

3. 刘国庆：《美日刑事诉讼中律师帮助权比较研究》，载《西部法学评论》2011 年第 3 期。

4. 王喆、闵春雷：《美国死刑有效辩护制度及其启示》，载《东北师大学报（哲学社会科学版）》2012 年第 6 期。

5. 李洁：《中日死刑比较研究概说》，载《吉林公安高等专科学校学报》2008 年第 1 期。

6. 赵廷光：《论死刑的正确适用》，载《中国刑事法杂志》2003 年第 3 期。

7. 杨兴培：《中国死刑控制的又一里程碑》，载《检察风云》2014 年第 23 期。

8. 何家弘：《中国式沉默权制度之我见——以“美国式”为参照》，载《政法论坛》2013 年第 1 期。

9. 王敏远：《死刑案件的证明“标准”及〈刑事诉讼法〉的修改》，载《法学》2008 年第 7 期。

10. 李刚：《关于我国刑事诉讼有罪判决证明标准适用情况的实证研究——兼谈我国有罪判决证明标准的重构设想》，载《广西政法管理干部学院学报》2008 年第 6 期。

11. 陈光中等：《刑事证据制度与认识论》，载《中国法学》2001 年第 1 期。

12. 陈光中：《应当批判地继承无罪推定原则》，载《法学研究》1980 年第 4 期。

13. 易延友：《论无罪推定的涵义与刑事诉讼法的完善》，载《政法论坛》2012 年第 1 期

14. 王洪彬：《“存疑证据”初探》，载《人民检察》1997 年第 11 期。

15. 客观性证据审查模式改革课题组：《探索审查模式改革　确保死刑案件质量》，载《人民检察》2013 年第 5 期。

16. 潘少华：《论死刑正当程序中辩护权运行的困境与反思》，载《兰州

学刊》2008 年第 7 期。

17. 李华鹏：《"只要前进一步，都给辩护提供新的空间"——山东省律协出台〈死刑案件辩护指导意见〉》，载《中国律师》2010 年第 7 期。

18. 刘涛、朱桐辉：《律师参与侦查"关键阶段"的功能与规则》，载《社会科学研究》2011 年第 1 期。

19. 冀祥德：《刑事辩护准入制度与有效辩护及普遍辩护》，载《清华法学》2012 年第 4 期。

20. 张泽涛：《目击者指证错误的原因分析及其防范》，载《中国刑事法杂志》2002 年第 4 期。

21. 拜荣静：《论司法鉴定的程序正义内涵》，载《兰州大学学报（社会科学版）》2012 年第 5 期。

22. 张凤婷：《论科技证据在刑事诉讼中的作用》，载《法学》2008 年第 5 期。

23. 唐亮：《中国审前羁押的实证分析》，载《法学》2001 年第 7 期。

24. 蔡宏图：《我国未决羁押制度改革的进路探求》，载《学术界》2007 年第 5 期。

25. 张泽涛：《目击者指证规则中的若干问题》，载《环球法律评论》2005 年第 1 期。

26. 蔡杰、汪容：《无罪推定原则映照下的我国审前羁押制度之重构》，载《甘肃政法学院学报》2003 年第 6 期。

27. 龙宗智、左卫民：《法理与操作——刑事起诉制度评述》，载《现代法学》1997 年第 4 期。

28. 刘计划：《侦查监督制度的中国模式及其改革》，载《中国法学》2014 年第 1 期。

29. 黄烨：《论补充侦查制度》，载《中国刑事法杂志》2005 年第 4 期。

30. 徐航：《退回补充侦查制度的实证分析——以审查起诉环节为视角的观察》，载《中国刑事法杂志》2007 年第 3 期。

31. 李和仁、王治国：《引导侦查取证：周口的实践与理论碰撞》，载《人民检察》2002 年第 8 期。

32. 宋英辉、陈永生：《刑事案件庭前审查及准备程序研究》，载《政法论坛》2002 年第 2 期。

33. 罗书平：《审判委员会"审批案件"制度应予取消》，载《司法改革评论》2002 年第 1 期。

34. 陈瑞华：《案卷笔录中心主义——对中国刑事审判方式的重新考察》，载《法学研究》2006 年第 4 期。

35. 林亮景：《论陪审制度的完善———以人民陪审员陪而不审为视角》，载《四川教育学院学报》2009 年第 4 期。

36. 傅达林：《判决书出错有损法律尊严》，载《中国改革》2007 年第 6 期。

37. 汤景桢：《论刑事庭前审查程序的完善——以案卷移送制度的恢复为视角》，载《黑龙江省政法管理干部学院学报》2013 年第 3 期。

38. 甄贞：《论刑事诉讼庭前审查程序的改革》，载《法学家》2001 年第 2 期。

39. 陈海平：《关于我国死刑案件审理期限问题》，载《山东社会科学》2012 年第 3 期。

40. 王祺国：《关于审级独立》，载《杭州商学院学报》2004 年第 1 期。

41. 沙永梅：《案件请示制度之废除及其功能替代——以中级法院的运作为出发点》，载《河北法学》2008 年第 4 期。

42. 傅郁林：《民事裁判文书的功能与风格》，载《中国社会科学》2000 年第 4 期。

43. 吴婉霞：《浅议刑事判决书的说理》，载《社科纵横》2004 年第 2 期。

44. 陈瑞华：《侦查案卷裁判主义——对中国刑事第二审程序的重新考察》，载《政法论坛》2007 年第 5 期。

45. 陈光中、曾新华：《刑事诉讼法再修改视野下的二审程序改革》，载《中国法学》2011 年第 5 期。

46. 吴情树、李明：《论死刑案件二审开庭的意义及应对——一个生与死的程序运作》，载《刑事法评论》2006 年第 2 期。

47. 罗华：《死刑二审现在开庭——浅议完善死刑二审开庭程序的若干思考》，载《商业文化·法学之窗》2007 年第 5 期。

48. 刘根菊、封利强：《论刑事第二审程序的审判范围——以程序功能为视角》，载《时代法学》2008 年第 6 期。

49. 刘学敏：《刑事上诉审查范围的反思与重构》，载《湘潭大学学报》2009 年第 5 期。

50. 李忠诚：《二审程序与死刑复核程序合并适用问题分析》，载《国家检察官学报》2004 年第 5 期。

51. 胡之芳、谭志君：《死刑复核程序中被告人的诉讼权利问题》，载《甘肃政法学院学报》2006 年第 5 期。

52. 韩红、杨春雷：《死刑复核程序的启动与复核方式》，载《黑龙江省政法管理干部学院学报》2008 年第 6 期。

53. 高一飞：《死刑复核应当公开》，载《中国社会导刊》2006 年第 1 期。

54. 陈卫东：《死刑案件实行三审终审制改造的构想》，载《现代法学》2004 年第 4 期。

55. 陈瑞华：《最高法院统一行使死刑复核权专家笔谈》，载《中国司法》2005 年第 12 期。

56. 万春、高景峰、陈旭文：《改革与完善死刑复核及其法律监督制度初探》，载《人民检察》2006 年第 2 期。

57. 陈瑞华：《司法权的性质》，载《法学研究》2000 年第 5 期。

58. 陈传胜：《刑事再审理由的重构》，载《安徽教育学院学报》2001 年第 1 期。

59. 姚剑波：《终局性规则下的利益平衡——关于刑事诉讼一事不再理原则的比较研究》，载《比较法研究》2000 年第 4 期。

60. 最高人民检察院：《关于进一步做好服刑人员申诉办理工作的通知》，载《最高人民检察院公报》2004 年第 1 期。

61. 黄京平、彭辅顺：《论一事不再理原则与我国死刑案件再审》，载《现代法学》2004 年第 4 期。

62. 全亮：《论再审不加刑》，载《新疆社会科学》2007 年第 2 期。

63. 徐美君、李奋飞：《刑事再审程序的理性思考》，载《法学》2000 年第 10 期。

64. 王玉洁：《浅析我国刑事审判监督程序之不足及其完善》，载《渭南师范学院学报》2007 年第 4 期。

65. 邓思清：《完善我国刑事再审启动程序之构想》，载《当代法学》2004 年第 3 期。

66. 焦悦勤：《大陆法系国家刑事再审理由对中国之借鉴》，载《甘肃政法学院学报》2009 年第 1 期。

67. 袁帅锋：《死刑执行时间的古今比较与反思》，载《湖南公安高等专科学校学报》2010 年第 4 期。

68. 刘仁文《防止死刑冤案的几项制度完善举措》，载《中外法学》2015 年第 3 期。

69. 郝双梅：《论我国死刑执行程序的法律完善》，载《天津法学》2012 年第 4 期。

70. 李连嘉、郝家英：《死刑执行临场监督初探》，载《人民检察》2011 年第 18 期。

71. 李忠诚：《刑事执行监督功能探讨》，载《人民检察》2003 年第 2 期。

72. 白垒宁、侯纯：《我国死刑执行救济制度探索》，载《法学杂志》2010 年第 5 期。

73. 蒋娜：《宽严相济刑事政策下的死刑赦免制度研究》，载《法学杂志》2009 年第 9 期。

74. 杨辉明、李培昌：《死刑执行临场监督制度之立法完善》，载《人民检察》2014 年第 18 期。

75. 汪长青、杜邈：《论我国死刑执行的检察监督》，载《昆明理工大学学报（社会科学版）》2009 年第 11 期。

76. 王勇：《超越复仇：公众舆论、法院与死刑的司法控制》，载《吉林大学社会科学学报》2015 年第 4 期。

77. 杨婷：《民意在刑事审判中的地位探究》，载《法学研究》2014 年第

3 期。

78. 徐阳：《"舆情再审"：司法决策的困境与出路》，载《中国法学》2012 年第 2 期。

79. 陈光中：《刑事和解的理论基础与司法适用》，载《人民检察》2006 年第 10 期。

80. 马松建：《试论刑事和解在死刑案件中适用的正当性》，载《郑州大学学报（哲学社会科学版）》2011 年第 1 期。

81. 沈新康：《公诉引导侦查的探索与完善》，载《华东政法大学学报》2010 年第 5 期。

82. 孙长永：《沉默权制度的基本内容研究》，载《诉讼法论丛》（第 4 卷），法律出版社 2000 年版。

83. 陈光中：《构建层次性的刑事证明标准》，载《刑事司法论坛》2002 年第 1 期。

84. 龙宗智、何家弘：《诉讼证明模式与证据审查评断》，载《证据学论坛》第 8 卷。

85. 刘峥：《论我国审判委员会制度的现实困境及其改进思路》，载《刑事司法论坛》2008 年第 1 辑。

86. 陈光中、彭海青：《我国死刑审判程序改革刍议》，载《死刑正当程序之探讨——死刑的正当程序学术研讨会文集》，中国人民公安大学出版社 2004 年版。

87. 胡铭：《专家辅助人：模糊身份与短缺证据》，载《法学论坛》2014 年第 1 期。

88. 范明志：《让专家证人走进法庭》，载《人民法院报》2014 年 10 月 9 日，第 2 版。

89. 龙宗智、孙末菲：《非鉴定专家制度在我国刑事诉讼中的完善》，载《吉林大学社会科学学报》2014 年第 1 期。

90. 邵劭：《论专家证人制度的构建——以专家证人制度与鉴定制度的交叉共存为视角》，载《法商研究》2011 年第 4 期。

四、其他

1. 陈果：《论死刑正当程序》，载"中国知网——中国博士学位论文全文数据库"。

2. 《一个为死刑复核辩护的律师苦恼》，载 http//www. jfdaily. com/gb/jfxww/xlbk/shfzb/node45111/node45118/us erobject1ai1996379. html，2023 年 11 月访问。

3. 陈虹伟、焦红艳：《"程序"：一名死刑辩护律师的困惑》，载法制网，http//news. qq. com/a/20080203/002067. htm，2023 年 11 月访问。

4. 陈海平：《死刑案件审判程序研究》，载中国知网，网址：http：//cdmd. cnki. com. cn/Article/CDMD - 10652 - 1011220371. htm，2023 年 11 月访问。

后　记

　　喜欢思考和写作是我从小就养成的一个习惯。从小学开始，我写的作文就经常会被老师拿到课堂上念，第一次是上小学三年级时，老师让我们每人写一篇"批判《三字经》"的作文，而令我意想不到的是我的作文居然被老师看中，在全班同学面前念了后还贴在墙上，让我高兴了好一阵子，此后一发不可收拾，写作就成了常态。我上初中时，正值粉碎"四人帮"，我有一种莫名的冲动，就写了人生的第一首七言诗，至今记得诗的题目叫《庆祝中华除四害》。直到高中文理分班时，我不假思索地报了文科。后来，我顺利地考上了杭州大学法律系。在大学学习期间，我曾就犯罪主观方面的直接故意和间接故意问题进行研究，我认为，有一种间接故意是在危害结果确定会发生的情况下构成的，这就有别于传统的认为间接故意都对结果是否发生处于不确定状态的观点，写成后我投稿给《浙江学刊》，该刊的征稿函里面说，如果未录用将在 90 天内退稿。过了 90 天，我未收到退稿函，怀着既高兴又忐忑的心情等待录用通知，但 100 多天后还是收到了退稿函，当时对我打击还是有点大的。记得当年我们法律系由学生自己主编，办了一本油印杂志《红绿灯》，取意于法律是人们的行为准则，告诉人们什么可以为，什么不可以为，违反了会受到什么制裁，那时，我是《红绿灯》的积极撰稿人，这样的习惯直到参加工作也一直保持。毕业之后，我对所从事的检察、审判工作中遇到的实际问题，喜欢思考、调查、研究，当年最高人民检察院《检察学文摘》创刊号我居然有三篇文章被摘入，直到后来转任到法院也一直乐此不疲，成为《浙江审判》的优秀作者（创刊 30 周年在该刊发表 8 篇以上文章的作者），也有一些文章陆续被《中国人民大学复印报刊资料》转载。后来我去美国攻读公共管理硕士一年，除完成课程和毕业论文外，还利用业余时间完成了《美国法院、法官与法律制度》《义乌小商品在美国》《金华与义乌如何协调发展》等文章……凡是过往，皆为序章。以上文字写在后记里，与其说是回顾，其实是为了给自己一个不是总结的总结，我深知，"书山有路勤为径，学海无涯苦作舟"，翻篇归零还须继续前进。

　　絮絮叨叨了一些，接下来言归正传。随着以审判为中心的刑事诉讼制度改革的不断深入，刑事诉讼如何进一步体现以审判为中心，庭审如何进一步实质化，如何解决以审判为中心改革中的一些现实问题，尤其是如何在提升效率的同时确保防止冤错案件的发生，成为刑事诉讼法学界和司法实务界面临的重大课题。我的博士研究生导师、中国政法大学终身教授陈光中先生敏锐地觉察到这一点，在我入学之后，先生即推动我所在的温州两级法院开展庭审中心的改革试点，在党的十八届四中全会作出推进以审判为中心的刑事诉讼制度改革决定后，他第一时间兴奋地给我打电话说："徐建新，我们做对了，你看四中全会中央明确决定要构建以审判为中心的刑事诉讼制度，我们先行了一步。"在他的具体指导下，温州两级人民法院的以审判为中心、证人出庭、庭审实质化改革工作取得了重大进展，得到了中央政法委和最高人民法院的充分肯定。同时，在我入学不久，他就开始关心督促指导我的博士学位论文写作，让我早起步、力争如期毕业，为此对我投入了很大精力，无微不至的关心让我非常感动！有博士论文答辩顺利通过后我以激动的心情所作的诗为证：

有感恩师——致恩师光中先生

三尺讲台六十载，梓梓万千八方才。

总是春风润桃李，厚德风范弟子楷。

妙著华章意恢宏，胸中波澜万卷开。

春秋三度沐雨露，殷殷教诲胜父怀。

人生有幸遇良师，应知有缘真情在。

浩瀚深恩何以报？公正为民在法台！

　　所以，本书的主论《完善死刑案件质量程序保障机制》就是在先生的精心指导下完成的博士学位论文。死刑是对生命权的剥夺，生命的唯一性和不可替代性决定了死刑的不可逆转性，慎重对待死刑，严防冤错案件的发生，减少死刑案件中实体与程序出现错误的可能，以保证死刑程序的正当性，建立健全死刑案件质量的程序保障机制是必然要求。死刑案件质量程序保障机制的核心是死刑正当程序，在内容上包括实体和程序两方面。在实体方面，应当坚持"宽严相济，保留死刑但严格限制死刑"的死刑政策，严格贯彻落实"少杀、慎杀"原则；在程序方面，要求侦查、审查起诉、一审、二审、死刑复核、执行整个过程都是正当的，都能公正、公平、公开、独立、文明、及时地进行，同时要深入贯彻以审判为中心的诉讼制度改革和庭审实质化的要求，充分发挥审判程序正当化在死刑案件质量程序保障机制中的核心作用，通过法庭审判程序的程序公正实现案件裁判的实体公正。基于此，我围绕以审判为中心这个主题，对我国死刑案件证明标准、死刑案件的辩护及侦查程序、审查起诉程序、死刑案件一审程序、二审程序、复核程序、审判监督程序等结合侦查、起诉、审判实务，进行了深入系统的研究探讨，对实务中的问题，提出了系统的对策措施，试图构建起一个比较完整的死刑案件质量程序保障机制的正当程序。今天，我特别感谢我的恩师陈光中先生，又以耄耋高龄亲自为本书作序，令我感怀至深。

理论是灰色的，而生命之树常青，没有实践的理论永远是空白的，所以，坚持问题导向，我选择把近年来发表的一些涉及以审判为中心诉讼制度改革及审判实践中的一些重大理论、实务问题的研究成果一并收入，可以说是对主论中涉及的一些重点问题的延伸，也可以为理论研究者提供进一步研究的素材。至于附录几篇小作是作者人生及工作的一些心得体会，虽至为粗浅，聊可助于读者对作者有更全面深入的了解。

因本人水平有限，书中谬误在所难免，诚挚欢迎各位读者不吝赐教，批评指正。

最后本书得以付梓，要感谢人民法院出版社总编辑助理韦钦平同志和知识产权出版社的编辑刘雪的大力支持，以及浙江省高级人民法院、温州市中级人民法院、温州市人民检察院等单位一应同志的倾力支持，一并致谢！